工业互联网技术专业"岗课赛证"融通系列教材

工业互联网
边缘计算

常中华　刘　阳　孙长秋　李心悦　编著

中国教育出版传媒集团

高等教育出版社·北京

内容简介

本书为工业互联网技术专业"岗课赛证"融通系列教材之一。

本书以企业真实项目为背景，从工业互联网业务导向实施方式出发，采用"提出需求—分析需求—完成任务"的编写模式，让读者不光能学会工程师应具有的部署技能，也能学会产品经理应具有的分析需求技能。

全书共6个模块：模块1从分析项目需求开始，首先引出边缘计算的背景、概念和关键技术，并根据项目情况设计了边缘计算网络架构，详细描述了实现该项目所采用的项目实施步骤；模块2至模块5按照"云—边—端"网络系统架构的特点及项目具体实施的流程，具体内容包括端侧感知设备的选型和配置、边端计算服务器的网络架构和部署策略、云中心服务器的部署和应用、基于5G边缘计算网络的搭建和管理、边缘计算项目的整体测试；模块6则通过一个真实的项目，完整展现了云计算和边缘计算一体化项目整体设计、解决和实施方案，同时也是对前面内容的总结和提升。

本书配有微课视频、电子课件、教学计划、习题答案等数字资源。与本书配套的数字课程"工业互联网边缘计算"在"智慧职教"平台（www.icve.com.cn）上线，读者可登录平台进行在线学习，授课教师可调用本课程构建符合自身教学特色的SPOC课程，详见"智慧职教"服务指南。教师也可发邮件至编辑邮箱1548103297@qq.com获取相关资源。

本书可作为高等职业教育工业互联网技术等相关专业的授课用书，也可作为边缘计算技术爱好者的学习参考书，对于从理论走向实践的边缘计算工程开发者也有较高的参考价值。

图书在版编目（CIP）数据

工业互联网边缘计算／常中华等编著 . -- 北京：
高等教育出版社，2024.1
    ISBN 978-7-04-060395-8

    Ⅰ. ①工⋯ Ⅱ. ①常⋯ Ⅲ. ①互联网络-应用-工业
发展-计算-高等职业教育-教材 Ⅳ. ①F403-39

中国国家版本馆 CIP 数据核字（2023）第 066237 号

Gongye Hulianwang Bianyuan Jisuan

策划编辑	刘子峰	责任编辑	刘子峰	封面设计	张 志	版式设计 于 婕
责任绘图	马天驰	责任校对	刘娟娟	责任印制	沈心怡	

出版发行	高等教育出版社	网 址	http://www.hep.edu.cn
社 址	北京市西城区德外大街4号		http://www.hep.com.cn
邮政编码	100120	网上订购	http://www.hepmall.com.cn
印 刷	涿州市星河印刷有限公司		http://www.hepmall.com
开 本	787 mm×1092 mm 1/16		http://www.hepmall.cn
印 张	19.5		
字 数	400 千字	版 次	2024 年 1 月第 1 版
购书热线	010-58581118	印 次	2024 年 1 月第 1 次印刷
咨询电话	400-810-0598	定 价	55.00 元

本书如有缺页、倒页、脱页等质量问题，请到所购图书销售部门联系调换
版权所有 侵权必究
物 料 号 60395-00

"智慧职教" 服务指南

"智慧职教"（www.icve.com.cn）是由高等教育出版社建设和运营的职业教育数字教学资源共建共享平台和在线课程教学服务平台，与教材配套课程相关的部分包括资源库平台、职教云平台和 App 等。用户通过平台注册，登录即可使用该平台。

● 资源库平台：为学习者提供本教材配套课程及资源的浏览服务。

登录"智慧职教"平台，在首页搜索框中搜索"工业互联网边缘计算"，找到对应作者主持的课程，加入课程参加学习，即可浏览课程资源。

● 职教云平台：帮助任课教师对本教材配套课程进行引用、修改，再发布为个性化课程（SPOC）。

1. 登录职教云平台，在首页单击"新增课程"按钮，根据提示设置要构建的个性化课程的基本信息。

2. 进入课程编辑页面设置教学班级后，在"教学管理"的"教学设计"中"导入"教材配套课程，可根据教学需要进行修改，再发布为个性化课程。

● App：帮助任课教师和学生基于新构建的个性化课程开展线上线下混合式、智能化教与学。

1. 在应用市场搜索"智慧职教 icve" App，下载安装。

2. 登录 App，任课教师指导学生加入个性化课程，并利用 App 提供的各类功能，开展课前、课中、课后的教学互动，构建智慧课堂。

"智慧职教"使用帮助及常见问题解答请访问 help.icve.com.cn。

编写说明

　　教材是学校教育教学活动的核心载体，承担着立德树人、启智增慧的重要使命。历史兴衰、春秋家国浓缩于教材，民族精神、文化根脉熔铸于教材，价值选择、理念坚守传递于教材。教材建设是国家事权，国家教材委员会印发《全国大中小学教材建设规划（2019—2022年）》，教育部印发《中小学教材管理办法》《职业院校教材管理办法》《普通高等学校教材管理办法》《学校选用境外教材管理办法》，系统描绘了大中小学教材建设蓝图，奠定了教材管理的"四梁八柱"。党的二十大首次明确提出"深化教育领域综合改革，加强教材建设和管理"，对新时代教材建设提出了新的更高要求，昭示我们要着力提升教材建设的科学化、规范化水平，全面提高教材质量，切实发挥教材的育人功能。

　　职业教育教材既是学校教材的重要组成部分，又具有鲜明的类型教育特色，量大面广种类多。目前，400多家出版社正式出版的教材有74 000余种，基本满足19个专业大类、97个专业类、1 349个专业教学的需要，涌现出一批优秀教材，但也存在特色不鲜明、适应性不强、产品趋同、良莠不齐、"多而少优"等问题。

　　全国职业教育大会提出要一体化设计中职、高职、本科职业教育培养体系，深化"三教"改革，"岗课赛证"综合育人，提升教育质量。2021年，中共中央办公厅、国务院办公厅印发的《关于推动现代职业教育高质量发展的意见》明确提出了"完善'岗课赛证'综合育人机制，按照生产实际和岗位需求设计开发课程，开发模块化、系统化的实训课程体系，提升学生实践能力"的任务。2022年，中共中央办公厅、国务院办公厅印发的《关于深化现代职业教育体系建设改革的意见》把打造一批优质教材作为提升职业学校关键办学能力的一项重点工作。2021年，教育部办公厅印发的《"十四五"职业教育规划教材建设实施方案》提出要分批建设1万种左右职业教育国家规划教材，指导建设一大批省级规划教材，高起点、高标准建设中国特色高质量职业教育教材体系。

　　设计"岗课赛证"融通教材具有多重意义：一是着重体现优化类型教育特色，着力克服教材学科化、培训化倾向；二是体现适应性要求，关键是体现"新""实"，反映新知识、新技术、新工艺、新方法，提升服务国家产业发展能力，破解教材陈旧问题；三是体现育人要求，体现德技并重，德行天下，技耀中华，摒弃教材"重教轻育"顽症；

四是体现"三教"改革精神，以教材为基准规范教师教学行为，提高教学质量；五是体现统筹职业教育、高等教育、继续教育协同创新精神，吸引优秀人才编写教材，推动高水平大学学者与高端职业院校名师合作编写教材；六是体现推进职普融通、产教融合、科教融汇要求，集聚头部企业技能大师、顶尖科研机构专家、一流出版社编辑参与教材研制；七是体现产业、行业、职业、专业、课程、教材的关联性，吃透行情、业情、学情、教情，汇聚优质职业教育资源进教材，立足全局看职教教材，跳出职教看职教教材，面向未来看职教教材，认清教材的意义、价值；八是体现中国特色，反映中国产业发展实际和民族优秀传统文化，开拓国际视野，积极借鉴人类优秀文明成果，吸纳国际先进水平，倡导互学互鉴，增进自信自强。

"岗课赛证"融通教材设计尝试以促进学生的全面发展为魂：以岗位为技能学习的方向（30%），以岗定课；以课程为技能学习的基础（40%）；以竞赛为技能学习的高点（10%），以赛促课；以证书为行业检验技能学习成果的门槛（20%），以证验课。教材鲜明的特点是：岗位描述—典型任务—能力类型—能力等级—学习情境—知识基础—赛课融通—书证融通—职业素养。教材编写体例的要点是：概述（产业—行业—职业—专业—课程—教材）—岗位群—典型任务—能力结构—学习情境—教学目标—教学内容—教学方法—案例分析—仿真训练—情境实训—综合实践—成果评价—教学资源—拓展学习。"岗课赛证"融通教材有助于促进学用一致、知行合一，增强适应性，提高育人育才质量。

"岗课赛证"融通教材以科研为引领，以课题为载体，具有以下特色。一是坚持方向，贯通主线，把牢政治方向，把习近平新时代中国特色社会主义思想，特别是关于教材建设的重要论述贯穿始终，把立德树人要求体现在教材编写的各个环节。二是整体设计，突出重点，服务中、高、本职业教育体系，着力专业课、实训课教材建设。三是强强结合、优势互补，通过统筹高端职业院校、高水平大学、顶尖科研机构、头部企业、一流出版社的协同创新，聚天下英才，汇优质资源，推进产教融合、职普融通、科教融汇，做出适应技能教育需要的品牌教材。四是守正创新，汲取历史经验教训，站在巨人的肩膀上，勇于开拓，善于创造，懂得变通，不断推陈出新。五是立足当下，着眼长远，努力把高质量教育要求体现在教材编写的匠心中，体现在用心打造培根铸魂、启智增慧、适应时代发展的精品教材中，体现在类型教育特色鲜明、适应性强的品牌教材中，体现在对教育产品的严格把关中，体现在对祖国未来、国家发展的高度负责中，为高质量职业教育体系建设培养技能复合型人才提供适合而优质的教材。

职业教育"岗课赛证"融通教材研编委员会

2023 年 3 月

前　言

一、教材编写背景

　　随着信息技术的飞速发展，工业互联网已成为制造业进行数字化、网络化、智能化转型的重要抓手。当前，各国对工业互联网的重视程度不断提高，其全球市场规模也持续扩大，预计在未来几年内将以每年 10% 以上的速度增长。近年来，我国工业互联网行业发展尤为迅猛，工业互联网四大体系（网络、平台、安全、应用）随着边缘计算和 5G 通信等产业的兴起得以快速完善。

　　相比于云计算，边缘计算将计算资源下沉到网络边缘设备，甚至嵌入各类网络系统，为大至自动驾驶车联网、小到可穿戴设备提供快速、稳定、无处不在的计算服务。企业数字化、网络化转型不断催生了工业互联网的智能化发展，边缘的内涵和外延开始不断拓展，场景也不断扩大，特别是随着工业互联网时代的到来，网络边缘已经延伸到人们的衣食住行等各个方面，诞生了智慧出行、智慧城市、智慧家居、智慧工厂等各种不同的边缘应用场景。过往"云—端"架构在网络类型和带宽、数据实时、安全可控等方面已经不能满足要求，高稳定、高效能、大带宽和低时延将会是整个边缘计算的基本需求。以计算为核心内涵的边缘计算作为一个独立的概念在最近几年被正式提出并得到广泛响应与应用，"云—端"架构也被"云—边—端"架构正式取代。通过边缘计算，把云和端联系起来，把云计算服务延伸至边缘，实现计算的本地化、边缘化以及数据的同构化，同时减少云与端之间数据的海量传输，实现安全可控的数据处理，快速推动和支撑工业互联网时代的快速发展。

课程介绍

二、教材编写目的与主要内容

　　为贯彻落实全国职业教育大会精神和中共中央办公厅、国务院办公厅《关于推动现代职业教育高质量发展的意见》提出的"完善'岗课赛证'综合育人机制"精神，促进产业需求与专业设置、岗位标准与课程内容、生产过程与教学过程的精准对接，推进职业教育教学改革，形成岗位能力、项目课程、竞赛交流、证书检验"四位一体"的技能人才培养模式，增强职业教育适应性，大幅提升学生实践能力，在广泛调研工业互联网行业、产业发展情况及岗位需求的基础上编写了本教材。

本教材内容以职业能力为导向，紧紧围绕边缘计算新技术和工业互联网新产业展开，利用校企"双元"合作开发优势，以企业真实项目为背景，从工业互联网业务导向实施方式出发，采用"提出需求—分析需求—完成任务"的编写模式，同时通过将与边缘计算相关的技能大赛规范、1+X证书标准等融入项目的各个环节，体现最新的行业热点和技术趋势，更好地满足学生职业能力需求。

本教材以工业互联网中边缘计算项目整体解决方案的四大模块为基本框架，并遵循职能力培养规律，增加了一个项目分析和技术引领模块，以及一个拓展的边缘计算整体解决方案项目模块，使教学体系结构更为完整。教材共6个模块、34个任务，具体内容如下。

模块1：通过项目分析，提出边缘计算技术的应用以及其网络架构。

模块2：围绕工业互联网智慧园区边缘计算应用场景，学习如何部署MEC服务器和端侧感知设备。

模块3：针对边缘计算边云协同整体解方案中云服务侧部署方案进行详细介绍和案例分析部署。

模块4：通过对接入网、承载网、核心网的架构梳理，使读者掌握工业互联网基于5G边缘计算网络架构的传输模式和搭建方法。

模块5：通过对边缘计算系统各模块独立测试、模块间通信测试以及模块间集成测试，保证项目能够正常、有效、可靠地运行。

模块6：分析并梳理场站边缘"云、边、端一体协同"解决方案。

三、教材编写特色和创新

本教材从理论和应用相结合的角度，对边缘计算相关知识进行了较为全面的梳理。同时，为推进党的二十大精神进教材、进课堂、进头脑，本书在以下几个方面进行了探索与创新：

1. 通过在各模块中设置"学习目标""学习导图""课后练习""项目评价"等环节，激发学生的自主学习性，重在提升专业技能与职业素养，从而体现"教、学、做"一体的高素质技术技能人才发展特色，落实"全面提高人才自主培养质量"要求。

2. 注重衔接工业互联网技术专业教学标准，并将"工业数据采集与边缘服务"职业技能等级证书培训内容与工业互联网专业人才培养方案中的课程内容相结合，将专业目标（课程考试考核）和证书目标（证书能力评价）相对照，确保证书培训与专业教学的同步实施，体现书证融通、课程融通特色。

3. 重点介绍我国新一代信息通信技术与工业经济深度融合的新型基础设施应用模式和工业生态案例与成果，如边缘计算技术与原有云计算技术的全面融合应用，企业通过人、机、物、系统等的全面连接构建覆盖全产业链、全价值链的网络系统和服务体系等，展现在现代化产业体系建设、推进制造强国和战略性新兴产业融合集群发展的进程中，工业互联网技术为工业乃至产业数字化、网络化、智能化发展提供的实现途径，从而将"开辟发展新领域新赛道，不断塑造发展新动能新优势"的创新驱动发展理念根植于教学实践中。

四、教材编写分工及致谢

本书由青岛职业技术学院的教师团队与海尔卡奥斯物联科技有限公司、商汤科技、新华三技术有限公司的工程师合作编写。在此非常感谢海尔卡奥斯和商汤科技的大力配合，专门组织人员参与教材的编写、项目的整理工作，特别要感谢参与教材编写工作的海尔卡奥斯产教融合团队敖翔、太荣兵、杜召娟、林宏、张文礼、孙泽平、刘鹏英和商汤科技的章光、刘慧等老师，同时还要感谢新华三技术有限公司为本书提供的边缘计算方案。

由于国内外对边缘计算的研究尚处于形成标准化的阶段，相关的观点和技术方向尚未有确定的标准，且限于编者的认知水平，书中疏漏之处在所难免，恳请广大读者批评指正。

编者

2023 年 9 月

目　录

模块 1　边缘计算项目背景及需求分析

本模块通过对"机器视觉检测项目"的需求和背景进行分析，确定其实现的技术手段，从而引出边缘计算的背景、概念和关键技术，重点选择和设计针对本项目所采用的边缘计算网络架构，并详细描述设计、实现该项目所采用的项目实施步骤，为后续项目的具体实施奠定基础。

PPT：模块 1
边缘计算项目
背景及需求分析

【学习目标】

1. 知识目标

1）理解边缘计算的应用背景。
2）掌握边缘计算的概念。
3）理解边缘计算的优势和应用。
4）重点掌握边缘计算的项目架构和项目实施步骤。

笔 记

2. 技能目标

1）具备理解企业项目背景、合理进行项目需求分析的能力。
2）具备选择和规划项目架构的能力。
3）具备合理设计、实现项目实施步骤的能力。

3. 素养目标

1）具有良好的科技文献信息检索和技术文档阅读的能力。
2）具有整合和综合运用知识分析问题和解决问题的能力。
3）具有较强的集体意识和团队合作的能力。

4）具有触类旁通、举一反三的能力。

【学习导图】

本模块学习路径及相应任务、知识点如图 1-1 所示。

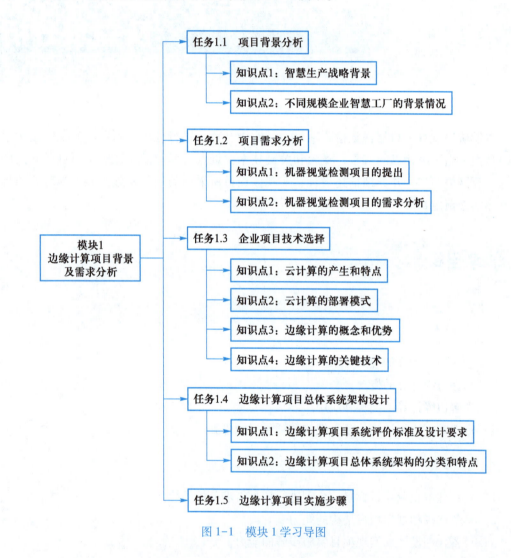

图 1-1　模块 1 学习导图

笔 记

本模块与"工业数据采集与边缘服务"职业技能等级标准内容的对应关系见表 1-1。

表 1-1　本模块与"工业数据采集与边缘服务"职业技能等级标准内容对应关系

"工业数据采集与边缘服务"职业技能等级标准			边缘计算项目背景及需求分析	
工作任务	职业技能要求	等级	知识点	技能点
边缘计算基础知识、体系架构和职业素养	① 了解边缘计算的由来、概念优势以及关键技术等相关知识 ② 了解1~2个边缘计算典型业务场景和业务流程 ③ 了解现行边缘计算相关技术标准、规范及相关法律法规 ④ 具备良好的沟通表达及团队合作能力	初级 中级 高级	① 掌握边缘计算的由来、概念优势以及关键技术等相关知识 ② 了解边缘计算技术常用应用场景,掌握边缘计算系统架构 ③ 掌握边缘计算系统架构 ④ 了解边缘计算系统架构实施步骤	① 具备判断是否采用边缘计算网络应用场景的能力 ② 具备规划边缘计算系统架构的能力 ③ 具备设计搭建边缘计算网络实施步骤的能力

任务 1.1　项目背景分析

PPT:任务 1.1 项目背景分析

1.1.1　智慧生产与制造强国战略

当前,我国制造业面临着全面转型升级、创新发展、高质量发展的迫切需求,为此国家提出了制造强国战略。第一阶段,到 2025 年,我国迈入世界制造强国行列;第二阶段,到 2035 年,我国制造业整体达到世界制造强国阵营中等水平;第三阶段,到 2045 年,我国制造业综合实力进入世界制造强国前列,如图 1-2 所示。

笔记

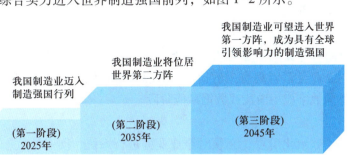

我国制造业可望进入世界第一方阵,成为具有全球引领影响力的制造强国

我国制造业将位居世界第二方阵

我国制造业迈入制造强国行列

(第一阶段)2025年　(第二阶段)2035年　(第三阶段)2045年

图 1-2　我国提出的制造强国战略

我国发展成为制造强国尤其要加快发展智能制造,推动制造业数字化、网络化、智能化的发展步伐,实施制造企业数字化转型。数字化、网络化制造是基于网络技术在制造业中广泛应用而形成的,其本质是"互联网+数字化制造"。一方面,将数字化技术应用于设计、制造、管理等过程来推动企业信息化转型,优化生产流程、缩短产品研发周期、降低制造成本、强化产品质量控制、提高企业劳动生产率;另一方面,布局建设全

球互联的供应物联网平台，实现装备、物料、人员的信息连接，进而形成产业链维度上的工业互联网平台方案，并在横向拓展多个行业，形成跨行业、跨领域的通用型工业互联网平台。

1.1.2 企业数字化、网络化转型背景

企业是智能制造的主体，质量和效益提升是企业实施智能制造的目标。不同企业面对数字化、网络化转型的需求不同。下面来分析一下中小型企业和大型企业数字化、网络化转型的背景。

1. 中小型企业对于数字化转型的背景

目前，我国中小企业大多以私营企业为主，企业自身实力相对较弱、发展规模较小、业绩不稳定，加上社会服务机制尚不够健全和完善等原因，中小企业风险防范能力较弱，影响了企业的壮大和持续发展。

数字化转型可以为企业带来积极影响，为企业构建更加高效、便捷的服务体系，增强组织的活力与弹性，让企业能更好地响应客户需求变化，从而提高企业产品和服务的针对性及有效性，降低企业经营成本、增加营业收入、提高经济效益。

中小企业数字化转型必须遵循循序渐进、逐步推进的原则，按照"数字化—数智化—数治化"3个阶段分步骤、分阶段来实施。

（1）数字化

把中小企业经营管理过程中产生的所有信息转换为数据，包括采购信息、销售信息、投融资信息、生产信息等，并将这些信息全部上传到计算机网络上，建立企业的数字仓库来统一存储和集中管理。

（2）数智化

将中小企业统一存储的数据与人工智能有机结合起来，并通过对数据的整理、挖掘和分析，形成对企业经营管理有用的信息，用以指导和优化经营管理活动，促进企业发展。这一阶段称为数字应用阶段或数据赋能阶段。

（3）数治化

中小企业到了数治化阶段，必须对企业业务进行系统、彻底的重新定义，实施业务模式、组织活动、流程管理和员工能力的再造。这一阶段的重点是大数据分析、区块链和物联网技术应用及人工智能决策支持和服务价值提升等创新赋能系统建设。

上述中小企业数字化转型的3个阶段是一个循序渐进的过程，是由低级阶段到高级阶段的演化过程，在实践中并非泾渭分明，而是相互交叉、相互糅合、波浪式推进的。

2. 大型企业对于数字化转型的背景

传统的大型企业与中小型企业相比，其大规模生产的自动化程度较高，信息化系统

实现了单点应用与部分互联，网络基础建设也较为完善。但随着我国经济转型发展，传统大型企业也面临重重挑战，其原有的生产方式使得企业对市场的敏感度降低，与上下游信息传递不畅，导致生产的产品过于强调标准化，缺乏个性，无法满足新经济时代消费者多元化、个性化的需求。此外，大型企业还面临网络资源配置不合理、产业模式不完整、投入产出严重失衡等问题。

　　在此背景下，大型企业的数字化转型应该以智慧工厂为实践点来解决定制化需求与规模化发展之间的矛盾，引领行业发展，加速生产向全面自动化和数字化、网络化、智能化迈进。大型企业需要将所有生产要素（人、机、料、法、环、测）整合在一起，引入工业物联、大数据、边缘计算及人工智能等新一代信息技术转向大规模定制与个性化生产方式，并应用数字技术打通产业链、供应链，发展基于平台的采购、制造等应用，以此来实现从自身到赋能，从自身变革到区域产业协同发展，通过构建共赢生态，在践行可持续发展理念的同时带动产业升级。

任务 1.2　项目需求分析

PPT：任务 1.2
项目需求分析

　　在工业生产制造过程中，产品的质量至关重要。据中国消费者协会网站统计，仅2022 年上半年，家电类投诉达到 5.4 万件，占总投诉量的 9.94%。因此可以说，当前家电的质量检测仍然是现代化工业生产中面临的重大问题。然而目前的家电种类层出不穷，型号不断迭代，生产线大都采取柔性化的生产模式，这也给家电质量检测带来了巨大挑战。接下来对某集团家电生产厂商的洗衣机、冰箱等产品质量检验进行需求分析。

　　现阶段家用电器检测的主要方法分为两类，即仪器测量和直接检测。其中，仪器测量是指对电流、功率、电磁兼容性（Electromagnetic Magnetic Compatibility，EMC）等可量化的指标，通过特定的检测仪器进行测量，目前该测量方法已较为成熟。直接检测则主要是指通过人工主观判断家电设备的外观、铭牌、使用的标志、说明书、螺钉等项目进行针对性检测。例如，对于不锈钢冰箱，由于不锈钢表面具有易被损坏的特性，在生产过程中，不经意的刮擦和碰撞很容易造成冰箱表面的划痕和凹陷。因此，在传统的工业生产线上，会有专门的检测人员检查生产过程中的每台冰箱表面是否存在质量问题，这是一项非常耗时并且容易漏检的工作。如图 1-3 所示，检测人员正在检查产品质量。

微课 1-1
机器视觉产品
检测需求分析

1. 机器视觉检测项目的优势

　　机器视觉是人工智能领域中正在快速发展的一个分支。简单来说，机器视觉就是用机器代替人眼来测量和判断。通过机器视觉产品（即图像摄取装置）将被摄取目标转换成图像信号，传送给专用的图像处理系统，得到被摄目标的形态信息，将像素分布、亮度、颜色等信息，转变成数字信号。图像系统对这些信号进行各种运算来抽取目标的特征，进而根据判别的结果来控制现场的设备。

图1-3   检测人员正在检查产品质量

　　针对直接检测项目，传统的人工检测不仅耗时耗力，而且无法保证检测的精准度和速度。伴随着相机、镜头、图像处理等技术的发展，机器视觉技术的应用越来越广泛。机器视觉检测系统在对目标物体的检测中能发挥检测效率高、测量精确、稳定性高等优点。因此，将具有众多优势的机器视觉技术应用到越来越多的产品检测领域，不仅能提高检测精度和速度、减少人工成本，而且方便数据分析和管理，促进设备全自动化与智能化，具有非常大的经济性及实用性。综上所述，该企业的产品质量检测适合采用机器视觉检测方案，如图1-4所示。

图1-4   利用机器视觉对冰箱进行图像采集

2. 机器视觉检测项目的改造需求

　　该企业现在的机器视觉检测系统采用工控机独立控制的方式，即每一个需要检测的工位，由一台独立的安装了检测算法的计算机作为工控机，每一台工控机负责一项具体的检测任务并独立完成，与其他工控机没有网络连接。因此提出以下需求。

　　1）对工厂进行网络升级，要求所有工控机都可以联网，以方便对工控机检测的结果数据进行及时保存、充分有效利用和共享。

　　2）提高工控机与终端设备（摄像头）的网络连接的传输速率，提高检测速度。

3）原有检测算法保存在本地，易被破解，希望提高算法的安全性和可靠性。

4）随着新产品的生产，检测要求也不断提高，因此希望检测结果更精准、效率更高。

5）企业希望降低日益高昂的数据中心管理成本，使资源的利用率较之传统系统架构大幅提升，提高系统建设和应用的性价比，同时缩短业务扩展的时间成本。

6）当产品线扩充时，希望根据业务处理的需求可以快速扩展业务规模和业务范围。

7）该企业属于大型企业，企业内部资源和内部数据的安全性要求较高。

根据以上企业需求，对该企业进行传统网络的升级改造，满足现场检测高效、精准，企业资源和数据有效利用、共享、安全，降低企业管理成本且易于未来扩展等需求。

任务 1.3　企业项目技术选择

PPT：任务 1.3
企业项目技术
选择

现今，网络已成为人们离不开的生活必需品，更是企业赖以生存的环境之一。随着互联网的发展、企业规模的不断扩大和需求的不断提高，人们对网络提出了高可靠性、高可用性和高扩展性等要求。2006 年 8 月，云计算的概念首次在搜索引擎会议上被提出，也成为互联网第三次革命的标志。

1.3.1　云计算

1. 云计算的产生和特点

云是对动态、可变的互联网的一种比喻，云计算设计的初衷是将计算能力放在庞大、分布广泛的互联网上，利用庞大的互联网资源实现业务的分布式和并行处理，从而实现资源的共享和灵活多变的部署。

从技术角度来定义，云计算是分布式计算（Distributed Computing）、并行计算（Parallel Computing）、效用计算（Utility Computing）、网络存储（Network Storage Technology）、虚拟化（Virtualization）、负载均衡（Load Balance）、热备份冗余（High Available）等技术发展融合的产物，通过网络将大量分布式计算资源集中管理起来，实现并行计算，并通过虚拟化技术形成资源池，为用户提供计算资源按需、弹性分配，从而极大提高 IT 资源的效能。云计算应用示意图如图 1-5 所示。

云计算通过将业务计算分配给网络上大量的分布式计算机来实现业务的快速处理和资源的动态合理使用，让企业能够将资源切换到需要的应用上，其具有以下几个主要特点。

（1）超大规模系统架构

云计算可以具有"无限"的规模，比如阿里云、腾讯云、华为云、百度云、Amazon 云、IBM 云等。分布在全世界的大量云数据中心已经拥有超过几百万台服务器，而且随

笔 记

着业务的扩展仍在不断扩张。因此，云计算通过分布式计算和并行计算等技术，赋予用户前所未有的计算能力和数据处理能力。

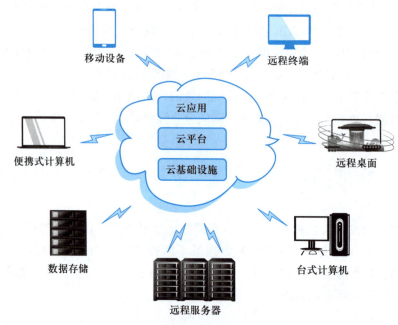

移动设备　　　　远程终端

云应用
云平台
云基础设施

便携式计算机　　　　　　　　远程桌面

数据存储　　　　　　　　　台式计算机

远程服务器

图1-5　云计算应用示意图

（2）虚拟化资源管理

云计算支持用户在任意位置使用各种终端（如移动互联网终端等）获取云提供的服务。这些资源通过虚拟化处理技术创建服务器、存储和网络等资源池，用户如同在超市购物一样，按照所需从这些资源池中选购相应的资源，构建属于自己业务需要的虚拟化运行系统。

（3）高可靠性和高可用性

云计算采用了容错、灾备、热备等技术措施，实现计算的高可靠性和高可用性，从而保障业务的不间断、安全处理。

（4）通用性

由于云计算系统架构具有开放性、兼容性、跨平台、虚拟化等特点，云平台上的软硬件与应用松耦合而不进行固定捆绑，因此，在同一个"云"空间中，可以同时支持不同的业务应用。

（5）高可扩展性与负载均衡

云计算具有弹性等特点，可根据业务需求扩展或压缩运行规模；也可以根据业务处理的需要实现不同计算节点的负载均衡，充分发挥分布式云计算资源的效能。

（6）高性价比

云计算可以充分发挥云上大量廉价的计算节点，实现业务的分布式处理。用户无须关注云资源的具体分布，通过云平台实现业务自动化分发和集中，因此企业可以大大降低日益高昂的数据中心管理成本，使资源的利用率较之传统系统架构大幅提升，大大提高了系统建设和应用的性价比，同时缩短了业务扩展的时间成本。例如，在很短的时间内创建虚拟机的形式，即可构建出一套新的业务应用环境。

（7）更多的数据安全问题

云计算系统与传统网络系统存在同样的安全问题，并且由于企业业务数据可能建立在第三方云计算平台上，数据存储可能分布在不同的物理位置上，专业管理团队一般外包给云服务提供商，云计算存在更大的数据安全风险。因此，需要通过立法、管理措施、安全认证以及数据安全技术等措施，加强云计算软硬件和数据的安全管理。

2. 云计算的部署模式

云计算部署模式可以分为公有云、私有云和混合云，如图 1-6 所示。应当根据企业规模、企业需求的不同，为企业选择更优的部署模式。

（1）公有云

公有云通常由第三方运营，用户不需要自己构建硬件、软件等基础设施和后期维护，以付费的方式根据业务需要弹性使用 IT 分配的资源，使用互联网终端或移动互联设备接入使用。公有云面向众多用户，以低廉的价格提供相应的服务，如同日常生活中按需购买使用的水、电一样，用户可以方便、快捷地享受服务。

公有云可以根据个人或企业的实际需求来租用相应的产品，租用简单、方便，一次性投入成本较低，适合于对安全性要求不高的中小企业。

（2）私有云

私有云是一个企业或组织专用的云服务平台。私有云在物理上位于组织内部的云数据中心，也可委托第三方专业机构负责运维，但是在私有云中，服务和基础结构始终在私有网络上进行维护，硬件和软件专供组织使用。这样，私有云可使组织更加方便地自定义资源，从而满足特定的内部 IT 需求。私有云的使用对象通常为政府机构、金融机构以及其他具备业务关键性运营且希望对环境拥有更大控制权的中型和大型组织。

（3）混合云

混合云是公有云和私有云两种服务方式的结合。由于安全和控制原因，并非所有的企业信息都能放置在公有云上。企业搭建好私有云资源平台后，由于业务发展等原因，资源需求量超过了资源池，同时也为了节省投资、运维成本等，将同时选择使用公有云和私有云。

比如，12306 火车站管理系统分为火车票订票系统和火车票查询系统两部分。其中，火车票订票系统要求很高的安全性和私密性等，因此，搭建在企业的私有云上；火车票查询系统访问量大，安全性要求不高，搭建在阿里云的公有云上。云计算按照部署模式的分类示意图如图 1-6 所示。

笔 记

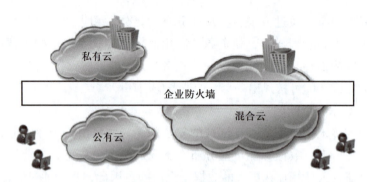

图1-6　云计算按照部署模式的分类示意图

1.3.2　从云计算到边缘计算

随着智能手机、可穿戴设备等智能化计算设备的普及，以及高清视频、人工智能算法等需求的涌现，各类应用、游戏、视频业务对于数据和实时性的要求越来越高，例如本模块的机器视觉检测项目采用摄像头采集家电的图像，就要求高效的实时识别和处理能力。针对此类业务，随着应用规模的扩大，云计算架构中网络带宽将会成为瓶颈，难以支撑来自海量终端设备的大规模实时计算和数据请求。即便对于实时性要求不高的传统业务，越来越多的设备接入网络，也会使得云计算网络基础设施不堪重负，甚至使得云计算中心成为许多地区能源消耗的最大来源。

与此同时，随着5G/6G、Wi-Fi 6等通信技术和标准的快速发展，用户端到网络接入端的直接延迟可以降到个位数毫秒级。但在云计算架构中，数据从接入点到云计算中心的传输过程已经占据了绝大部分的延迟。考虑到互联网数据需要经过主干网多级路由的过程，这一延迟几乎无可避免。因此，计算资源从云中心下降到靠近用户的网络边缘设备（如移动无线基站、家用路由等），则成为实现大规模实时计算的必然要求。如此，不仅彻底避免了广域网中的数据传输延迟，也提升了数据的隐私安全级别、访问效率以及服务部署和管理的灵活性。

对于机器视觉检测项目来说，在工厂监控端捕捉到了工厂现场的视频或者产品的图像后，可以将其传到边缘站点上，对视频进行图像提取、分割图像、区域处理以及特征提取等操作。如果不是上传到边缘站点来处理，那么视频需要被传到远程数据中心做视频处理和图像识别，而且随着时间的推移，需要传送的数据越来越多，对网络带宽和应用实时性而言是很大的挑战。如果数据能在本地边缘站点被处理，那么就节省了数据传输的时间，节约了网络带宽。

工厂监控和产品检测分别在本地进行监测和识别，只传送结果信息，这就是边缘计算；如果需要把视频传到远程数据中心进行处理、计算，那么就是云计算。通过比较，边缘计算的优势一目了然。如图1-7所示为机器视觉检测项目使用边缘站点处理以及云平台处理示意图。机器视觉检测只是一方面，对于一些对实时性要求特别高的应用，诸如人脸识别、烟雾报警、人口密度指数预警防踩踏事件、动态监测、双摄像头测距、森林防火、天气监测、自动驾驶等，边缘计算的优势就大大发挥出来了。

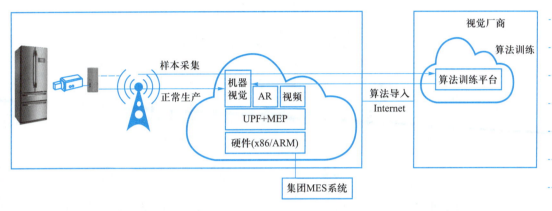

图 1-7　机器视觉检测项目使用边缘站点处理以及云平台处理示意图

1. 边缘计算的概念

边缘计算是一种计算模式，在该模式下，服务与计算资源被放置在靠近终端用户的网络设备中。与传统的云计算数据中心相比，边缘计算中直接为用户提供服务的计算实体（如移动通信基站、WLAN 网络、家用网关等）距离用户很近，通常只有"一跳"的距离，即直接相连。这些与用户直接相连的计算服务设备称为网络的"边缘设备"。如图 1-8 所示，对于校园、工业园区等场景，配备计算和存储资源的网络设备即可作为边缘设备，为其终端用户提供边缘计算服务；对于城市街区场景，移动蜂窝网络的通信基站可作为边缘计算设备来提供服务；对于家庭住宅场景，家用路由器可作为边缘计算设备。

微课 1-2
初识边缘
计算

对于边缘计算的定义，目前业界还没有统一的结论。

太平洋西北国家实验室（PNNL）将边缘计算定义为：一种把应用、数据和服务从中心节点向网络边缘拓展的方法，可以在数据源端进行分析和知识生成。

ISO/IEC JTC1/SC38 对边缘计算给出的定义为：一种将主要处理和数据存储放在网络的边缘节点的分布式计算形式。

边缘计算产业联盟对边缘计算的定义是：在靠近物或数据源头的网络边缘侧，融合网络、计算、存储、应用核心能力的开放平台，就近提供边缘智能服务，满足行业数字化在敏捷连接、实时业务、数据优化、应用智能、安全与隐私保护等方面的关键需求；作为连接物理和数字世界的桥梁，实现智能资产、智能网关、智能系统和智能服务。

边缘计算的不同定义虽然有差异，但内容实质已达共识：在靠近数据源的网络边缘某处就近提供服务。综合以上定义，边缘计算是指数据或任务能够在靠近数据源头的网络边缘侧进行计算的一种新型服务模型，其允许在网络边缘存储和处理数据，为数据源

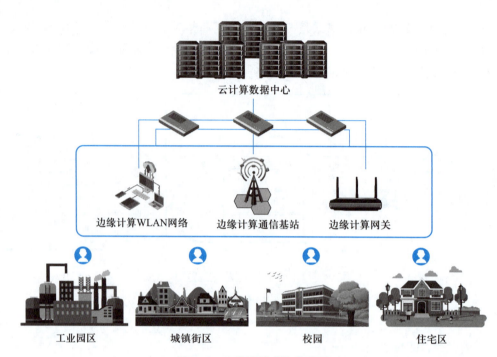

图 1-8   边缘计算系统示意图

端提供智能服务。网络边缘侧可以理解为从数据源到云计算中心之间的任意功能实体，这些实体搭载着融合网络、计算、存储、应用核心能力的边缘计算平台。

发生边缘计算的位置称为边缘节点，数据源和云中心之间所有拥有计算资源和网络资源的节点都可以作为边缘节点。例如，智能手机是人和云中心的边缘节点，网关是智能家居和云中心的边缘节点。边缘节点越靠近用户端，数据处理速度越高，传输速率也越高。

边缘计算实现了对云中心大型服务的有效分解，它将大型服务分解为多个小型的、易处理的任务，并将其交由多个边缘节点进行处理。

【知识拓展】ISO/IEC JTC1 即 ISO/IEC 联合信息技术委员会，是国际标准化组织（ISO）和国际电工委员会（IEC）联合组建的第一个标准化技术委员会。它在 ISO 和 IEC 共同领导下，承担信息技术领域国际标准制定工作，具有重要的影响力和号召力。SC38 成立于 2009 年 10 月，是负责制定云计算和分布式平台相关标准的分技术委员会。

2. 边缘计算的优势

在实际应用中，边缘计算可以独立部署，但大多数情况下仍与云计算协作部署。云计算适合非实时的网络系统整体管控、软件算法训练、数据处理分析、大量数据的长期保存、通过大数据技术进行商业决策等应用场景；而边缘计算在实时和短周期数据的处理、分析和判断，以及需要本地决策的场景下起着不可替代的作用，如自动驾驶汽车、智能工厂等。它们都需要在边缘就能进行实时的分析和决策，并保证在确定的时间内响应，否则将导致严重的后果。

边缘计算具备一些云计算没有的优势，除低时延之外，还包括：

1）数据过滤和压缩。通过边缘计算节点的本地分析能力，可以大大降低需要上传的数据量，从而降低上传网络的带宽压力。

2）环境感知能力。由于边缘计算节点可以访问无线网络，如 Wi-Fi 热点、5G 的无线接入单元等，因此可以给边缘应用提供更多的信息，包括地理位置、订阅者 ID、流量信息和连接质量等，从而具备环境感知能力，为动态地进行业务应用优化提供了基础。

3）符合法规。边缘计算节点可以将敏感信息在边缘侧处理并终结，而不传输到公有云中，从而符合隐私和数据定位信息等相关法律法规。

4）网络安全性。可以通过边缘计算节点来保护云服务提供商的网络不受攻击。

如图 1-9 所示为边缘计算和云计算在数字安防中协同工作，网络摄像头在地理上分散部署，如果将所有视频流和相关元数据都上传到云端进行分析和存储，将消耗大量的网络带宽和成本。通过添加边缘计算节点——网络硬盘录像机（NVR），可以在网络边缘侧进行视频流的保存和分析，只将分析结果和感兴趣的视频数据上传到云端进行进一步的分析和长期保存，这样可以大大降低对网络带宽的要求及由此产生的流量成本，同时降低响应时间并提高服务质量。同时，由于边缘计算节点更靠近设备端，因此可以获得更多网络摄像头的位置等环境信息，为进一步提高边缘智能提供了基础。

图 1-9　边缘计算和云计算在数字安防中协同工作示意图

3. 边缘计算的关键技术

随着技术的飞速进步，智能手机、智能手表等端设备迅猛增加，数据增长速度超过网络带宽增速，针对云计算面临等待时延较长、占用网络资源过多等问题，边缘计算可以解决云计算发展中遇到的挑战，弥补云计算的短板。其关键技术包括计算卸载、计算迁移、边缘缓存以及安全保护。

（1）计算卸载

随着科技的快速发展，移动设备流量急剧增长。但是由于自身资源及计算性能有限，智能移动设备在处理计算密集型和时间敏感型应用时，可能面临着算力不足的情况。为此，边缘计算在移动用户附近的无线接入网络边缘处提供了云计算功能，满足快速交互

笔　记

响应的需求，提供普遍且灵活的计算服务。

笔 记

　　计算卸载是边缘计算的一个关键技术，可以为资源受限设备运行计算密集型应用时提供计算资源，加快计算速度并节省能源。更详细地说，边缘计算中的计算卸载是将移动终端的计算任务卸载到边缘云服务器上，进行更有效的资源存储和运行计算。

　　计算卸载的概念最初在移动云计算（Mobile Cloud Computing，MCC）中被提出。移动云计算是使用云技术交付移动应用程序的方法，而如今，复杂的移动应用程序需要执行诸如身份验证、位置感知等任务。因此，移动云计算需要大量的计算资源，并具有强大的计算能力，设备可以通过计算卸载，将计算任务传输到远端云服务器上执行，从而达到缓解计算、存储限制、延长设备电池寿命的目的。移动边缘计算（Mobile Edge Computing，MEC）针对移动云计算在计算卸载时可能导致的不可预测时延、传输距离远等问题，能够更快速、高效地为移动终端提供计算服务，同时缓解核心网络的压力。移动边缘计算和移动云计算的对比见表 1-2。

表 1-2　移动边缘计算与移动云计算对比

类　　目	移动边缘计算（MEC）	移动云计算（MCC）
计算模型	分布式	集中式
服务器硬件	小型数据中心，中等计算资源	大型数据中心，大量高性能计算服务器
与用户距离	近	远
连接方式	无线连接	专线连接
隐私保护	高	低
时延	低	高
核心思想	边缘化	中心化
计算资源	有限制	丰富
存储容量	有限制	丰富
应用	对时延要求高的应用，如自动驾驶、AR、交互式在线游戏等	对计算量要求大的应用，如在线社交网络、移动性在线商业/健康/学习业务等

　　（2）计算迁移

　　边缘计算将网络边缘上的计算、存储等资源进行有机融合，构建成统一的用户服务平台，按就近服务原则对网络边缘节点任务请求及时响应并有效处理。由于边缘节点能力、资源、带宽、能源等受限，计算迁移便异常重要，其也是边缘计算的一个关键技术。

　　计算迁移是指在网络边缘处，对海量边缘设备采集或产生的数据进行部分或全部计算的预处理操作，对无用的数据进行过滤，从而降低数据传输的带宽需求。

　　随着互联网技术的发展，特别是智能移动终端的更新升级，智能手机拥有越来越强大的功能。移动设备变得更小、更轻，电池寿命更长，这意味着计算能力会受到限制。但是，用户对移动智能终端的期望越来越高，即对计算和数据操作能力的要求不断提高。

移动边缘计算是在移动用户的近距离范围内提供云和 IT 服务。针对一些智能移动终端计算资源、存储资源、电池容量和网络连接能力有限，无法支持一些大型应用的运行问题，边缘计算通过计算迁移技术将移动设备的计算迁移到附近其他资源丰富的终端上运行，它们之间通过 Wi-Fi 连接，然后返回计算结果给移动终端。这种在移动设备附近提供资源的其他移动终端称为微云（Cloudlet）。

同时，云数据中心将计算和存储能力等资源"下沉"到网络边缘节点，因距离用户更近，用户请求不再需要经过漫长的传输网络到达核心网才能被处理，而由部署在本地的边缘服务器将一部分流量卸载，降低对传输网和核心网带宽的要求，直接处理并响应用户，满足移动网络高速发展所需的高带宽、低时延的要求并减轻网络负荷，大大降低了通信时延。

边缘计算为应用程序开发人员和供应商提供实时感知服务信息，如网络负载、用户位置、时间、环境参数、邻近的设备和人员、用户活动及目的等，从而丰富用户的使用体验，提升用户满意度。

（3）边缘缓存

随着移动互联网及物联网的发展，日益增长的移动网络流量给当前移动网络带来了极大挑战。目前在以基站为主的蜂窝接入网中，每次用户请求视频、社交等业务，从基站到远端服务器之间都会产生很大的时延，在短时间内大量用户对同一热门内容提出传输请求时，更是给网络链路带来了巨大的压力，同时造成带宽资源浪费、用户体验差等问题。为了避免上述问题，在边缘计算网络中部署缓存成为行业研究的热点。因此，边缘缓存也成为边缘计算的关键技术之一。

边缘缓存能使用户从小基站或其他设备处获得请求的内容，实现内容可在本地使用，而不需要通过移动核心网和有线网络从内容服务提供商处获取，从而减少无线需求容量和可用容量之间的不均衡，缓解了 5G 网络的回传瓶颈，提高时延保障并降低网络能耗。

边缘缓存一般包括两个步骤：内容的放置和传递。内容的放置包括确定缓存的内容、缓存的位置以及如何将内容下载到缓存节点；内容的传递指的是如何将内容传递给请求的用户。一般来说，在网络流量较低、网络资源廉价而丰富时（如清晨），执行内容的放置；当网络流量较高、网络资源稀缺和昂贵时（如晚上），执行内容的传递。

（4）安全保护

边缘计算将云数据中心的计算能力下沉到了网络边缘。一方面，边缘计算基础设施通常部署在无线基站等网络边缘，使其更容易暴露在不安全的环境中；另一方面，边缘计算采用开放应用编程接口（Application Programming Interface，API）、开放的网络功能虚拟化（Network Function Virtualization，NFV）等技术，开放性的引入容易将边缘计算暴露给外部攻击者。因此，边缘计算在入网的认证与授权、边缘计算服务器和数据中心的安全、用户设备的安全等方面都存在着风险，如图 1-10 所示。

笔 记

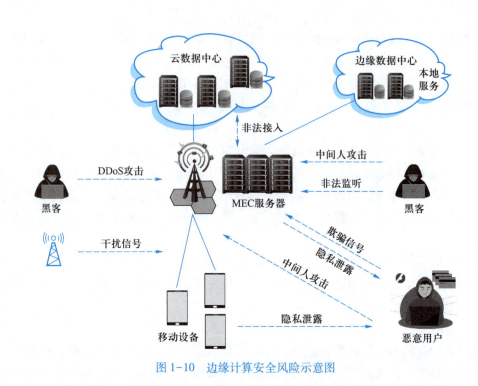

图 1-10   边缘计算安全风险示意图

针对存在的安全风险问题，边缘计算在身份认证、通信安全协议、入侵检测、数据加密以及虚拟机隔离 5 个方面采用了不同的应对措施。

1）身份认证。一方面，可以通过第三方认证服务器对边缘计算设备之间进行鉴权和认证。但是这种方式要求部署第三方服务器，依赖于第三方认证服务的可靠性和安全性。另一方面，由于边缘计算服务器和设备数量较多，且可能采用分布式交互的方式，因此一些分布式认证和鉴权机制也可以用于边缘设备之间的认证和鉴权，如设备之间通过公钥基础设施（PKI）进行双向认证。这样的认证可以不依赖于第三方认证服务，但是要求边缘用户存储相关的认证信息。

2）通信安全协议。在边缘计算服务中，用户与边缘计算服务器之间的通信会涉及许多通信协议，如 TCP/IP、IEEE 802.11 系列协议、5G 协议等。这些协议中都包含对用户的接入认证、数据传输安全等相关的安全协议和机制。在边缘计算服务框架下，可以充分利用上述安全协议的特点，解决边缘计算服务中认证鉴权、数据传输、隐私保护等安全问题。

3）入侵检测。入侵检测系统（Intrusion Detection System，IDS）主要用来监控和检测主机侧或网络侧的异常数据。应用于云数据中心的入侵检测技术也可以用于边缘数据中心，对恶意软件、恶意攻击等进行检测。此外，基于边缘计算分布式的特点，可以通过相应的分布式边缘入侵检测技术来进行识别，通过多节点之间进行协作，以自组织的方式实现对恶意攻击的检测。

4）数据加密。在分布式应用环境中，常采用加密技术在数据挖掘过程中隐藏敏感数据，如分布式数据挖掘、分布式安全查询等，具体应用通常会依赖于数据的存储模式和站点的可信度及其行为。数据加密技术还可以对边缘数据中心的数据进行保密性和完整性保护，增强对虚拟机（Virtual Machine，VM）数据存储、计算处理和迁移过程中的数据安全保护，提高用户隐私数据的安全性。

5）虚拟机隔离。对于部署在虚拟化边缘环境中的虚拟机，可以加强虚拟机之间的隔离，对不安全的设备进行严格隔离，防止用户流量流入恶意虚拟机。另外，可以实时监测虚拟机的运行情况，有效发掘恶意虚拟机行为，避免恶意虚拟机的计算迁移对其他边缘数据中心造成感染。

任务 1.4　边缘计算项目总体系统架构设计

PPT：任务 1.4
边缘计算项目
总体系统架构
设计

在边缘计算系统建设之前，有一项很重要的工作就是项目总体架构设计。这是整个系统建设的核心环节，关乎着边缘计算的效率和性能，犹如建筑施工之前图纸的设计一样是重中之重。那么，为了设计出最优的边缘计算系统架构，在项目总体架构设计之前，应该首先分析边缘计算架构系统的评价标准和设计要求。

1.4.1　边缘计算项目系统评价标准及设计要求

1. 项目系统评价标准

边缘计算是一个不断地将客户各式各样的计算需求从本地转到边缘的过程。对于一个具体的边缘计算系统，其本质要求是为各类终端设备提供计算服务，且服务的"质量"要与其本地执行情况相当或优于本地执行情况。在此基础上，参与边缘计算的其他关键角色——服务提供者与服务开发者对于边缘计算的架构同样有各自的诉求。下面，针对边缘计算系统架构的设计需求来分析系统评价标准。

微课 1-3
边缘计算项目
总体系统架构

（1）面向终端用户：服务质量和体验质量

服务质量（Quality of Service，QoS）与体验质量（Quality of Experience，QoE）是网络服务领域的经典评价方法，其要求直接影响了边缘计算架构设计的结果。

1）服务质量从客观的技术指标出发来刻画计算服务的表现，通常是端到端、可测量的技术指标。常见的服务质量指标包括网络吞吐量、端到端时延、时延抖动、链路质量、可用性等。

2）体验质量是从用户的主观感受出发，对服务质量进行评价。不同于服务质量指标，体验质量通常要体现用户的主观感受，如视频的清晰流畅、网络的通畅无延迟感、交互的便捷等。当前对于体验质量尚不存在明确、统一的量化标准，但总体来说，在多数场景条件下，体验质量与服务质量通常具有较强的相关性。

图 1-11 显示了服务质量与体验质量之间的关系。各类终端设备与系统对边缘计算在服务质量与体验质量方面的要求，主要体现在以下几个方面：

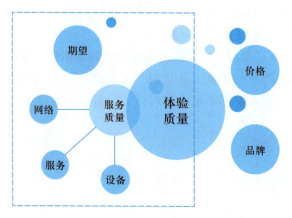

图 1-11　服务质量与体验质量之间的关系

① 高可用性。高可用性一方面是指系统本身的稳定性，另一方面则是要求边缘计算覆盖的应用场景相较云计算更广泛，这势必要求边缘计算建立在广泛的设备覆盖基础之上。

② 低延迟。低延迟是指端到端的系统延迟，包括终端设备发起请求、请求处理、结果返回的全过程。虽然终端设备与边缘设备间的通信延迟可以做到极短，但实现整体端到端的低延迟仍面临挑战。如果架构设计不合理，请求上传后要在边缘网络当中进行多次路由，又或者任务分配不合理，请求任务处理较慢，均无法达到低延迟的要求。

③ 高可靠性。所谓高可靠性就是判断一个服务连续无故障运行的时间，无故障运行的时间越长，可靠性就越高。为保证高可靠性，系统的任何部件都要进行仔细的规划设计，并在投入运行前进行彻底的检查测试工作。

（2）面向服务提供者：服务管理

类似于云计算，边缘计算生态中同样具有服务提供者这一重要角色，而服务类型将更多地倾向于软件即服务（Software as a Service，SaaS）以及函数即服务（Function as a Service，FaaS）。对于服务提供者而言，边缘计算同样需要提供便捷、高效的服务管理方式，能够支持边缘网络的快速伸缩、边缘资源的高效利用、服务任务的合理调度等。这要求边缘计算在硬件方面要基于通用资源，具有可控的拓扑；在软件架构方面则应当具备快速的服务编排、服务实例化、资源配置、用户请求管理、边缘设备管理等能力。

（3）面向应用开发者：边缘底层透明

边缘计算将计算过程从终端设备剥离出来，并转移到边缘设备上执行，这要求开发者不得不考虑边缘端的服务实现，无疑会增加额外的开发成本和开发难度。当越来越多的物联网设备接入边缘计算后，这一开发成本甚至可能成为产业发展的瓶颈。因此，应用开发者对于边缘计算的架构设计也同样具有较强的诉求，即在开发者"无感"的情况下将计算需求接入边缘环境中，做到边缘底层对开发者透明。亚马逊提出的函数即服务就沿袭了这一思路，一方面，应用开发者可以更加便捷地调用边缘服务；另一方面，边缘环境中的资源管理颗粒度也更细。

2. 边缘计算架构设计面临的独特挑战

在传统的云计算场景中，架构设计同样存在不同角色的不同需求，那么边缘计算架构为何不直接沿用云计算架构，而要重新考虑边缘计算架构呢？原因在于，相比云计算，边缘计算在以下几个方面面临独特的挑战。

（1）多样化、定制化的场景

不同于云计算，边缘计算距离实际的计算场景更近，这使得边缘计算更大程度上受到具体场景要求的影响。例如对于智能仓储等工业场景，其计算任务类型、任务负载、用户特征均具有高度确定性，因此针对场景所架设的边缘计算需要重点关注数据安全性、系统可靠性、连接稳定性等方面的问题。而对于另一类泛在场景（如商场、车站等），为终端用户提供各类计算服务时，由于其计算任务类型相对复杂，用户和服务多样性等特点会对边缘计算架构的设计产生完全不同的影响。这种场景要求边缘服务能够灵活、快速地调整服务类型和相应的资源分配策略，支持用户的动态接入以及服务过程在多边缘服务器上的交接。不仅如此，服务类型的不同（如 AR/VR 场景与视频监控场景）也会对边缘系统的设计产生完全不同的要求。可见，场景的多样化、定制化使得在边缘计算中难以寻找一个"放之四海而皆准"的系统架构，这使得针对场景的需求分析在边缘架构设计中的各个环节（如计算卸载方式、服务接入与数据传输、服务管理等）均成为重要问题。

（2）终端用户的移动性

在云计算中，移动用户的计算请求汇聚到数据中心，这一过程中用户移动性造成的终端延迟波动对整体的端到端延迟的影响相对有限。然而，边缘计算通过建立边缘服务器与终端用户的直接通信，极大程度上降低了计算服务端到端的延迟，这也使得终端用户的移动性会直接对边缘服务质量和服务可用性造成影响。具体而言，由于边缘计算部署在距离用户较近的位置，其覆盖范围也相对受限，用户在移动过程中一方面会影响到无线通信延迟，另一方面则可能在多个边缘服务器之间进行穿梭。例如在车联网场景中，一辆高速行驶的智能汽车需要使用多个边缘服务器进行协同，才能保证其行驶过程中的服务质量。这对于边缘计算的架构也提出了新的要求，特别是接入点的交接、服务的迁移与备份、服务的快速实例化与资源配置、边缘服务网络拓扑、边缘服务协同等方面。

按照 5G 基站 100~300 m 的覆盖范围，测算不同场景中终端用户切换边缘接入点的频率，移动数据与测算的切换频率见表 1-3。可以看出，在几类典型的边缘计算场景中，边缘服务均具有较高频率的接入点切换。这意味着，如果边缘服务持续时间超过终端用户在同一个边缘接入点停留的时间，那么服务极有可能会被中断。例如，一段视频的目标识别任务处理需要 1 min，而在高铁场景中，这 1 min 期间会经历 5 个不同的基站，如果按照当前的计算方式，该计算任务会不停地被中断，严重影响到服务质量和用户体验。此

笔记

笔记

外，即便计算任务的持续处理时间短于切换时间，由于移动导致的通信质量不可靠等问题，也会有一定概率造成服务中断或时间延长，同样严重影响到边缘服务质量与用户体验。

表 1-3　不同场景的用户移动性

场　　　景	移动速度/km/h	边缘接入点切换频率（5G）/AP/min
自动驾驶导航+5G 边缘网关	60	5
高铁多媒体服务+5G 边缘网关	300	25
移动 AR/VR 用户+5G 边缘网关	4	0.33
商场行人+Wi-Fi 边缘网关	4	1.33

注：AP/min 表示每分钟经过的基站数量。

（3）基础设施的资源受限和不确定性

不同于云计算数据中心，边缘服务器由于覆盖范围受限，势必需要大规模部署，这使得单个边缘计算基础设施相较于云计算中心而言，资源是比较有限的。在部分特定的边缘服务场景中，边缘设备本身甚至存在一定的不确定性，如设备到设备（Device-to-Device，D2D）场景中，终端之间通过复用小区资源直接进行通信，这在一定程度上解决了无线通信系统频谱资源匮乏的问题。如图 1-12 所示的 D2D 示意图，边缘服务器有可能是手机、平板电脑等移动设备，其服务质量、可用性均高度不确定。

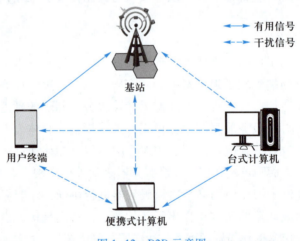

图 1-12　D2D 示意图

边缘计算资源受限的特点，使得单一的边缘服务器承载的服务类型和计算负载均有限，从而要求边缘服务架构层面形成良好的边缘协同机制，并且边缘上的服务类型应当能够支持快速更新。而边缘设备的不确定性，则使得大型的、耗时较长的计算任务在边缘计算中面临极大挑战，这一方面要求合理的资源配置，避免任务持续时间过长，另一方面则要求软件架构能够支持细粒度、可拆分的任务卸载，减少持续服务时间的同时降低边缘端的计算与传输压力。

【知识拓展】细粒度是面向服务架构（SOA）的一种变体，把应用程序设计成一系列松耦合的细粒度服务（微服务），并通过轻量级的通信协议组织起来。

（4）边缘服务多样、海量、异构

边缘计算接入的设备类型多样直接导致其面向的服务类型多样，并且不仅是计算服务要求的资源类型多样，体验质量和服务质量的要求也存在较大差异（图 1-13）。例如，对于安防视频解析的场景，视频数据传输量较大、缓存要求高，但对视频解析结果的实时性要求相对较低；而对于自动驾驶场景，对于视频解析结果的实时性要求极高，但对缓存的要求较低。要用相同配置的边缘计算设备满足所有类型的边缘服务，几乎是不可能完成的任务。因此，考虑到边缘服务多样、海量和异构的特点，要求边缘架构能够支持边缘设备协同、资源共享以及服务的灵活配置，从而将边缘计算网络作为一个整体来应对海量和异构的计算服务请求。

图 1-13　海量和异构的边缘服务类型示意图

1.4.2　边缘计算项目总体系统架构

通过前面的介绍可知，在边缘计算系统的运行过程中，边缘计算终端设备需要将计算任务卸载到边缘服务器上，而边缘服务器视情况在本地执行或进一步卸载到云端。这一过程中主要涉及 3 个实体：终端设备、边缘设备和云中心。所谓边缘计算系统架构，就是指这 3 个实体是通过怎样的软硬件方式有效组织起来协同运转的，包括硬件系统架构和软件系统架构。硬件系统架构是指上述 3 个实体的层次架构以及边缘网络的组织形式，而

笔　记

笔记

软件系统架构是指在整个边缘计算生态中其信息流的运行和管理方式。

分析了边缘计算项目系统评价标准及设计要求后，下面将面向边缘计算的不同网络架构特点和不同应用场景，进行边缘计算项目总体系统架构的分析和设计。

1. 两类边缘：主干网边缘和泛在边缘

网络边缘是一个相对概念，字面意思是远离"网络中心"，在主干网的语境中通常指网络最外围的设备，如移动基站或家用路由器等。然而，随着各类网络技术蓬勃发展，新型网络系统层出不穷，"网络边缘"的内涵也得到了极大丰富，对于边缘计算的架构和关键技术提出了新的要求。根据当前的边缘计算定义以及实际的网络架构特点，可以将边缘设备分为两类：主干网边缘和泛在边缘，如图 1-14 所示。

图 1-14   主干网边缘和泛在边缘示意图

主干网边缘设备通常可管可控，资源相对充沛，如移动蜂窝网络的基站等；而泛在边缘设备如便携式计算机、智能手机等，不论是资源的可用性还是使用的稳定性，都有较强的不确定性。此外，由于边缘设备本身的特点，又使得边缘计算难以像云计算一样建立通用的、结构固定的网络架构。因此，理想的边缘计算架构，应当能够有效地运用各类边缘资源，在满足服务和体验质量的前提下，将终端计算任务以最低的代价处理完毕。

边缘计算系统架构中"云—边—端"架构、"边—端"架构、多接入边缘计算（Multi-Acess Edge Computing，MEC）架构属于主干网边缘，而分布式 D2D 架构是典型的泛在边缘。

2. "云—边—端"系统架构

"云—边—端"架构包含云中心层、边缘层以及终端层，即云、边、端协同，其包括两层含义：云、边协同和云、边、端协同，如图 1-15 所示。

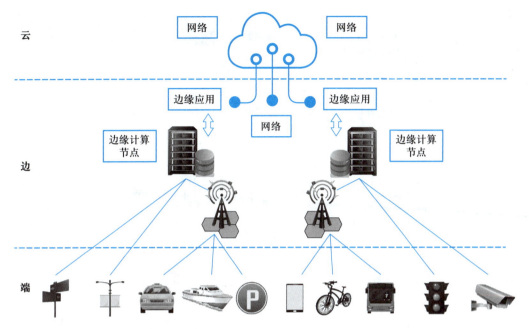

图 1-15　"云—边—端"架构示意图

1）云、边协同：云作为控制平面，边作为计算平台。

2）云、边、端协同：在云、边协同的基础上，管理终端设备的服务作为边上的负载。云可以通过控制边来影响端，从而实现云、边、端协同。

用户请求从终端设备发出后，由边缘层设备接收。如果边缘层的设备上存在该请求对应的边缘服务，则该计算请求交由运行相关服务的边缘设备处理，处理完成后结果返回至终端设备。如果边缘层的设备上无法完成相应的计算请求，则边缘设备需要进一步向云中心转发请求，由云中心处理；或者向云中心请求相关的边缘服务，将服务从云中心下拉到边缘层，从而能够处理未来的同类型请求。通过这一过程，终端设备的各类计算任务可以通过边缘服务的方式，从本地计算的方式转换到请求边缘设备计算的方式。同时，终端设备通过接入更多类型的边缘计算服务，也极大提升了其运算能力。

笔 记

遵循类似设计思想的架构包括海计算、海云计算、移动边缘计算等概念架构。在"云—边—端"架构中，边缘作为云中心的有益补充，主要用于处理以下几类计算任务：

1）延迟要求极低，云中心无法满足要求的计算任务。

2）数据量巨大，任务数据向云中心传输会给网络带来巨大带宽压力的计算任务。

3）计算请求频繁、计算量巨大，汇聚到云中心有可能造成瘫痪的计算任务。

4）隐私要求高，数据无法向云中心传输的计算任务。

而此架构中云计算则主要处理计算量巨大、运行周期较长的任务类型。图 1-16 显示了依据数据量不同对云、边、端处理任务类型的划分，数据量越大的任务距离终端用户越远。

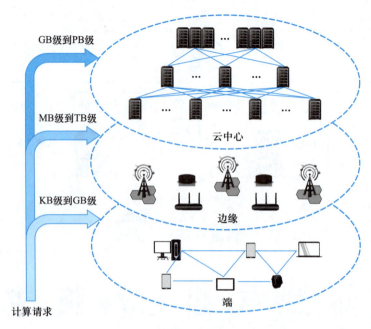

图 1-16   "云—边—端"架构中不同类型计算请求的去向示意图

　　由此可见，在此架构中边缘设备与云中心形成一种互补协同。虽然这里讨论的是边缘计算架构，但其中云和边缘都是不可或缺的，缺失哪一个都不完整。此架构中，除了终端与边缘的接入和任务卸载过程，边缘和云的协同也是重要的架构设计问题之一。终端用户并不关心任务在边缘设备还是在云中心进行计算，因此，这就要求边缘和云之间能够有效地进行资源整合与协同，以高效的方式完成用户请求。

3. "边—端"系统架构

　　随着边缘计算相关技术的不断发展以及新型应用对于延迟敏感度的提高，边缘网络需要独立承担终端设备的服务请求。

　　如图 1-17 所示，在"边—端"系统架构中，仅有边缘服务器组成的网络（简称边缘网络）和终端设备。边缘网络中各个服务器既是接入节点又是运算节点，接收来自终端设备的计算请求和任务卸载并处理。需要注意的是，对于一个计算请求来说，其接入的边缘节点和任务处理的节点并不一定是同一节点，多个边缘服务器可以各自配置不同的服务，以协同的方式完成各类计算任务。由于没有高速的云中心传输通道，每个边缘服务器在接收到自己不具备的服务类型时，需要将请求转发给具备相应服务的边缘服务器，从而在整体上形成协同运算的效果。

　　"边—端"系统架构通常用于定制化较高的场景，如工业园区的设备通信与计算网络、大学校园的实验网络等。在"边—端"系统架构中，边缘网络的服务对象和计算服务类型都具有高度的确定性，均需要根据具体的应用场景进行边缘网络的部署、资源配置、计算服务的编排等。例如在大学校园的场景中，边缘网络的部署需要充分考虑场景特点，在教学楼、宿舍区、实验楼等场地需要密集部署边缘服务器，并且这些服务器需要配置相对多的计算与存储资源。服务器上运行的计算服务也对应了不同区域的服务请求类型，如教学楼服务器需要运行在线文档、文件存储等服务；宿舍区服务器需要运行音视频解码等多媒体服务；实验区服务器则需要运行大型数学计算、仿真等服务。

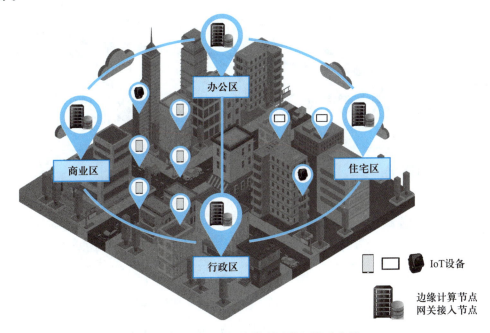

图 1-17 "边—端" 架构的边缘网络示意图

笔 记

4. 多接入边缘计算

在"云—边—端"系统架构和"边—端"系统架构中，通常认为一个终端设备仅接入一个边缘服务器。目前，随着新型应用的不断产生和边缘设备的不断增多，单服务的服务模式将很快迎来瓶颈。不仅如此，新型的高速率通信技术（如 5G）的覆盖范围通常也相对有限。在这样的背景下，超密集网络应运而生，即通过密集部署边缘服务器来达到边缘服务更加靠近边缘用户的目的。如此，每个终端设备可以通过多种网络接入模式接入多个边缘服务器，这种架构称为多接入边缘计算（MEC），如图 1-18 所示为 5G 车联网多接入边缘计算架构。

多接入边缘计算，原名为移动边缘计算，这个概念最早出现于 2013 年。2016 年，欧洲电信标准化协会（ETSI）把 MEC 的接入方式从移动蜂窝网络扩展到 WLAN 等其他多种网络接入方式，即把移动边缘计算的概念扩展为多接入边缘计算。它包含以下 3 层含义：

1）多接入。多种网络接入模式，如 LTE、Wi-Fi、有线、ZigBee、LoRa、NB-IoT 等各种物联网应用场景。

笔 记

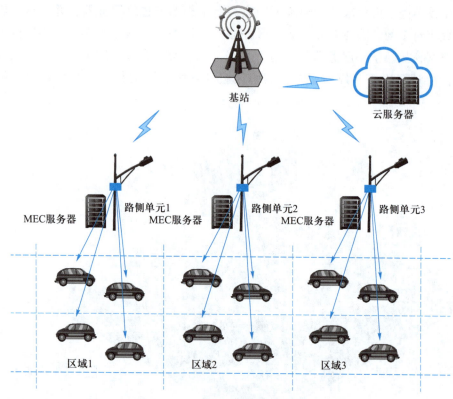

图 1-18   5G 车联网多接入边缘计算架构示意图

2）边缘。网络功能和应用部署在网络的边缘侧，尽可能靠近最终用户，降低传输延迟。

3）计算。联合云计算，充分利用计算、存储和网络等有限资源。

值得注意的是，多接入边缘计算与"云—边—端"和"边—端"两种架构是可共存的关系。"云—边—端"与"边—端"两种架构描述的是云、边层如何实现，而多接入则强调终端设备与边缘设备层如何对接。当终端设备由单接入变为多接入时，会对"云—边—端"和"边—端"两种架构中的技术设计与实现产生不同影响。本书在模块 3 中将会对多接入边缘计算技术展开详细介绍。

5. 分布式 D2D 架构（泛在边缘架构）

D2D 通常指一种新型的通信方式，在该方式中设备与设备间的通信不再经过主干网，而是通过设备直连和多跳的方式形成自组织网络，完成设备间的信息传输。所谓 D2D（Device-for-Device）边缘计算，是指边缘设备通过 D2D 的方式，相互成为其他设备的边缘计算设备。每个设备均可以将计算卸载到其他设备上，同时也可以承接来自其他设备的计算请求。分布式 D2D 架构示意图，如图 1-19 所示。

D2D 架构通常适用于缺少基础设施或者部署基础设施十分昂贵的场景，如车联网场景、战场作战场景等。一方面，缺少边缘基础设施导致整个 D2D 边缘计算网络的资源相对受限；另一方面，各设备又可能产生计算量十分巨大的任务需求，仅靠单一设备难以完成。D2D 架构是一种纯分布式架构，边和端的界限变得十分模糊，每个设备既可以看作端设备也可以看作边缘设备。这使得传统架构中的接入、路由、寻址、协同、分配等技术无法直接应用，面临的系统挑战也较多。例如在智能化单兵作战的场景中，每个士兵可以被视为一个边缘节点，遇到紧急情况的士兵产生的计算任务需要由其邻近的多个士兵协同进行运算，如对抗环境的实时目标识别等。若按照传统的任务卸载和处理方式选择一个身边的设备进行协同运算，资源受限的特点极可能导致任务运算无法达到指标要求，从而延误军情战机。D2D 架构虽然相对简单，但由于缺少全局信息，节点间缺少稳定的通信链路及物理拓扑，其各项关键技术（如计算卸载、服务管理等）更加需要根据场景来指定。此外，D2D 架构相比于传统架构还需要解决邻居服务发现、服务定价等问题。

图 1-19　分布式 D2D 架构示意图

任务 1.5　边缘计算项目实施步骤

PPT：任务 1.5
边缘计算项目
实施步骤

　　通过前面的项目需求分析，选择了云计算和边缘计算相结合的技术手段，分析了边缘计算项目系统评价标准及技术要求，设计了边缘计算总体系统架构。如图 1-20 所示为边缘云应用场景体系架构示意图。

　　接下来就可以进行边缘计算项目的分模块部署了。如图 1-21 所示，边缘计算项目实施包括部署端侧感知设备、部署边缘服务器、部署云端服务器、部署系统网络传输、系统整体测试运行等步骤。

　　（1）部署端侧感知设备

在"云—边—端"网络架构中的端侧，根据项目需求部署端侧感知设备，通过感知

笔记

设备对测试方进行数据采集、处理与识别。因此，首先需要对边缘计算端侧的感知设备硬件进行选型、参数配置及安装等，并使之符合端侧设备的网络架构和部署策略。

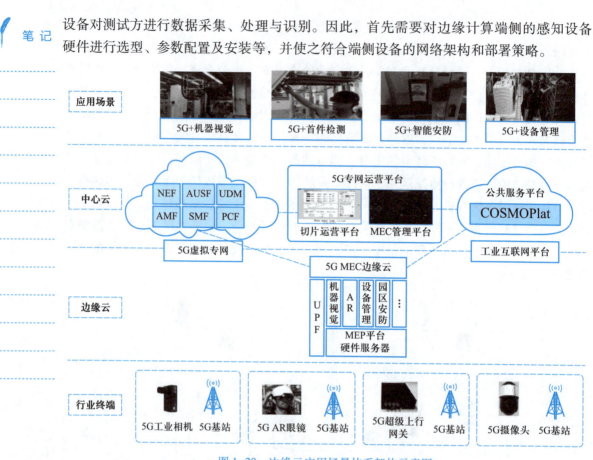

图1-20　边缘云应用场景体系架构示意图

图1-21　边缘计算项目实施步骤

（2）部署边缘服务器

根据项目需求和系统架构设计方案，部署边缘计算服务器，利用边缘计算服务模型实现物体识别。边缘计算网络架构中的端侧和边缘侧都处于整个系统的边缘，它们的配置和部署往往是密不可分的。因此，本书后续将把端侧和边缘侧放在一个模块中进行阐述。

（3）部署云端服务器

在边缘计算项目中，往往采用边云协同整体解决方案，因此部署中心云服务器也是边缘计算项目中至关重要的一部分。根据项目需求分析部署中心云服务器，包括云服务器集群的系统配置方式和高并发性、高可用性配置，使得边缘云服务器和中心云服务服务器各司其职，相互配合，作为一个密不可分的性能整体来实现边缘计算项目功能。

（4）部署系统网络传输

网络架构设计、部署和实施的优劣对边缘计算项目的成败有着至关重要的影响。作为一个边缘计算项目，基于5G边缘计算网络传输模式是当今企业中使用最广泛、也是最优的网络传输解决方案。通过对接入网+承载网+核心网的架构梳理，首先确定其实现的技术手段和网络拓扑结构；在此基础之上，再进一步确定5G专网在OT网络的应用模式、5G边缘计算网络架构具体规划、设计和部署。

（5）系统整体测试运行

项目在部署过程中以及部署完成后很重要的一个工作是进行系统的测试，以保证项目的顺利进行和项目最终交付。应当根据项目需求依次对系统进行各模块独立测试、模块间通信测试和模块间集成测试，保证项目正常、有效、可靠运行。

【项目小结】

对于中大型企业的智能工厂，往往采用云计算和边缘计算相结合的技术，来搭建和部署企业网络架构。云计算是分布式计算、并行计算、效用计算、网络存储、虚拟化、负载均衡、热备份冗余等技术发展融合的产物，通过网络将大量分布式计算资源集中管理起来，实现并行计算，并通过虚拟化技术形成资源池，为用户提供计算资源按需、弹性分配，极大地提高了IT资源的效能。而为了减少传输延迟，提高数据的隐私安全级别、访问效率以及服务部署和管理的灵活性，计算资源从云中心下降到靠近用户的网络边缘设备，服务与计算资源被放置在靠近终端用户的网络设备中，允许在网络边缘存储和处理数据，为数据源端提供智能服务，这种计算模式就叫作边缘计算。

1. 边缘计算的优势

1）通过边缘计算节点的本地分析能力，对数据进行过滤和压缩，从而降低上传网络的带宽压力。

2）边缘计算节点具备环境感知能力，为动态地进行业务应用优化提供了基础。

3）边缘计算节点可以将敏感信息在边缘侧处理并终结，而不用传输到公有云中，从而符合隐私和数据定位信息等相关法律法规。

4）可以通过边缘计算节点来保护云服务提供商的网络不受攻击。

2. 边缘计算的四大关键技术

计算卸载、计算迁移、边缘缓存以及安全保护。

3. 边缘计算项目系统评价标准和设计要求

在项目总体架构设计之前，应该首先分析边缘计算架构系统的评价标准和设计要求。

笔 记

笔 记

对于项目系统评价标准，要考虑面向终端用户的服务质量和体验质量，包括高可用、低延迟、高可靠性；要考虑面向服务提供者的服务管理，边缘计算同样需要提供便捷、高效的服务管理方式，能够支持边缘网络的快速伸缩、边缘资源的高效利用、服务任务的合理调度等；还有考虑面向应用开发者的边缘底层透明，即在开发者"无感"的情况下将计算需求接入边缘环境中，做到边缘底层对开发者透明

对于边缘计算架构设计面临的独特挑战，包括：

1）多样、定制化的场景。

2）终端用户的移动性。

3）基础设施的资源受限和不确定性。

4）边缘服务多样、海量、异构。

4. 边缘计算项目总体系统架构

根据当前的边缘计算定义以及实际的网络架构特点，可以将边缘设备分为两类：主干网边缘和泛在边缘。

边缘计算系统架构中的"云—边—端"架构、"边—端"架构、多接入边缘架构（MEC）中的边缘服务器（属于主干网边缘）以及分布式 D2D 架构是典型的泛在边缘。

1）"云—边—端"架构包含云中心层、边缘层以及终端层，即云、边、端协同，其包括两层含义：云、边协同和云、边、端协同。其使用情况如下：

① 延迟要求极低，云中心无法满足要求的计算任务。

② 数据量巨大，任务数据向云中心传输会给网络带来巨大带宽压力的计算任务。

③ 计算请求频繁、计算量巨大，汇聚到云中心有可能造成瘫痪的计算任务。

④ 隐私要求高，数据无法向云中心传输的计算任务。

2）在"边—端"系统架构中，边缘网络的服务对象和计算服务类型都具有高度的确定性，均需根据具体的应用场景进行边缘网络的部署、资源配置、计算服务的编排等。

3）多接入边缘计算是多种网络接入模式，如 LTE、Wi-Fi、有线、ZigBee、LoRa、NB-IoT 等各种物联网应用场景。

【拓展阅读】

2022 边缘计算产业的市场需求与发展政策分析

《2022—2027 年边缘计算市场发展现状及投资风险预测报告》由中研普华研究院撰写。该报告对边缘计算行业的供需状况、发展现状、行业发展变化等进行了分析，重点分析了行业的发展现状、如何面对行业的发展挑战、行业的发展建议、行业竞争力，以及行业的投资分析和趋势预测等。报告还综合了行业的整体发展动态，对行业在产品方面提供了参考建议和具体解决办法。下面通过该报告中的部分内容来了解一下边缘计算

产业的需求现状以及边缘计算产业发展政策。

边缘计算作为云计算的一个分支，其兴起受人瞩目，吸引了众多的企业进入这个领域，在不同的模式下进行业务模式、服务形态和技术组合的探索。

边缘计算已经受到学术界、工业界以及政府部门极大关注，目前学术界发表了很多边缘计算综述，工业界成立了边缘计算产业联盟等多个边缘计算联盟组织，政府部门也发布了一系列边缘计算重大研究计划，人工智能标准化机构也将边缘计算列为人工智能的重要组成部分。

在 5G、AIoT 等发展的推动下，全球边缘计算产业蓬勃兴起。有预计称，2030 年互联设备的数量将超过 750 亿个，这带动了对边缘计算平台的强劲需求。

与此同时，挑战也如影随形。有相关专业人士就表示，越来越多落地的项目要求边缘计算平台拥有更多 AI 功能的支持。同时，随着数据的大量传输、运算、处理，"在本地更多推理"的需求提升了更高的算力需求。此外，更多连接、更低功耗、更实时性能、更高安全性、更便利开发等要求也随之水涨船高。

根据本报告显示：为进一步推动边缘计算规模化落地部署，依托中国通信标准化协会 CCSA TC1 WG5 工作组和 CCSA TC608，由中国信通院云计算与大数据研究所牵头，联合产学研用数十家单位联合编制的三项边缘计算行业标准正式发布和实施，引领产业规范化发展。

据调研机构 Canalys 发布的 2022 年第一季度中国云计算市场报告显示，2022 年第一季度中国云市场总体规模达到 73 亿美元，同比增长 21%。其中，阿里云以 36.7% 的市场份额保持领先位置，华为云、腾讯云、百度智能云以 18.0%、15.7%、8.4% 的市场份额位居第二至第四位，排名前四的云服务厂商共同占据了 78.8% 的市场份额。

在云计算市场，华为云可以说是一匹黑马。实际上，华为进入云计算领域并不算早，从 2017 年开始，华为云才正式作为华为的一项重要业务线。当时，华为云在国内的排名相对靠后，但经过短短几年的时间就实现了后来居上。

预计在"新基建"政策影响和数字化转型需求的拉动下，"十四五"期间我国云计算仍将处于快速增长阶段，到 2025 年市场规模有望突破万亿元。

文本：习题答案

【课后习题】

一、填空题

1. 中小企业数字化转型必须遵循循序渐进、逐步推进的原则，可以按照＿＿＿＿、＿＿＿＿和＿＿＿＿3 个阶段分步骤、分阶段来实施。

2. 从技术角度来定义，云计算是＿＿＿＿、＿＿＿＿、效用计算、网络存储、虚拟化、负载均衡以及热备份冗余等技术发展融合的产物。

3. 云计算部署模式分为_____、_____和_____。

4. 边缘计算中的_____是将移动终端的计算任务卸载到边缘云服务器上，进行更有效的资源存储和运行计算。

5. 对比移动边缘计算和移动云计算，与用户距离更_____、隐私保护更_____、时延更_____。

6. 面对边缘计算系统架构的设计，需要分析系统评价标准，面向终端用户的_____与_____是网络服务领域的经典评价方法，其要求直接影响了边缘计算架构设计的结果。

二、选择题

1. 下列属于云计算技术特点的是（   ）。

A. 超大规模系统架构   B. 虚拟化资源管理   C. 高可靠性

D. 高可用性   E. 高可扩展性与负载均衡

2. 边缘计算具备一些云计算没有的优势，除低时延之外，还包括（   ）。

A. 数据过滤和压缩   B. 环境感知能力   C. 符合法规   D. 网络安全性

3. 边缘缓存一般包括的步骤有（   ）。

A. 内容的放置   B. 内容交换   C. 内容保存   D. 内容传递

4. 针对各类终端设备与系统对边缘计算在服务质量与体验质量方面的要求，主要体现在（   ）。

A. 低价格   B. 高可用   C. 低延迟   D. 高可靠

三、简答题

1. 简述什么是边缘计算。

2. 简述边缘计算与云计算的关系。

3. 边缘计算的关键技术有哪些？简述每一种技术在边缘计算中所起的作用。

4. 列举几个边缘计算的应用场景，并与传统方式相对比。

5. 边缘计算的系统架构主要包含哪几种实体？它们分别在架构中起到怎样的作用？

【项目评价】

在完成本模块学习任务后，可根据学习达成自我评价表进行综合能力评价，评价表总分 100 分。学习达成自我评价表积分方式：认为达成学习任务者，在□中打"√"；认为未能达成学习者在□中打"×"。其中完全达成，可按该项分值 100% 计算；基本达成，可按该项分值 60% 计算；未能达成，不计分值。课程学习达成度评价表见表 1-4。

表 1-4   课程学习达成度评价表

学 习 目 标	学 习 内 容	达 成 情 况
职业道德 （10分）	遵纪守法，爱岗敬业 遵守规程，安全操作 认真严谨，忠于职守 精益求精，勇于创新 诚实守信，服务社会	完全达成□ 基本达成□ 未能达成□
知识目标 （30分）	是否理解边缘计算的应用背景 是否掌握边缘计算的概念 是否理解边缘计算的优势和应用 是否掌握边缘计算的项目架构和项目实施步骤	完全达成□ 基本达成□ 未能达成□
技能目标 （30分）	是否具备理解企业项目背景，合理进行项目需求分析的能力 是否具备选择和规划项目架构的能力 是否具备合理设计、实现项目实施步骤的能力	完全达成□ 基本达成□ 未能达成□
素养目标 （30分）	是否具有良好的科技文献信息检索和技术文档阅读的能力 是否具有整合和综合运用知识分析问题和解决问题的能力 是否具有较强的集体意识和团队合作的能力 是否具有触类旁通、举一反三的能力	完全达成□ 基本达成□ 未能达成□

模块 2　部署MEC服务器和端侧感知设备

随着云计算、大数据、人工智能、5G 等新一代信息技术的迅速发展，构建工业互联网已经是工业界的一个事实标准。工业互联网通过开放的、高效的网络平台，把设备、生产线、员工、工厂、仓库、供应商、产品和客户紧密地联系起来，使工业生产全流程的各种要素资源数字化、自动化、智能化，从而降低工业生产的成本，同时提高生产效率。工业互联网是工业界的发展方向，不同行业有不同的解决方案。其中，构建智慧园区是工业互联网中非常重要和具有普遍意义的一个组成部分，其也是辅助提高工业生成效率、降低企业成本的有效手段。

本模块围绕工业互联网中的智慧园区应用场景，针对工业智慧园区中的数据采集、处理、识别等需求和设计，聚焦工业智慧园区构建中的重要组成部分——边缘计算，对相关知识和技术进行详细分析和介绍。

【学习目标】

1. 知识目标

1）了解边缘计算服务器的位置和作用。

2）了解端侧感知设备的作用和分类。

3）掌握 MEC 服务器的部署及应用流程。

4）掌握端侧感知设备的数据采集及预处理流程。

5）掌握 MEC 服务器模型部署和实现物体识别的方法。

2. 技能目标

1）具备理解企业项目背景、选择和规划 MEC 服务器和端侧感知设备的能力。

2）具备规划 MEC 服务器部署的能力。

3）具备针对端侧感知设备部署的能力。

4）具备 MEC 服务器模型部署和应用的能力。

3. 素养目标

1）具有良好的职业素养以及遵守项目规则的能力。
2）学习新知识、掌握新技能，并具备分析问题和解决问题的能力。
3）具有较强的集体意识和团队合作的能力。
4）具有创新、创业思维的综合性能力。

【学习导图】

本模块学习路径及相应任务、知识点如图 2-1 所示。

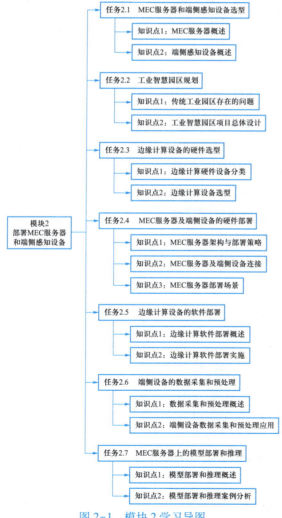

图 2-1　模块 2 学习导图

本模块与"工业数据采集与边缘服务"职业技能等级标准内容的对应关系见表 2-1。

表 2-1　本模块与"工业数据采集与边缘服务"职业技能等级标准内容对应关系

"工业数据采集与边缘服务"职业技能等级标准			部署 MEC 服务器和端侧感知设备	
工作任务	职业技能要求	等级	知识点	技能点
边缘服务器的安装与配置、边缘侧网关配置、数据采集设备与边缘侧网关通信配置、边缘服务器选型与部署	① 能根据项目部署文档，安装边缘服务器需要的驱动和软件工具 ② 能根据安全配置流程，完成边缘服务器本地和远程登录设置 ③ 能根据连接配置文件，配置连接参数，完成服务器与网关通信 ④ 能根据项目需求完成边缘服务器的选型与规划	初级 中级 高级	① 了解 MEC 服务器和端侧感知设备的选型 ② 了解工业智慧园区设计的思路与方法 ③ 掌握边缘计算设备的软硬件部署方法 ④ 了解端侧设备的数据采集和预处理方法	① 具备使用边缘计算设备规划简单的工业智慧园区网络的能力 ② 具备边缘计算服务器与端侧设备连接的能力 ③ 具备边缘计算软硬件部署的能力

任务 2.1　MEC 服务器和端侧感知设备选型

PPT：任务 2.1 MEC 服务器和端侧感知设备选型

图 2-2 所示为边缘计算产业联盟提出的边缘计算参考架构 3.0。该架构按距离由近及远可分为现场层、边缘层和云层，边缘层位于云和现场层之间，向下支持各种现场设备的接入，向上可以与云端对接。

边缘层又包括边缘节点和边缘管理器两个主要部分。边缘节点是硬件实体，是承载边缘计算业务的核心。边缘节点根据业务侧重点和硬件特点的不同，包括以网络协议处理和转换为重点的边缘网关，以支持实时闭环控制业务为重点的边缘控制器，以大规模数据处理为重点的边缘云，以及以低功耗信息采集和处理为重点的边缘传感器等。

逻辑上边缘计算网络架构自上而下通常分为数据中心（云计算）层、边缘层和端侧层，如图 2-3 所示为边缘计算网络架构。边缘层位于云计算层和端侧层之间，向下支持各种端侧感知设备的接入，实现边端协同；向上可以与数据中心对接，实现边云协同。

其中，多接入边缘计算（Multi-access Edge Computing，MEC）服务器作为边缘计算网络架构的核心，用于接收、处理和转发来自现场层的数据流，提供智能感知、安全隐私保护、数据分析、智能计算、过程优化和实时控制等时间敏感服务。

端侧感知设备作为现场层节点，主要通过各种类型的现场网络和工业总线与边缘层中的边缘网关等设备相连接，实现现场层和边缘层之间数据流和控制流的连通。

下面详细介绍 MEC 服务器和端侧感知设备的基本概念、现状、需求和发展趋势，为后面的设备选型及部署提供参考依据。

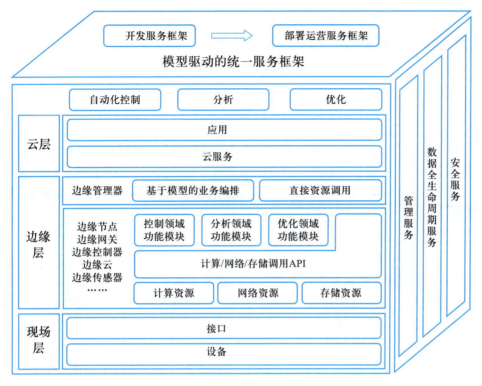

图 2-2　边缘计算参考架构 3.0 示意图

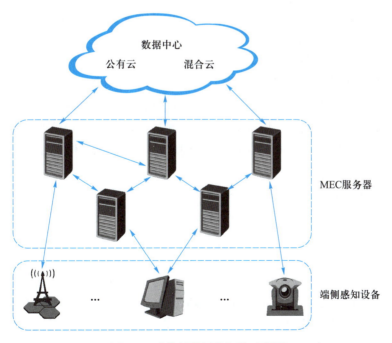

图 2-3　边缘计算网络架构示意图

微课 2-1
初识 MEC
服务器

2.1.1　MEC 服务器概述

1. MEC 服务器定义

边缘计算作为一种计算模式，服务与计算资源被放置在靠近终端用户的网络边缘设备中。MEC 服务器就是应用在边缘场景的边缘计算服务设备。边缘计算服务器相比工控机/智能网关等其他边缘计算设备，具备技术成熟、标准统一、计算性能和稳定性强等优势，更能适应边缘应用以及因 5G、AI 技术发展而飞速提高的算力和可靠性需求。其主要特点体现在以下 4 个方面：

（1）形态灵活多变

边缘计算服务器按照环境适应性及算力性能的差异化需求，可以视为应用现场的边缘微中心。它既可作为机房及边缘数据中心的边缘机架服务器，也可作为工业现场及数据搬迁的便携式 AI 服务器，还可作为边缘微服务器就近部署在端侧设备附近。其灵活的形态满足不同场景对服务器的部署要求。

（2）灵活的可扩展性

边缘计算服务器的硬盘支持 HDD、SSD、NVME SSD 等存储形式，灵活应对不同数据容量及类型。它能兼容支持多种内存，将内存的容量、温度适应性、掉电保护等功能做到可根据场景选配。此外，它的处理器性能及功耗可以根据功能需求选配，选择配置基于 ASIC、FPGA、智能网卡或其他硬件加速方案，从而完成部分 CPU 功能的卸载，以节约 CPU 资源并提高处理效率。

（3）运维管理统一便捷性

边缘计算服务器具有统一的管理接口。一般服务器都有统一管理接口要求，以减少带外管理系统带来的大量适配工作。它的运维效很高效，操作简单快捷，能减少人力成本；具有故障诊断和自愈功能，服务器的基板管理控制器（Baseboard Management Controller，BMC）具备基本的故障诊断和生成报告能力，还能够提供硬件平台自愈方案。

（4）优异的环境适应性

边缘计算服务器的环境温度范围为-40℃ ～ 70℃，能抗九级地震，但对于电磁兼容（包括电磁干扰和电磁耐受性）的要求严格。

2. MEC 服务器发展现状

5G 移动通信技术的迅速发展推动了万物互联时代的到来，促使商业应用不断更新。相对于传统的前端采集数据、管道传输、后端计算的"云—管—端"一体化模式，如今终端算力上移，数据中心算力下沉到边缘，逐渐向"云—边—端"模式演变。因此，边缘计算成为业界关注的焦点，也促使了 MEC 服务器的快速发展。

MEC 服务器提供靠近信源或用户侧的信息处理，侧重于远离网络中心的本地化流量处理，实现资源和服务向边缘位置的下沉。特别是在 5G 网络环境中，MEC 成为刚性需求。其本质是"连接+算力"，作为 5G 网络服务在垂直行业应用的创新，将推动产业链价值重构，即通过部署 MEC 服务器，将计算单元推向边缘，发挥 5G 网络优势，充分挖掘无线网络能力。运营商可以同时通过部署 MEC 服务器，为行业数字化转型赋能，为未来社会创造更多信息网络文化价值提供无限可能。根据中国边缘计算产业联盟的数据，目前在 40 个城市已有 100 多个 MEC 试点项目，覆盖多个行业和应用场景。

目前业界尝试推进的边缘场景主要有 ICT 融合、泛 CDN、智能网联汽车、工业互联网、产业+AI、城市治理、智能物联网等。MEC 服务器作为其核心设备得以广泛应用。

3. MEC 服务器行业需求

当前，边缘计算场景和应用系统需求的多元化特征越来越明显。为了更好地承载业务的运行，边缘计算对服务器等 IT 基础设施提出了新的需求。

1）网络性能需求：5G 网络的三大典型企业应用场景与边缘计算能力的结合密切相关，其中 URLLC（Ultra Reliable Low Latency Communication，超可靠低延迟通信）对超高性能可靠低时延通信的要求，eMBB（Enhanced Mobile Broadband，增强移动宽带）对高带宽的要求与 IoT（Internet of Things，物联网）对大连接的要求，都需要边缘服务器的支持；而以 AGV（Automated Guided Vehicle，自动引导车）、自动驾驶、工业质检等为代表的即时边缘应用场景对设备计算的低延时要求非常严苛，如道路上路况识别的效率、产线中缺陷检测的效率与道路安全及企业成本效益息息相关，对承载此类关键应用的边缘服务器也提出了极高的需求。

2）环境适应性需求：边缘计算场景复杂多样，如在电信机房、边缘电气柜、工业现场控制柜、车载环境都有部署需求，需要边缘服务器在宽工作温湿度、高震动、高尘土、高辐射等环境下都有良好的适应性，能够可靠、稳定运行。

笔记

3）便捷维护性需求：边缘服务器经常需要部署在偏远地区，运维人员上门困难，部分环境不具备现场维修条件，需要服务器具备远程维护或快速换件等功能，因此统一管理异构服务器是边缘服务器部署运维的关键需求，该需求包括但不限于统一的运维管理接口、业务自动部署能力、有效可靠的故障处理能力等。

4）低噪声需求：部署在人机共存环境的应用（如智慧园区、智慧办公/考勤等）对边缘服务器提出了低噪声需求，需要服务器在近人空间内安静运行。

4. MEC 服务器发展趋势

随着 5G 和边缘计算技术的不断发展，以及更多边缘侧应用的落地，未来可能会有超过 70% 的数据和应用将在边缘产生和处理，对边缘服务器技术以及整体产业发展的要求只会比行业目前需求的更高，具体可以从以下几个方面来具体阐述。

（1）管理便捷性

边缘节点企业数量众多、位置分散、安装和维护工作难度大，应尽量减少工程师到

笔记

现场的操作的必要性，所以需要有一个强大的资源管理运维能力进行保障。边缘服务器需要提供状态收集、操作控制和管理的接口，以支持远程和自动管理。

（2）形态多样性

未来是一个以万物感知、万物互联、万物智能为企业特征的智能世界，信息量巨大，计算问题无处不在。应用的高并发性和数据的多样性对计算的多样性、多核多并发性提出了更高的要求。同时，利用 AI 技术对非结构化信息数据分析和挖掘，是提高数据源价值的重要手段。

（3）散热的高效性

由于边缘机房的制冷技术系统的稳定性无法得到有效保证，在系统出现故障时，机房温度可能会达到 45℃甚至更高；还有部分场景中没有制冷制热系统，设备运行温度不稳定，因此边缘服务器面临更为严苛的散热考验。进一步发掘更高效的热管散热器、进行散热器结构优化、升级散热材质、采用液冷散热技术等将成为边缘服务器散热设计的新方向和选择。

（4）管理平台兼容性

在边缘计算环境下，数据具有异构性且数据量较大，对于计算任务的管理具有较大的复杂性，面向不同场景的边缘计算系统所要实现的功能有所差异。覆盖面广的监控管理能力是边缘服务器可靠运行的基石和保障。边缘服务器搭载边缘计算管理平台，向上联动云端的数据，可以满足企业客户对边缘进行计算资源的远程管控、数据信息处理、分析管理决策、智能化的需求。

2.1.2　端侧感知设备概述

微课 2-2
端侧感知
设备概述

1. 端侧感知设备定义与面临挑战

端侧感知设备是边缘计算的服务主体，作用于工业生产和应用的最前端，采集环境和设备的状态信息，常见的包括移动设备和 IoT（Internet of Things，物联网）设备，如手机、智能家电、各类传感器、摄像头等。边缘计算中的端侧感知设备在接入边缘网络时，需要考虑具体的应用场景需求、端侧感知设备的异构性以及边缘设备的部署情况等。因此，边缘计算中端侧感知设备的接入主要面临着以下 3 方面挑战。

（1）应用场景的多样性使端侧感知设备和边缘设备的异构性对无线数据传输技术提出了挑战

随着工业互联网与物联网技术的发展，越来越多的端侧感知设备被用来采集或检测环境数据。由于应用场景的多样性，不同类型的端侧感知设备可能被部署到不同的场景，如楼房密集的城市区域、空旷的田野区域等。另一方面，由于边缘设备也存在异构性，其计算、存储能力和部署位置也并不相同，在这种情况下，不同场景中的端侧感知设备往往会根据不同的需求以不同的方式接入到边缘网络。例如，在智慧家居的场景中短距离的数据传输往往采用 Wi-Fi 来实现，而在空旷偏远的郊区场景下，采用远距离的低功耗通信接入方式可以降低传统多跳传感器网络的开销和人工维护的难度。为不同的应用场景选择合适的无线传输技术，可以很大程度上提高边缘接入的效率与可靠性。

（2）数量庞大的端侧感知设备对有限的无线网络传输资源提出挑战

工业互联网与物联网技术使端侧感知设备（如各种传感器等）呈现爆炸式增长，大量的端侧感知设备都需要接入边缘网络，可以预见，有限的无线网络传输资源将会成为影响边缘接入的主要瓶颈之一，因此边缘接入的可靠性会受到很大的影响。另外，其他的实际问题（如端侧感知设备的移动性）也会影响边缘接入的可靠性。因此，如何利用有限的无线网络传输资源支持更多端侧感知设备的可靠边缘接入成为非常重要的研究问题。

（3）端侧感知设备较高的移动性对数据传输的可靠高效提出挑战

设备的移动性会对可靠的数据传输带来巨大的影响。从无线信号传输来说，信号可能会被移动性产生的多普勒频移以及多径效应所改变，导致数据难以解码，造成数据传输的失败。另一方面，设备移动到距离基站更远的位置，导致信号功率减弱，数据更难以被检测和解析。更进一步，设备的移动性会使其到达多个基站的覆盖范围之下，在移动轨迹中经过多个不同的基站，涉及基站或接入点的切换问题，而接入点的切换又关系到移动中的设备能否可靠地保持高效的数据传输。

2. 端侧感知设备发展现状

近年来，工业互联网与物联网技术得以不断积累与升级，产业链也逐渐完善和成熟，加之受基础设施建设、基础性行业转型和消费升级等周期性因素的驱动，处于不同发展水平的领域和行业交替式地不断推进工业互联网与物联网的发展，带动了全球工业互联网与物联网行业整体呈现爆发式增长态势。5G 的落地则标志着物联网时代的正式开启。5G 的本质是把对人的通信延伸到万物互联，它也为工业互联网与物联网的发展带来一场新的革命。

近年来，我国政府出台各类政策大力发展工业互联网与物联网行业，不少地方相关部门也出台工业互联网与物联网专项规划、行动方案和发展意见，从土地使用、基础设施配套、税收优惠、核心技术和应用领域等多个方面为工业互联网与物联网产业的发展提供政策支持，在工业自动控制、环境保护、医疗卫生、公共安全等领域开展了一系列应用试点和示范，并取得了初步进展。

在互联网行业快速发展的今天，端侧感知设备已经被广泛应用于互联网及分布式领域，端侧感知设备领域已经发生了重要的变化。

1）分布式控制应用场合中的智能端侧感知系统在国内外已经取得了长足的发展。

2）总线兼容型端侧感知插件的数量不断增大，与个人计算机兼容的端侧感知系统的数量也在增加。

笔 记

3）国内外各种端侧感知设备先后问世，将端侧感知带入了一个全新的时代。

3. 端侧感知设备行业需求

虽然我国工业互联网与物联网最近几年在政策支持下发展显著，但我国工业互联网与物联网行业仍处于成长期的早中期阶段。目前我国仅物联网及相关企业就超过 3 万家，其中中小企业占比超过 85%，创新活力突出，对产业发展推动作用巨大。

工业互联网与物联网作为中国新一代信息技术自主创新突破的重点方向，蕴含着巨大的创新空间。在芯片、传感器、近距离传输、海量数据处理以及综合集成、应用等领域，创新活动日趋活跃，创新要素不断积聚。

工业互联网与物联网在各行各业的应用不断深化，将催生大量的新技术、新产品、新应用、新模式。在未来，巨大的市场需求将为工业互联网与物联网带来难得的发展机遇和广阔的发展空间。

4. 端侧感知设备发展趋势

智慧园区、智能家居、智慧建筑等工业互联网与物联网热门市场仍将保持高速增长，边缘计算将带动智能端侧感知设备市场新一轮成长。

家居生活、商业办公是人们日常生活工作中最易感知的领域之一，与物联网深度融合后形成的智能家居、智慧建筑等在过去和未来一段时间都是物联网领域的热门应用领域，而智慧园区、无人值守工厂与工业互联网也将继续深度融合。在边缘计算趋势推动下，交互、计算能力强大的智能端侧感知设备快速成长，如以智能音箱为代表的语音交互设备成为目前极为重要的交互终端之一，并迅速带动智能家居的发展和消费者认知。

未来一段时间，触摸交互的智能显示设备以及具有应用场景丰富特性的智能照明产品等都可能成为智慧生态系统新的热门"入口"，将带动智能端侧感知设备市场新一轮成长。

任务 2.2 工业智慧园区规划

随着人工智能技术的成熟及应用，将人工智能与 5G 相结合应用于工业智慧园区的建设，能够实现园区管理的智能化以及运营的高效化，如图 2-4 所示。本任务将从人像和车辆数据的采集、传输、处理、分析、应用、安全等各个层面节点进行总体规划设计，制定高可靠性、高实用性、高经济性的业内领先的工业智慧园区方案，能够全面提升工业园区的安防保障，给管理者、员工提供高质量通行体验，实现对员工、工区、数据的精细化管理。

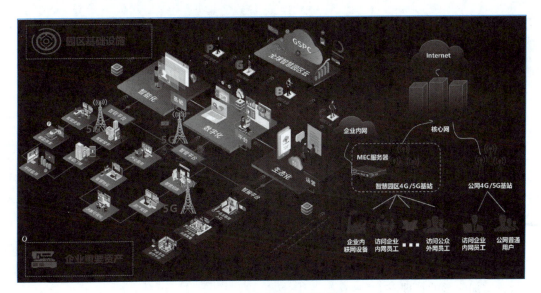

图 2-4　工业智慧园区示意图

2.2.1　传统工业园区存在的问题

我国的工业园区近 20 年来无论从数量和规模上都具有显著的提升。但随着工业园区规模的不断扩大、经济产出的不断提高，园区的进出口增多，人员结构也越发复杂。工作人员、外来访客等出入频繁，火灾、爆炸等生产事故或盗窃案件等屡有发生，甚至给企业带来了重大的人员伤亡和财产损失。传统的工业园区主要存在以下 3 个方面的问题。

（1）安全有隐患

传统园区管理存在的安全隐患表现为如下几个方面。

1）传统园区管理通过保安检查工卡或刷 IC 卡作为身份识别的凭证，这些系统可以基本有效防止非授权人员进出。但是，使用者需要频繁进行刷卡操作，还会存在卡片被复制、被冒名顶替等安全风险。特别是对于员工工卡借出，让无权限的人员进入某些重点、高危区域的行为无法监控，容易造成安全隐患。

2）访客通行管理采用发放"访客卡"的方式，虽然可以记录访客的基本信息，但对于一些安防等级要求严格的企业，无法得知访客实际进入的区域，也无法设置访客卡的有效时间，存在安全风险。

3）进出园区的车辆无法与驾驶人员身份绑定，推销员、小偷等通过翻越工业园区围墙闯入园区的行为无法被提前识别和预警，存在监管漏洞。

（2）通行效率低

传统工业园区在通行表现上无法令人满意，尤其是高峰出行或突发事件时，具体通行效率低的表现举例如下：

1）访客登记须前台人员人工核对身份信息、手工录入并发卡，效率较低。部分园区

笔 记

仍采用手写纸质访客条的方式进行访客登记，不仅效率低下还可能存在难以辨认证件真伪、手写字迹潦草、保存不当或丢失、被篡改等问题。

2）上下班高峰，员工排队打卡记考勤，降低了人员通行效率和便捷性。

3）员工双手拿物或携带物品较多时，会有刷卡不便的问题。

4）员工忘记带卡由保安代刷卡，造成通行管理不规范，也会带来安全隐患。

（3）管理难度大

在管理方面，传统园区也表现出管理方面的诸多问题，比如如下几个方面：

1）用 IC 卡记考勤，无法杜绝代刷卡现象。员工忘记打卡，导致一系列烦琐的补打卡手续；考勤机器有限，一旦出现问题，造成无法有效打卡。以上问题都会带来企业考勤管理问题和企业劳资损失。

2）员工 IC 卡遗失补办，不同的单位手续不一样。有的需要多层审批，此期间增加运营管理成本，员工本身也因为卡的丢失无法正常工作，还可能面临赔偿，造成工作效率低，增加隐形的管理成本。

3）工业园区人员身份复杂，有正式员工、外包员工、访客、VIP、推销员等，对不同人员需要分类和分权限管理。传统园区采用安保人员人工管理的方式，不仅管理成本高，还可能因为安保人员间信息未及时共享，无法进行有效管理。

4）车辆停在消防通道或主干道上，造成交通不便甚至有安全隐患。

5）工业园区发生安全事件后，只能靠人工查看历史视频。如查看一个人员的轨迹，要回放大量不同监控的视频，费时费力且不一定能得到有效结果。

因此，现代化企业工业园区越来越重视安防及视频监控系统的建设，重视工业园区的智能化改造，提升工业园区运营管理效率。

2.2.2　工业智慧园区项目总体设计

针对传统园区的痛点、难点，围绕保障工业园区安全、提高工业园区通行和管理效率的目标，以人工智能赋能工业园区为方向，将人工智能技术应用于工业园区的建设和管理，打造更加人性化的工业智慧园区。

1. 项目方案设计思路

根据工业智慧园区的特点，在建设或改造时将以"保护业主现有投资、系统可扩展性"为原则开展设计。

（1）保护业主现有投资

保护现有投资主要从以下几个方面予以考量与保留。

1）原有的普通高清摄像机：摄像机若满足支持 RTSP/ONVIF 协议、200 万像素、1080P、H.264 编码，即可利用并接入人脸识别系统用于人脸识别、人体检测、车辆检测等。

2）原有的闸机/门禁：人脸识别终端与闸机/门禁控制器能对接，人脸识别比对成功后发送命令给控制器进行控制开关门，原系统可继续使用。

3）原有的人事考勤系统：人脸识别系统开放 API 传递数据给已有的人事考勤系统，实现对接，可继续使用。

4）原有的车牌识别系统：可由集成商在应用层做人车关联，继续使用。

（2）保持系统可扩展性

系统的可扩展性主要从以下几个方面考量。

1）设备可扩展：根据业主的容量需求，可支持摄像机、人脸识别终端的扩容，人脸识别服务器支持从单机到多机分布式集群的扩展。

2）算法可扩展：根据多元业务场景的需求，从只支持人脸识别算法扩展到支持人体检测、车辆检测的算法，未来可以支持人群、行为、烟火等算法的扩展。

3）功能可扩展：随着应用的丰富，需要从只支持人脸通行布控相关的应用扩展到支持周界告警、区域闯入告警、车辆违停告警等相关应用，未来可以支持人群密度过大告警、打架告警、烟火告警等新功能的扩展。

2. 工业智慧园区项目架构设计

在本项目中，根据项目方案设计思路开展架构设计：智能化前端设备负责采集视频图像并完成部分预处理工作；由边缘设备提取目标图片、特征码和属性进行智能分析，满足工业园区安防、管理需求，并且边缘设备可向中心转发结构化数据；中心平台完成数据检索、分析和应用。这样的端边云协同的架构，不仅能满足对事件处理的及时性，更能降低数据流量，有效减轻网络传输及数据转发、跨网压力，具体项目架构如图 2-5 所示。

从图中可以看出，该架构整体可以划分成采集终端、硬件、平台软件、应用软件、现有系统 5 个层级。

（1）采集终端

多样化的终端实现视频图像数据的采集。前端设备层视频监控摄像机和人像智能抓拍机实现视频、图片数据的采集；人证核验一体机实现人员和身份证一致性的比对；门禁人脸识别机、闸机人脸识别机则实现刷脸通行、签到考勤等智能化前端应用。

（2）硬件

工业智慧园区项目部署的边缘计算服务器和智能边缘节点，用于连接采集终端与运中心。

（3）平台软件

多种引擎提供基础平台软件服务，提供接入服务、视频解析、人脸检测、特征提取、人脸属性、人脸比对、人体检测、人体属性、机动车检测、机动车属性、非机动车检测、非机动车属性、图片质量检测、人像入库、设备管理、人像库管理、用户管理、角色管理、任务管理、地图管理、日志管理等功能。

笔记

笔记

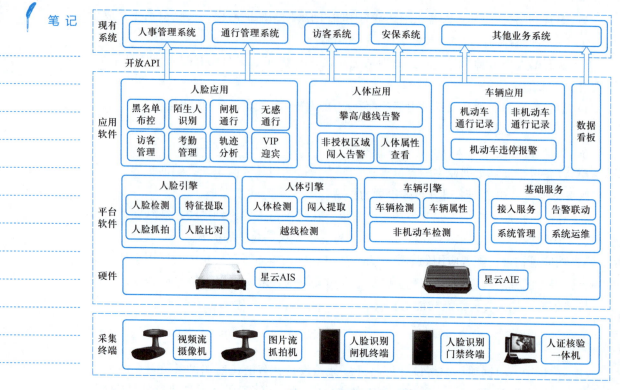

图 2-5 项目架构示意图

（4）应用软件

1）基于软件引擎生成人脸、人体、车辆的多样化应用，自带 Web 可查看界面，并包含视频预览。其中，人脸应用包含黑名单告警、陌生人识别、以图搜图、人员轨迹查询、访客管理、考勤管理、VIP 迎宾、闸机通行、门禁通行、无感通行；人体应用包含周界告警、非授权区域闯入告警、人体属性检测。车辆应用包含机动车通行记录，非机动车通行记录、机动车违停告警。

2）可回溯记录，查看事件抓怕大图、小图、数据看板展示设备总量、设备状态、今日抓拍量、事件告警信息、库容占用等信息。

3）开放 API 接口，给业务应用拓展。对于工业园区细分场景开发的用户可通过调用算法引擎层提供的标准 API，实现多样化的人工智能算法，如访客管理系统、通行管理系统、人事考勤系统、智能安防系统等其他业务系统。

（5）现有系统

接收数据后，可以拓展更多应用，如大屏展示、实时查看业务情况、监控预警、驱动内部快速响应等。

3. 组网拓扑实施

根据项目方案设计思路和项目架构设计的实施组网拓扑图如图 2-6 所示，包括端侧感知设备、智能边缘节点、相机管理和 AI 服务器。

图 2-6　组网拓扑图

（1）端侧感知设备

多样化的智能端侧感知设备将智能应用及数据采集延伸到各种场景，安装在工业出入口、各楼层中的主要人员出入口等重点监控区域，并通过路由器接到局域网内，接入 AI 服务器。

（2）智能边缘节点

接入 AI 服务器，将视频流转化为图片流。AI 服务器可对智能边缘节点实现的管理包括相机管理、人像库（图片）同步、抓拍和比对记录上传、远程升级。

（3）AI 服务器

具有 2U 标准高度，可安装在现有机房。部署高效算法，为系统提供计算与优化服务。

4. 软件开放式接口

项目采用标准化设计，AI 赋能平台架构、协议遵循行业标准，确保系统的可互通性，提供标准、简洁、易用的接口。主要的接口及功能介绍如下。

（1）基础接入能力，能满足基本设备接入需求

设备接入接口：提供设备及设备分组的增、删、改、查接口，提供设备状态检测

笔记

接口。

（2）基础服务接入，对基础的服务模块进行抽象后接入

1）人像库接口：提供目标库和目标人脸的增、删、改、查接口。

2）日志管理接口：提供系统操作日志的查询和导出接口。

3）结果推送接口：人脸抓拍比对结果采用 WebSocket 或 HTTP 推送方式，包括抓拍图片、比对图片、相似度值等信息的推送。

4）比对记录接口：提供比对记录查询、筛选、人工研判的操作接口。

5）系统信息接口：提供系统信息获取接口，以及 Logo 切换、系统标题、忘记密码提示语配置接口。

（3）行业应用赋能，主要为行业应用场景提供基本的应用接入口

1）人脸小功能接口：人脸图片 1:N 比对、1:1 比对、质量分数检测接口。

2）任务配置接口：提供人脸监控/人脸门禁/人体区域闯入/人体越线/车辆违停任务的增、删、改、查接口。

3）轨迹分析接口：人脸以图搜图、轨迹展示的接口。

任务 2.3　边缘计算设备的硬件选型

PPT：任务 2.3 边缘计算设备的硬件选型

　　边缘计算设备通常需要实时收集端侧设备采集来的数据，以帮助改进流程，创造更好的客户体验并提高产品质量。借助正确的技术，边缘计算可以随时随地提升整个业务的智能。那么，边缘计算设备都有哪些类型，如何选择合适的边缘计算设备？下面详细介绍边缘计算设备的硬件类型及选型，以及选型时应考量点与关注点。

2.3.1　边缘计算硬件设备分类

微课 2-3 边缘计算设备的硬件选型

　　边缘计算设备因其用途不同，在物理外形和性能上具有很大差异。智能边缘计算设备提供的功能远超 RFID 标签、温度探测器、振动传感器等端侧采集设备。边缘计算设备内置了处理器，使其可以实现更多的功能，如板载分析或人工智能实现等，如在制造业中使用的视觉引导机器人或工业 PC；商用车内置的数字驾驶舱系统可以帮助提供驾驶员辅助；在医院里，患者监护设备可以发现生命体征的变化，并在需要时通知医务人员；智能城市部署的物联网设备，以监测天气状况和交通模式，并向市民提供公共交通的实时信息。

　　边缘计算设备按照其对外提供的功能可分为以下 4 种类型：

（1）智能传感器

　　实时或定时采集数据，区别于普通传感器，设备获得环境子系统的状态信息后，就地实现对数据的归类、分析、封装，减少数据上传后再计算分析的时间和资源消耗，提

高系统监测效率。图 2-7 所示为各类智能传感器，形式多样、种类繁多。

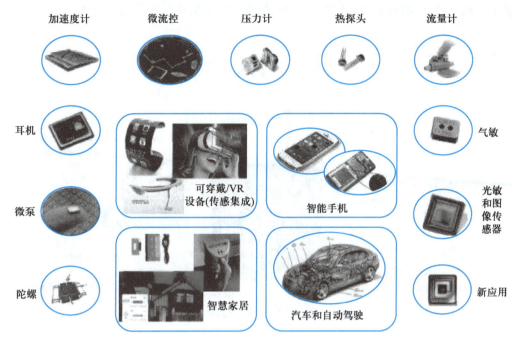

图 2-7　各类智能传感器

（2）可编程逻辑控制器（PLC）

PLC 本质上就是一台具备编程、运算、控制、输出等能力的智能计算机，只是根据工业生产、行业应用的需求进行了适应性融合设计。PLC 可在边缘端低延时、高效率地管理、控制设备运行。图 2-8 所示为 PLC，其技术成熟、应用广泛。

笔 记

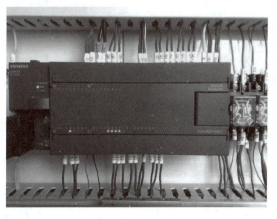

图 2-8　PLC

（3）边缘智能路由器

边缘智能路由器可将有线/无线、高速路由、Wi-Fi、本地存储、设备监测及前端设备

笔记

控制等功能集合于一体，如图 2-9 所示。它具有丰富的行业接口和应用功能接口，支持对复杂功能的边缘设备的一站式接入，提高数据通信的集中化水平和高效率。

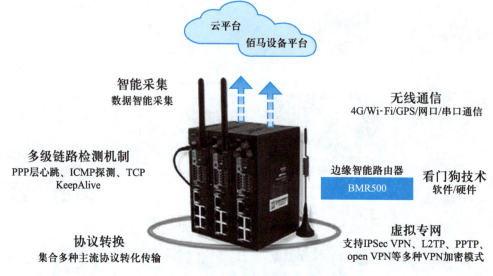

图 2-9　边缘智能路由器示意图

（4）ICT 融合网关

ICT（Information Communications Technology）融合网关具备先进的设备接入能力、数据采集能力、边缘计算能力、5G/4G/有线等综合通信传输能力等。如图 2-10 所示，ICT 融合网关能实现对物联网系统的大范围、多设备的数据交互和全程控制。

图 2-10　ICT 融合网关示意图

2.3.2　边缘计算设备选型

通过前面边缘设备类型的介绍，可以知道边缘计算设备的种类与款式多样。正确选择适合对应企业项目要求的边缘计算设备，不仅影响到项目系统运行的正确性和流畅性，同时也能够为企业节约设备成本，避免浪费。因此，边缘计算设备选型考量点与参数关注点成为设备选型的重要依据。

1. 设备选型考量点

1）是否支持通信、控制、设备接入等多功能集成，是否能够有效管理和控制接入的系统设备。

2）从硬件芯片到系统软件是否支持边缘计算算法、智能化水平高、支持无人值守、支持智能响应。

3）功能接口是否丰富，是否支持工业、环保、输配电等行业协议，支持接入复杂设备，是否部署便捷。

4）是否支持有线和无线网络通信，满足不同现场项目的通信网络状况；是否可灵活选择通信模式，有线网络与无线网络是否可互为备份，保障设备不掉线。

2. 设备参数关注点

（1）性能

从处理器核心数量和主频、内存与 AI 模组专用内存、深度学习推理能力、视频编解码能力、JPEG 编解码以及其他视觉运算硬件加速能力等方面参数进行比较，结合实验应用场景选择满足生产需求的硬件配置。

（2）价格

在性能都能满足要求的情况下，价格自然成为选型的决定因素。特别是同一个 AI 模组，其实会有多家厂商产品可供选择，比如浪潮的 EIS200 和凌华的 DLAP-211-JNX 都是基于 nVIDIA 的 Jetson NX 模组，应对相同场景的配置，表现就不一样。

（3）工具链

这里需要考虑支持主流框架模型情况，算子（深度学习算法由一个个计算单元组成，这些计算单元就称为算子）及网络模型支持情况，接口易用程度，以及 SDK、技术论坛完备程度和技术支持力度。

（4）外围接口

充分考量板载的外围接口是否能满足应用场景需求。

（5）功耗

有的客户可能因为作业环境的限制对功耗要求比较严格，比如在野外使用太阳能供电，但通常较低的功耗也意味着较低的算力。

笔记

3. 常见的边缘计算设备

（1）nVIDIA Jetson

Jetson 是 nVIDIA 公司为新一代自主机器设计的嵌入式系统，它是一个 AI 平台，如图 2-11 所示。

目前 Jseton 系列已经有很多不同型号的产品，如图 2-12 所示为 Jseton 产品系列不同产品型号的相关参数。

（2）华为 Atlas

Atlas 是华为基于昇腾系列 AI 处理器和业界主流异构计算部件，打造的智能计算平台，如图 2-13 所示。它通过模块、板卡、小站、AI 服务器等丰富的产品形态，打造面向端、边、云的全场景 AI 基础设施方案，可广泛用于平安城市、智慧交通、智慧医疗、AI 推理等领域。

图 2-11　nVIDIA Jetson 设备

图 2-12　Jseton 产品系列不同产品型号的相关参数

图 2-14（a）为 Atlas 200 DK 开发者套件（型号：3000），它是一款高性能 AI 应用开发板，集成了昇腾 310 AI 处理器，方便用户快速开发、快速验证，可广泛应用于开发者方案验证、高校教育、科学研究等场景。

图 2-13　华为 Atlas 设备

图 2-14（b）为 Atlas 200 A 加速模块（型号：3000），它集成了昇腾 310AI 处理器，可以在端侧实现图像识别、图像分类等，广泛用于智能摄像机、机器人、无人机等端侧 AI 场景。

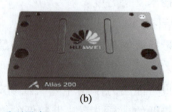

(a)　　　　　　　　　　(b)

图 2-14　Atlas 200 系列设备

图 2-15 (a) 为 Atlas 500 智能小站 (型号: 3000), 它是面向边缘应用的产品, 具有超强计算性能、体积小、环境适应性强、易于维护和支持云边协同等特点, 可以在边缘环境广泛部署, 满足在安防、交通、社区、园区、商场、超市等复杂环境区域的应用需求。

图 2-15 (b) 为 Atlas 500 Pro 智能边缘服务器 (型号: 3000), 它是面向边缘应用的产品, 具有超强计算性能、高环境适应性、易于部署维护和支持云边协同等特点。

(a)　　　　　　　　　　(b)

图 2-15　Atlas 500 系列设备

(3) 比特大陆 Sophon SE5

比特大陆凭借其在矿机芯片领域积累的技术实力, 也积极向人工智能方向发力, 推出了一系列性能强劲的 AI 算力产品 (Sophon 系列), 包括算力芯片、算力服务器、算力云, 主要应用于区块链和人工智能领域。其官网列出的主要芯片产品见表 2-2。

表 2-2　比特大陆主要芯片产品

AI 芯片	AI 计算模组	AI 计算加速卡	AI 计算盒	算丰智能服务器
BM1684	AI 计算模组 SM5	AI 开发者产品组合	AI 计算盒 SE5	算丰智能服务器 SA3
BM1682		AI 计算加速卡 SC5H	AI 迷你机 SE3	
BM1680		AI 计算加速卡 SC5+		
BM1880		深度学习加速卡 SC3		

Sophon SE5 计算盒是一款高性能、低功耗边缘计算产品, 搭载算丰科技自主研发的第三代 TPU 芯片 BM1684, INT8 算力高达 17.6TOPS, 可同时处理 16 路高清视频, 支持 38 路 1080P 高清视频硬件解码与 2 路编码。

(4) 晶晨半导体 Amlogic

Amlogic 是全球无晶圆半导体系统设计的领先者, 为智能机顶盒、智能电视、智能家居等多个产品领域提供多媒体 SoC 芯片和系统级解决方案。

表 2-3 列出了搭载其 A331D 芯片的 NeuBoard 智能分析盒的相关参数, 具有功耗低、性价比高的优点。

笔记

表 2-3　NeuBoard 智能分析盒

项　　目	组　　件	规　　格
硬件配置	CPU	Amlogic A311D，四核 ARM Cortex A73（2.2 GHz）两核 ARM Cortex A53（1.8 GHz）
	NPU	独立 AI 神经处理单元，5TOPS 算力
	GPU	ARM Mali-G52 MP4
	VPU	4KH.265、VP9 和 AVS2 视频解码，支持 1080PH.265/H.264 视频编码
	内存	2 GB/4 GB DDR4
	存储	4 GB/8 GB/16 GB/32 GB eMMC5.1，支持标准 256 GB Micro SD/SDHC/SDXC 卡扩展存储
	操作系统	NeuSYS
	接口	100/1000 Mbit/s 自适应 RJ-45×1，USB 2.0×2，HDMI 2.1×1
	指示灯	电源状态 LED 灯×1，启动状态 LED 灯×1
	电源	DC+12 V，配 220 V 交流电源适配器。设备功率≤5 W

Amlogic 的 A311D 中集成了 ARM、NPU、GPU、VPU，NPU，NPU IP 是由芯原微电子（Versilicon）提供的 Vivante NPU IP。Versilicon 提供了一套基于 OpenVX 的工具套件，Acuity Toolset 帮助用户将原生模型转换为 Vivante NPU IP 支持的模型。

Acuity Toolset 支持 Tensorflow、Tensorflow-Lite、Caffe、PyTorch、ONNX、TVM、IREE/MLIR 等框架。

（5）寒武纪 MLU

寒武纪其实是较早布局深度学习处理器的企业之一，也是目前国际上少数几家具有全面系统，掌握了通用型智能芯片及其基础系统软件研发和产品化核心技术的企业之一。它能提供云边端一体、软硬件协同、训练推理融合、具备统一生态的系列化智能芯片产品和平台化基础系统软件。

寒武纪的产品线也比较丰富，但由于它本身专注于研发芯片、模组与基础软件，并不提供成品的边缘计算设备或服务器，如果需要，可以从其合作的下游厂商处购买。其智能加速卡的相关参数如图 2-16 所示。

智能加速卡	智能加速系统	智能边缘计算模组	终端智能处理器IP	软件开发平台
思元290	玄思1000智能加速器	思元220系列	Cambricon-1M	Cambricon NeuWare®
MLU290-M5智能加速卡		MLU220-SOM智能模组	Cambricon-1H	
思元270系列		MLU220-M.2边缘端智能加速卡		
MLU270-S4智能加速卡				
MLU270-F4智能加速卡				

图 2-16　寒武纪智能加速卡相关参数

如图 2-17 所示是寒武纪 MLU 相关参数。

终端智能处理器IP-第二代架构

产品型号	Cambricon-1H8mini	Cambricon-1H8	Cambricon-1H16
核心频率		1GHz	
运算器	256MAC 8位定点	512MAC 8位定点	512MAC 8位定点 256MAC 16位浮点
整数运算速度	0.5TOPS(INT 8)	1TOPS(INT 8)	1TOPS(INT 8) 0.5TFLOPS(FP16)

终端智能处理器IP-第三代架构

产品型号	Cambricon-1M-1K	Cambricon-1M-2K	Cambricon-1M-4K
核心频率	1GHz（平衡模式）		
运算器	1024MAC 8位	2048MAC 8位	4096MAC 8位
整数运算速度	2TOPS(INT 8) 1TOPS(INT16) 0.25TOPS(INT32)	4TOPS(INT 8) 2TOPS(INT16) 0.5TOPS(INT32)	8TOPS(INT 8) 4TOPS(INT16) 1TOPS(INT32)

边缘计算模组-第二代架构

思元220-M.2 规格参数	
参数	规格
型号	MLU220-M.2
内存	LPDDR4x 64bit，4GB
理论峰值性能	8TOPS（INT8）
编解码性能	支持H.264，HEVC (H.265)，VP8，VP9
图片解码	JPEG解码，最大图片分辨率8192 x 8192
接口规格	M.2 2280，B+M key（PCIe3.0 X2）
功耗	8.25W
结构尺寸	长80mm，宽22mm，高7.3mm(无散热)/21.3mm（带散热）
散热	被动散热
表面温度	-20~80℃

图 2-17　寒武纪 MLU 相关参数

基于上述边缘计算设备，表 2-4 列出了几种边缘设备参数对比。

表 2-4　几种边缘设备参数对比

设备 厂商	EIS200	Altas500	Sophon SES	NeuBoard	NE-V-200
设备厂商	浪潮	华为	比特大陆	诺科	格兰泰克
AI 模组厂商	nVIDIA	华为	比特大陆	Amlogic	寒武纪
AI 模组	Jetson NX	Atlas 200	BM1684	A311D	MLU220 M2
AI INT8 算力	21TOPS	22T/16TOPS	17.6TOPS	STOPS	8TOPS
CPU 内存	8 GB	4 GB	4 GB	2 GB/4 GB	4 GB
AI 内存	8 GB	8 GB	4 GB		4 GB
存储空间	16 GB 可扩展	扩展硬盘	32 GB 可扩展	4/8/16/32 GB SD 卡	32 GB
OS	Ubuntu18.04	Ubuntu1804	Debian9	定制 Linux	Debian 10
CPU	6-core nVIDIA Carmel ARM20v8.264-bit CPU 6MB 12+4MB L3	海思 Hi3559A	八核 A53@2.3 GHz	四核 ARM Cortex A73 (2.2GH2) +两核 ARM CortexA53 (1.8 GHz)	双该 Cortex-A72+ 四核 Cortex-A53 大小核 CPU. 主频 1.8 GHz
视频解码	2×4K@60(HEVC) 12×1080P@60 (HEVC)32×1080p @30(HEVC)	16 路 1080P 30f/s（2 路 3840×2160 60f/s	960tps 1080P （38 路 1080P @25f/s）	4 路 1080P 规 频流	16 路 H264/H2651080 @30 帧 解码

笔 记

续表

设备 厂商	EIS200	Altas500	Sophon SES	NeuBoard	NE-V-200
视频解码	2×4K@30 （HEVC）6x 1080P@60（HEVC）	1 路 1080P 30FPS	50f/s 1080P （2 路 1080P @ 2SFPS）		
工具链体验	五颗星	四颗星	四颗星	三颗星	三颗星
技术支持度	四颗星	四颗星	五颗星	三颗星	三颗星

任务 2.4　MEC 服务器及端侧设备的硬件部署

MEC 服务器及端侧设备具有部署灵活、低时延、高带宽的优势。下面详细介绍 MEC 服务器及端侧设备的硬件连接与部署。

2.4.1　MEC 网络架构与部署策略

按其实现功能，MEC 基本架构可分为基础设施层、虚拟化层、MEC 管理层和 MEC 应用层。MEC 网络的部署模式较为多样化，通常情况下都会与 5G 网络相结合，这样既能帮助运营商来进行网络建设的形态构建，还可以帮助本地的电信业务实现计算能力的最大化提高。

1. MEC 网络架构分析

MEC 具有灵活业务部署、本地化网络处理、低时延、高带宽的优势。MEC 网络基本架构如图 2-18 所示。

1）基础设施层：主要基于通用服务器，为 MEC 提供存储、计算、渲染等硬件底座。

2）虚拟化层：基于基础设施层，采用网络功能虚拟化的方式为 MEC 业务平台提供规划应用程序、服务、DNS 服务器、3GPP 网络和本地网络之间的通信路径。

3）MEC 管理层：提供全局业务编排、策略管理、基础服务注册与流量控制、生命周期管理等功能。

4）MEC 应用层：视频直播平台、智慧工业、5G 教育、AR/VR 应用等第三方 App。

2. MEC 网络部署策略

随着 5G 高速率、低时延的新业务涌现，MEC 商用需求逐渐明确。"云—边—端"的全业务链闭环目前已得到了运营商的认可，结合 5G 网络构建边缘、区域、中心 3 层架构的 MEC 部署策略被快速推广，其特征如下。

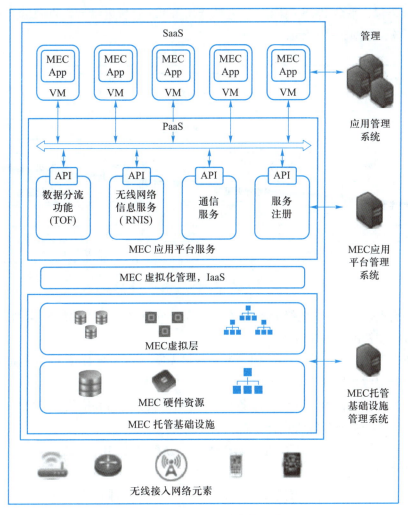

图 2-18　MEC 网络基本架构示意图

1）基于地理构建边缘、区域、中心 3 层架构，各层 MEC 满足不同业务需求，按功能满足按时延、速率等进行业务分流。

2）依托平台智能管理能力，对外开放平台功能，打造垂直行业产品，形成边缘云生态。

3）利用平台 AI 能力，打造智慧安防、视觉智能检测、自动驾驶等产品。

4）将视频编解码能力应用于直播加速、AR、VR、云游戏等。

5）将 IoT 设备管理能力应用于各类物联网应用。

6）将平台的渲染能力应用于 AR、VR、全息投影等应用。

3. 产品及资费体系

运营商针对当前市场对于边缘计算的需求，提出 MEC 五大产品及资费体系：分流网

笔记 关，MEC 云资源，平台 PaaS 层能力（边缘云服务），定制边缘云，以及云咨询、规划、集成实施服务，如图 2-19 所示。

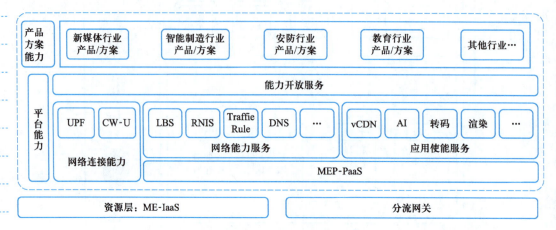

图 2-19 MEC 产品层级架构示意图

1）分流网关：分为本地级分流网关和边缘级分流网关，本地级分流网关按带宽付费，边缘级收费标准为本地级的 1.5~2 倍。

2）MEC 云资源：分为本地级 MEC 和边缘级 MEC，本地级 MEC 按照云资源使用量进行收费，边缘级收费标准为本地级的 1.5~2 倍。

3）平台 PaaS 层能力（边缘云服务）：分为网络服务能力和应用服务能力，按照平台能力调用次数，根据服务等级进行收费。

4）定制边缘云：分为 MEC 端到端整体解决方案以及 MEC 行业云产品，整体打包，参考 ICT 模式进行收费。

5）云咨询、规划、集成实施服务：按照项目总投资/合同比例收取服务费。

微课 2-5
MEC 服务器
及端侧设备
连接

2.4.2 MEC 服务器及端侧设备连接

在实际应用中，有大量的端侧设备需要接入 MEC 系统，如何在庞大的计算卸载中保障 MEC 服务器能够稳定地对外提供服务，成为 MEC 服务器与端侧设备连接时需要考虑的核心问题。下面针对多个端侧设备接入 MEC 服务器时遇到的问题及解决思路来进行介绍。

1. 多端侧设备接入 MEC 功能服务保障

大量端侧设备的接入带来了庞大的数据吞吐量和计算量，面对海量的数据，MEC 服务器在保障高效稳定运行和降低功耗等方面从硬件到软件提供了一系列解决优化方案。

（1）多端侧设备接入如何保障 MEC 服务器的稳定服务

1）使用网络上的流量调度。在多个端侧设备同时连接进 MEC 系统时，通过优化算法合理地选择 AP（Access Point，接入点）以获得最大增益，保障 MEC 稳定高效对外提供服务。

2）在 MEC 服务器中提供缓存（Cache）机制。在中心节点的 MEC 服务器上包含了接入端侧设备的全部信息，包含了 CSI（Channel State Information，信道状态信息）和计算卸载的各种请求。这些信息中有的可以被复用，则保存在本地；如果是一次性的计算任务，则不需要存储。

3）优化调度策略，减少 MEC 服务器功耗，提供持续稳定输出。在多个端侧设备同时对 MEC 服务器发包的情况下，MEC 服务器需要对多终端的通信和计算卸载的数据包先存在缓冲器（Buffer）中，这样 MEC 服务器便可以按接收包的顺序进行处理。如果 MEC 服务器在一段时间工作量很大，而另一部分时间则资源利用率很低，那么就需要优化调度策略。出于对 MEC 服务器的能耗考虑，可以设计一些调度策略使得多终端的数据包可以连续并稳定地发送到 MEC 服务中。

（2）在多端侧设备接入的情况下，MEC 服务器可以提供服务的方式

1）根据 MEC 服务器的负载进行调度。

2）根据不同用户预先进行 MEC 服务器的资源划分（比如一个用户对应 MEC 服务器的一个虚拟机）。

3）根据就近原则为端侧设备提供服务。

（3）从应用的角度考虑，可以通过提供不同的计算卸载方式减轻 MEC 服务器负荷

1）为了保证应对多终端情况下 MEC 服务器处理不过来的情况，将一些延迟不敏感但是计算量较大的计算量放在云中心服务器上处理。

2）在资源量有限的情况下，MEC 调度算法需要配合应用来定义哪些计算对延迟比较敏感（Latency-sensitive），需要优先处理。

在多端侧设备场景下，有时候 MEC 服务器之间需要合作共同处理计算量，这样也可以减少单条链路的网络拥堵情况，需要考虑的是该计算量的对延迟要求程度、目标 MEC 服务器的负载程度、随时间变化的网络实时情况，以及周围 MEC 服务器的计算能力。

笔 记

2. MEC 服务器缓存（Cache）处理多端接入方式

MEC 服务器缓存分为 Service Cashing（服务兑现）缓存和 Data Cashing（数据兑现）缓存两种，如图 2-20 所示。

1）Service Cashing 主要针对根据位置或附近的用户有相同喜好即缓存类似的应用和数据。举个例子，在博物馆里可能都是 VR 应用，那么就根据 VR 的应用要求设计 MEC 服务的策略；另外可以根据时间来制定缓存的策略，比如晚饭时间后，大家比较喜欢玩游戏，那么 MEC 服务需要先缓存一些游戏的服务和数据。

2）Data Cashing 则是对应现在很多的应用都需要进行数据处理，拿 VR 举例，需要实现存放相应环境（比如丛林、沙漠）的图片、声音、音乐，然后用户在这个环境中的动作传到 MEC 服务器，进行处理后再返回。因此这个 MEC 服务存放的某个环境的数据会变得很大，而且不同的用户玩同一款 VR 游戏的时候，这些数据可以复用。而对于在线游戏

来说，实时的计算结果对其他用户没有复用价值，那么就不用保存。

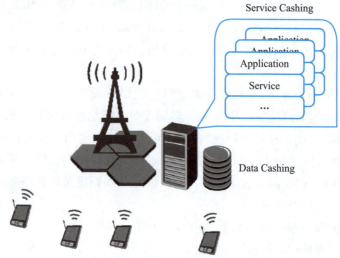

图 2-20　MEC 服务器缓存示意图

不同应用对资源要求不一样，如 AI、VR 的应用对 CPU 和存储的要求比较高，而
Matlab 的应用对内存的要求比较高。缓存的工作流程如图 2-21 所示，一些常用的数据，
可以分为两级缓存，比如数据库可以在中心服务器上存放全部的信息做缓存，而在边缘
的服务器上做一部分的数据的缓存。

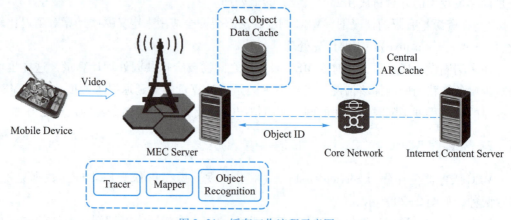

图 2-21　缓存工作流程示意图

3. 多端侧设备连接 MEC 服务器的安全问题

由于各种异构的端侧设备接入 MEC 系统，使得原来的安全机制无法满足整个 MEC 系
统的安全需求。接入安全问题主要分为以下 3 种。

1）终端认证组件：不同的端侧感知设备连入，有不同的认证组件，需要适配该终端。

2）网络安全：Wi-Fi、LTE、5G 有自己各自的安全协议来保障网络安全，这样不可
避免地会在 MEC 系统中划分出多个网络域，因此需要设计一个安全协议使得跨网络域的

网络安全得以保障。

3）敏感信息计算：个人信息和交易账单等，在发送这些计算量的时候，需要对数据进行加密，并且需要审核该 MEC Server 是否可信任。

根据上述风险分析可知，MEC 服务器与多端侧设备连接面临着安全风险，现行的做法是通过规范基础设施以及应用系统的配置，加强安全隔离和访问控制，提升 MEC 节点自身安全防护能力，加强对 MEC 应用的安全控制解决。

2.4.3　MEC 服务器部署场景

微课 2-6
MEC 服务器
部署场景

MEC 服务器部署问题研究如何在目标的服务区域内部署边缘服务器硬件设备，是边缘系统实际落地的一个基础问题。针对该问题的研究对网络时延等性能指标的优化意义重大。不合理的边缘服务器部署位置选择会导致服务器无法覆盖到所有移动设备、区域间服务器负载不均衡等问题。同时，部署网络架构和部署环境的复杂多变，使得边缘服务器部署问题极具挑战性。

1. 边缘服务器的部署场景介绍

如图 2-22 所示，首先对边缘服务器的部署场景展开介绍，分别从静态部署场景和动态部署场景两个角度出发。接着，根据两类场景，介绍在各自场景下边缘服务器的部署问题，具体从性能指标、限制条件和部署算法 3 个方面展开。

图 2-22　部署流程

笔 记

笔记

边缘计算服务器部署的硬件设施，需要考虑具体部署环境的要求。其目的是将边缘硬件资源部署在目标区域当中，为区域中的移动用户和设备提供边缘计算服务。而根据部署服务器是否具备移动性，可以将边缘系统部署场景分为静态部署和动态部署两类。

（1）静态部署

静态部署是指服务器位置确定后无法再改变部署场景。出于不同的网络环境及商业用途，存在多种边缘服务器的静态部署场景，如图 2-23 所示。

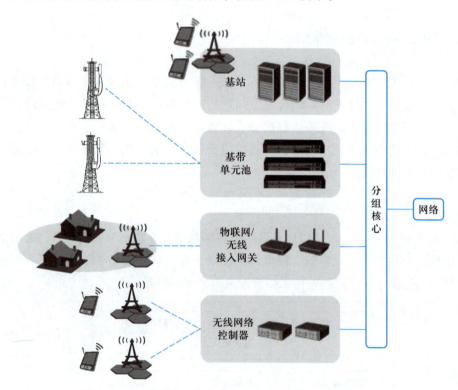

图 2-23　静态部署场景示意图

静态部署场景可根据具体环境的差异，细分为室内和室外两类场景。室内场景中，边缘计算服务器可以直接部署在无线接入网或其周边（如家用 Wi-Fi 路由器），目的是便于和无线接入网进行协调，在关键位置提供灵活的服务。室外场景中，边缘计算服务器的部署位置根据网络环境的不同而有所差异。在 5G 移动通信网络中，服务器既可以部署在上行链路网关，也可部署在更靠近用户端的小型基站，同时也可将边缘服务器部署在基带单元（BaseBand Unit，BBU）池的聚集点。

（2）动态部署

动态部署是将部分服务器装载到移动小车、无人机或移动机器人上，使其获得移动能力，服务器可以通过移动设备的请求动态调整其部署位置。动态部署的出现解决了静态部署场景固有的如下问题：

1）部署决策一旦执行便无法更改，不能很好地应对用户任务请求量随时空变化的情况。

2）部署决策仅根据当前场景的节点规模确定部署方案，不利于网络系统扩展。

3）静态部署服务器负载无法支撑任务请求量急剧增长的突发性事件。

4）服务器覆盖范围有限，对于用户设备稀疏分布的场景，需要部署数量庞大的服务器才可实现对目标区域用户和物联网设备的全覆盖。

2. MEC 服务器部署场景举例。

MEC 服务器可以部署在多个位置，下面列举 MEC 服务器的几个部署场景。

（1）基于 4G EPC 架构部署在 RAN 侧的 MEC 方案

1）MEC 服务器部署在 RAN 侧基站汇聚点，如图 2-24 所示，这是比较常见的部署方式。

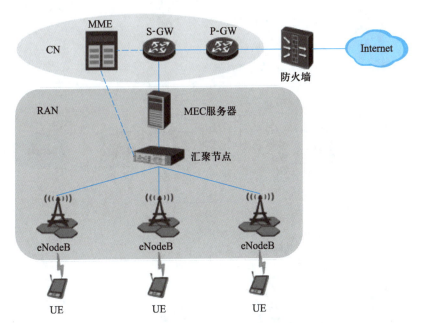

图 2-24　MEC 服务器部署在 RAN 侧基站汇聚点示意图

2）MEC 服务器部署在 RAN 侧单个基站之后，如图 2-25 所示，主要针对热点区域，如校园、大型购物中心等。这种架构方案的优势是更方便通过监听、解析 S1 接口的信令来获取基站侧无线相关信息，但计费和合法监听等安全问题需要进一步解决。

（2）基于 4G EPC 架构部署在 CN 侧的 MEC 方案

1）MEC 服务器与 CN 侧的 P-GW 部署在一起，如图 2-26 所示。这种方式不改变现有 EPC 架构，MEC 服务器与 P-GW 部署在一起，UE 发起的数据业务经过 eNodeB、Hub Node、S-GW、P-GW+MEC 服务器，然后到公网 Internet。该部署方式不存在计费、安全等问题。

笔 记

笔记

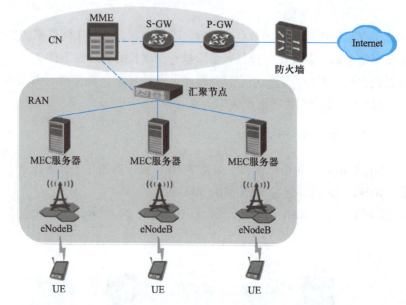

图 2-25 MEC 服务器部署在 RAN 侧单个基站示意图

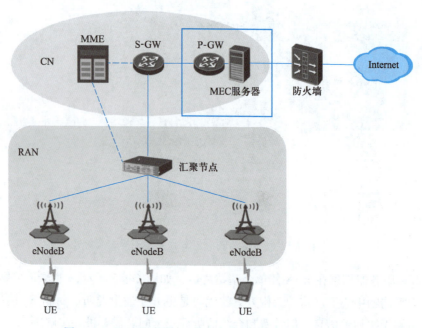

图 2-26 MEC 服务器与 CN 侧的 P-GW 部署在一起示意图

2）MEC 服务器与 CN 侧的 D-GW 部署在一起，如图 2-27 所示。这种方式改变现有 EPC 架构，MEC 服务器与 D-GW 部署在一起，原 P-GW 拆分为 P1-GW 和 P2-WG（即 D-GW），其中 P1-GW 驻留在原位置，D-GW 下移（可以到 RAN 侧，也可以到 CN 边缘）。D-GW 具备计费、监听、鉴权等功能。MEC 服务器与 D-GW 可以集成在一起，也可以作为单独网元部署在 D-GW 之后。P1-GW 与 D-GW 之间为私有接口，须为同一厂家设备。

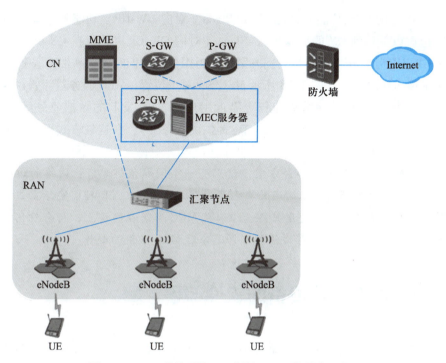

图 2-27　MEC 服务器与 CN 侧的 D-GW 部署在一起

（3）基于 5G 架构的 MEC 服务器部署方案

MEC 服务器部署在 GW-UP 处，如图 2-28 所示的 MEC Server 2 位置。

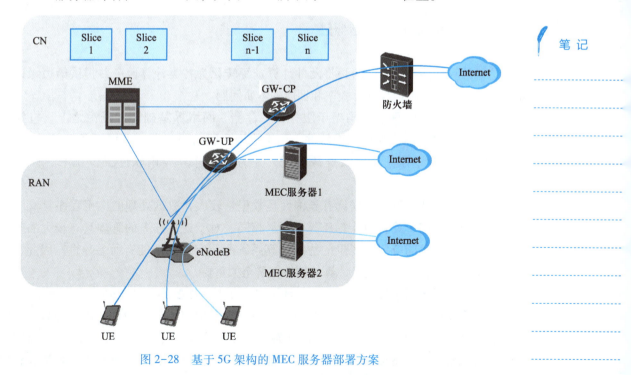

图 2-28　基于 5G 架构的 MEC 服务器部署方案

笔 记

　　5G 网络核心网 C/U 功能分离之后，U-Plane（对应 GW-UP）功能下移（可以下移到 RAN 侧，也可以下移到 CN 的边缘），C-Plane（对应 GW-CP）驻留在 CN 侧。MEC 服务器部署在 GW-UP 处，相对于传统公网方案，可为用户提供低时延、高带宽服务。MEC 服务器部署在 NodeB 之后，如图 2-28 所示 MEC Server 1 位置，MEC 服务器部署在 NodeB 之后（一个或多个 NodeB），使数据业务更靠近用户侧。UE 发起的数据业务经过 NodeB、MEC Server 1，然后到 Internet（第三方内容提供商服务器），在这种方式下计费和合法监听等安全问题需要进一步解决。

　　【知识拓展】介绍完 MEC 部署方案，这里有一个问题值得思考：网络的边缘究竟在哪里？虽然许多人对于网络边缘的定义在无线蜂窝站和天线，但 MEC 实际上工作于应用层，移动网络真正的边缘应该是用户终端。如果 MEC 部署在终端上，将会对用户产生更大的影响。因此，MEC 越来越接近终端部署是今后 MEC 演进的趋势。

任务 2.5　边缘计算设备的软件部署

PPT：任务 2.5
边缘计算设备
的软件部署

　　在介绍边缘计算设备的软件环境部署之前，先来了解边缘计算系统的运行方式。边缘计算中端侧设备需要将计算任务提交到边缘服务器上，而边缘服务器视情况在本地执行或进一步提交到云端。这一过程中主要涉及 3 个实体：端侧设备、边缘设备和云中心。怎样把这 3 个实体通过软件方式有效组织起来协同运转就是边缘计算软件部署。

2.5.1　边缘计算软件部署概述

笔记

　　边缘计算软件部署的目的是将硬件计算资源转化为各类计算服务并提供给边缘计算端侧用户，这是关乎边缘计算效率和性能的本质问题。

　　边缘计算软件管理系统构架于服务器、存储、网络等基础硬件资源之上，包括操作系统、中间件、数据库等基础软件，用于管理和驱动服务器、存储设备等基础硬件，同时管理大量的计算任务以及资源调配，并为边缘计算应用软件提供统一、标准的接口。

　　在边缘计算环境下，数据具有异构性且数据量较大，数据处理的应用程序具有多样性，不同应用程序所关联的计算任务又不尽相同，对于计算任务的管理具有较大的复杂性。同时，面向不同应用或场景的边缘计算系统所要实现的功能有所差异性。因此，选择合适的边缘计算平台对边缘计算的软件部署至关重要。

　　边缘计算系统属于分布式系统，在具体实现过程中需要将其落地到一个计算平台上。针对的问题不同，各边缘计算平台的设计多种多样，但也不失一般性。边缘计算平台的一般性功能框架如图 2-29 所示。在该框架中，资源管理功能用于管理网络边缘的计算、网络和存储资源；设备接入和数据采集功能分别用于接入设备和从设备中获取数据；安全管理功能用于保障来自设备的数据的安全；平台管理功能则用于管理设备和监测控制边缘计算应用的运行情况。

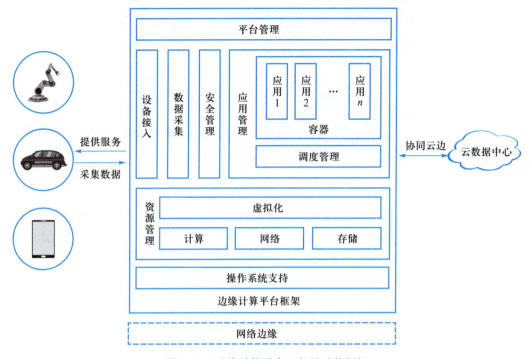

图 2-29　边缘计算平台一般性功能框架

边缘计算平台为基于边缘计算的应用提供了一种降低延迟、提高数据处理实时性的架构和软件栈支撑。

笔 记

2.5.2　边缘计算软件部署实施

边缘计算设备操作系统大多采用开放的 Linux 操作系统。本项目所采用的 Ubuntu 就是 Linux 的一个发行版，它相对 Windows 操作系统更加稳定和安全。Ubuntu 每两年发布一个长期支持版本（LTS），长期支持版本经历了广泛的测试，在较长的时间内获得安全、维护和功能的更新。下面以在边缘计算设备上安装 Ubuntu 20.04 LTS 系统进行软件环境部署为例，来介绍边缘计算设备软件环境部署。

1）下载 Ubuntu 20.04 LTS 操作系统镜像。

2）把操作系统复制到启动 U 盘上。

3）设置 U 盘为开机启动方式。插上 U 盘，启动服务器，在启动画面时，按 F11 键进入设置界面，选择 U 盘，如图 2-30 所示。

4）系统安装完自动重启，拔掉 U 盘。

接下来需要依据具体选用的设备，进行必要的依赖包的安装。这里选用了一些包做

笔 记

图 2-30　选择 U 盘安装

安装演示，步骤中包名称仅供参考，请以实际文件名为准。

5）准备安装机器对应的包，并复制到服务器/opt 目录下，可以使用 U 盘复制或者连接默认 IP 地址访问，需要有 IP 网络设置为 172.18.0.x/24 网段的机器连接 172.18.0.20，默认账号为 root/Nebula123S%^（如果有多台服务器同时安装，在同一个网络中可能会有 IP 地址冲突）。

6）使用 SSH 登录或者使用键盘、显示器直接登录服务器，账号为 root/Nebula123S%^。

7）复制好包后，最好使用 MD5Sum 校验文件是否有损坏，命令如下：

```
# md5sum SenseNebula-AlS-C-v2.2.0-RTM-P4+20200929211724.tar
# md5sum SenseNebula-AlS C-v2.2.0-RTM-T4+20200929202853.tar
```

用得到的值和包相关的 MD5 Sum 文件比较并确认文件无误。

8）进入/opt 目录，解压软件包命令如下：

```
# cd /opt&&tar-xf SenseNebulaAlSC-v2.2.0-RTM-P4+20200929211724.tar
# cd /opt&&tar-xf SenseNebula-AlSC-v2.2.0-RTM-T4+20200929202853.tar
```

9）进入软件包目录，通过 install.sh 执行安装，等待安装完成，大概需要 35 min（具体时间和机器配置相关），命令如下：

```
# cd/opt/SenseNebulaAlS C-v2.2.0-RTM-P4+20200929211724
# cd/opt/SenseNebulaAIS-C-v2.2.0-RTM-T4+20200929202853
```

该命令参数说明见表 2-5。

表 2-5　参 数 说 明

参　　数	说　　明
i |--localip	本机 IP 地址
-tz |--stimezone	定义系统时区（默认：'Asia/Shanghai'）

续表

参　　数	说　　明
-s ｜--second_node_ip	k8s-master2 的 IP 地址，单机及堆叠部署时忽略此参数
-t ｜--third_ _node_ _ip	k8s-master3 的 IP 地址，单机及堆叠部署时忽略此参数
-v ｜-vip	k8s 集群的 VIP 地址，单机及堆叠部署时忽略此参数
-ni ｜--nodes_ip	k8s-nodes 的 IP 地址（eg：'node_ ipl,node_ ji2,…'），单机时忽略此参数
-nh ｜-nodes_hostname	k8s-nodes 的主机名（eg：'k8s-nodel1,k8s-node2,…'），单机时忽略此参数

10）设备连接需要的包安装完成后，接下来部署相应的边缘设备集群。在实际使用中，因为边缘设备有多台，所以需要进行集群搭建。需要注意的是，目前集群模式的安装暂不支持安装后修改 IP 地址，当前内网测试时请修改为对应的内网后再进行安装。

如果想修改系统时区，请根据需求指定 TZ 参数，完整示例命令如下。

单节点安装命令示例：

```
#./install. sh -i 172. 18. 0. 20 2>&1 ｜tee install. log
```

堆叠安装命令示例：

```
#./insiall. sh -i 172. 18. 0. 20 -ni 172. 18. 0. 21 -nh 'k8s-nodel' 2>&l ｜teeinstall. log
```

集群安装命令示例（假设集群的 3 台 master 为 172. 18. 0. 20、172. 18. 0. 21 和 172. 18. 0. 22，两台 node 为 172. 18. 0. 23 和 172. 18. 0. 24，vip 为 172. 18. 0. 25）：

```
#./install. sh -i 172. 18. 0. 20 -s 172. 18. 0. 21 -t 172. 18. 0. 22 -v 172. 18. 0. 25 -ni
'172. 18. 0. 23 ,172. 18. 0. 24' -nh 'k8s-nodel,k8s-node2' 2>&1 ｜tee insall. log
```

笔 记

注意：
示例为测试使用 IP 地址，请根据实际情况指定 IP 地址。

如果安装过程中遇到 GPU 部分安装失败的问题，请将对应机器的 GPU 驱动手动安装。手动安装 GPU 操作如下。

① 先卸载 GPU 驱动和重启服务器，命令如下：

```
#cd /opt；./NVIDIA-Linux-x86_64-410. 129-diagnostic. run-uninstall　#卸载驱动
#init6 #重启服务器
```

② 重启后手动安装 GPU 驱动，命令如下：

```
#cd /opt；./NVIDIA-Linux-x86_64-410. 129-diagnostic. run --accept-license --silent --no
-nouveau-check --disable-nouveau --no-opengl-files
```

③ 驱动安装成功后，继续执行如下 install. sh 命令：

```
#./install. sh -i 172. 18. 0. 20 -s 172. 18. 021 -t 172. 18. 0. 2 -H k8s-master1 -H2  k8s-
master2 -H3 k8s-master3 -v 172. 18. 0. 25 -ni '172. 18. 0. 23' -nh 'k8s-node1'|tee install. log
```

④ 检查 Redis 是否已经启动，确保 pod 已经 running，然后执行以下命令：

```
Kubectl  get  pod  legrep 'senseguard-ac-result | senseguard-td-result | senseguard-struct-process'|
awk'|print $l|'|xargs kubectl delete pod
```

任务 2.6　端侧设备的数据采集和预处理

为了实现端侧设备的数据采集和预处理，端侧感知设备数据采集系统就必须具备三大特性：便捷性、时效性、智能性。

当然，要实现数据的智能采集处理不是单靠硬件或者软件就能完成的，必须软硬件完美结合，采用智能信息化系统结合智能硬件设备来实现想要的结果。

2.6.1　数据采集和预处理概述

数据采集是边缘计算的基础，从工业设备到智能家电，一切设备都是数据的来源。端侧设备提供的数据一般通过边缘计算网关提交给边缘计算服务器。

网关（Gateway）是常见的一种边缘计算网络设备，跟传统只用来搜集和转发资料的物联网网关相比，新一代边缘网关更为智能。随着设备的增多，只让云端负担全部设备的数据传输及计算是不现实的。因此在网络边缘的设备中（如边缘计算网关），开始具有运算分析能力，能将靠近传感器和其他物联网设备周围搜集的数据先运算处理，让数据变少以后再回传云端，这样云端的压力就将得到了缓解。

与传统的 PLC 工业控制器不同，边缘网关使用更为通用的语言编程。即使没有网络，边缘网关也能通过和其他运算设备组成一个具有分布式计算架构的本地局域网，自行接手运算，等待网络恢复后，再将处理后的资料传回云端。若边缘设备运算能力足够，其甚至可以直接在本地处理，不必送到云端处理。

用户可以在工厂内通过工业网关，给各种家电、工业产品、设备等"物"加上感知设备，能够使其收集数据，协调不同数据源之间的通信、分析并传递数据。之后数据会被传送到工业物联网平台，通过软件的运算和优化，最终形成相应的服务。

边缘计算落地工业应用，目前已有的边缘计算+IoT 云平台的应用案例大多来自工业。边缘计算+云平台的组合还可以用于传感器数据监测和分析、移动数据的降噪和信息提取、石油/天然气勘探、水处理等行业的远程监测和分析，以及各种相关领域。

2.6.2　端侧设备数据采集和预处理应用

下面介绍 3 种不同的端侧设备数据采集和预处理的方法和步骤。

1. 物联网平台实现数据采集

（1）创建应用

在管理门户中创建一个应用，用于将真实的设备和北向应用服务器接入 IoT 平台，实现设备的数据采集和设备管理。创建应用后，IoT 平台会分配北向应用服务器和南向设备的接入地址和端口信息，方便用户快速对接应用和设备。

（2）导入产品模型

产品模型（也称 Profile）用于描述设备具备的能力和特性。开发者通过定义 Profile，在物联网平台构建一款设备的抽象模型，使平台理解该款设备支持的服务、属性、命令等信息。

（3）注册设备

在 IoT 平台上注册设备，定义相关的设备参数信息。当后续实际设备接入 IoT 平台时，设备和平台之间先进行鉴权认证，成功后，实际设备再接入 IoT 平台，实现平台和设备的连接和通信。

（4）接入设备

将真实设备接入 IoT 平台，并验证设备能够上报数据到 IoT 平台，在管理门户中正常显示。

2. 工厂设备实现数据采集

工业大数据的采集为工业创新以及战略性发展提供数据基础，也是打造数字化工厂实现智能制造、迈向深度工业互联网的必经之路。企业要实现生产智能化，生产现场设备联网进行数据采集是实现生产智能化的第一步，也是打造并实现数字化工厂最基础的一步。

使用具备边缘计算能力的边缘计算网关连接端侧采集设备，是大多数企业采用的主要方式。边缘计算网关要兼容各种现场总线协议，能够将采集的数据加密后发送到云平台，穿透局域网内网，完美解决了现场设备上云的问题，实现远程数据监控，设备诊断、故障报警等功能。具体步骤如下：

1）工厂设备接入工业物联网网关，进行第一步设备联网。

2）工业物联网网关将设备数据进行采集，传输到云端或者服务器进行存储、分析。

3）终端用户（PC 或移动设备）获取云端设备数据。

4）用户在手机端获取工厂监控视频信息及数据信息，工厂现场监测屏幕实时显示设备生产数据。

笔 记

笔 记

3. 工业生产设备数据采集方式

工业生产设备数据采集有以下 3 种方式：

（1）直接联网通信

直接联网通信是指借助数控系统自身的通信协议和通信网口，不添加任何硬件，直接与车间的局域网进行连接，与数据采集服务器进行通信，服务器上的软件进行数据的展示、统计、分析，一般可实现对机床开机、关机、运行、暂停、报警状态的采集及报警信息的记录。

高端数控系统都自带用于进行数据通信的以太网口，通过不同的数据传输协议，即可实现对数控机床运行状态的实时监测。例如，发那科产品的数控系统在操作面板背面都配置有网口，通过其 FOCAS 协议，就可以进行直接联网通信；西门子 840D 系统（PCU50 版本以上）也可以通过 OPC 协议进行设备的直接联网通信。

（2）工业网关采集

对于没有以太网通信接口或不支持以太网通信的数控系统，可以借助工业以太网关的方式连接数控机床的 PLC 控制器，实现对设备数据的采集，实时获取设备的开机、关机、运行、暂停、报警状态。

工业通信网关可以在各种网络协议间做报文转换，即将车间内各种不同种类的 PLC 的通信协议转换成一种标准协议，通过该协议实现数据采集服务器对现场 PLC 设备信息的实时获取。

（3）远程 I/O 采集

对于不能直接进行以太网口通信，又没有 PLC 控制单元的设备，可以通过部署远程 I/O 进行设备运行数据的采集。通过远程 I/O 的方式可以实时采集到设备的开机、关机、运行、报警、暂停状态。

远程 I/O 模块是工业级远程采集与控制模块，可提供无源节点的开关量输入采集。通过对设备电气系统的分析，确定需要的电气信号，连接入远程 I/O 模块，由模块将电气系统的开关量、模拟量转化成网络数据，通过车间局域网传送给数据采集服务器。

以上是不同端侧采集的介绍，结合实际应用场景，可采用单种或多种组合的方式进行数据采集。

任务 2.7　MEC 服务器上的模型部署和推理

PPT：任务 2.7
MEC 服务器上
的模型部署和
推理

边缘计算智能是指硬件设备上在本地处理的人工智能算法，其可以在没有网络连接、无需流式传输或在云端存储数据的情况下进行数据的分析与处理等操作。例如，工厂的机器人和自动驾驶汽车都需要以最小的延迟高速处理数据。边缘计算能够在云端利用深度学习生成数据模型，而在设备本身（边缘）执行模型的推断和预测。

2.7.1　模型部署和推理概述

在深度学习模型的部署（即模型推理）阶段，为了在算力和能耗均受限的边缘或端侧感知设备实现低延迟和高效能的模型推理，可以进行以下 7 种技术优化。

（1）模型压缩

通过压缩深度学习模型，可以使模型从"大"变"小"，从而降低模型复杂度和资源需求，更好地在资源受限的边缘设备上实现低延迟和低能耗的模型推理。模型压缩的常用方法包括权重剪枝（Weight Pruning）和数据量化（Quantization）。其中，权重剪枝的基本思想为：深度学习模型中含有大量的权重参数，然而不同的权重参数对模型表示能力（即模型精确度）的贡献具有差异。因此，通过删除重要程度低（即对模型表示能力贡献少）的权重参数，可以达到以牺牲少量模型精度为前提，显著降低模型资源消耗的目的。数据量化是另一项用于模型压缩的主流技术，其基本思想为通过低精度的数值来表示权重参数，例如 8 比特、4 比特，甚至 1 比特，从而降低模型的复杂度和资源消耗。值得注意的是，数据量化同样会降低模型精度。

（2）模型分割

深度学习模型通常由多层神经元网络组成，不同网络层的资源消耗和中间数据输出量均不同。基于这一事实，深度学习模型分割技术将模型分割成若干部分，并以较小的传输代价将其中计算密集的部分卸载到多个边缘服务器或邻近的移动设备，实现边缘计算模型推理，从而获得更好的实时性能图。为了实现性能最优化，模型分割点的选择通常需要考虑不同节点的可用计算和网络带宽资源。

（3）模型提前退出

为了加速深度模型推理，模型提前退出技术通过处理较为靠前的网络层输出结果提前结束模型推理，并获得最终输出结果，节省运行时间。值得注意的是，模型提前退出技术虽然能够有效降低资源消耗量，但同样会损害模型精度，因此在选择最佳模型退出点时，需要权衡优化性能与模型精度。

（4）模型选择

实现同一深度学习功能的模型通常有多个。以视觉应用中常用的物体检测功能为例，常用的模型有 Yolo、VGG 和 AlexNer 等。然而，针对同一输入，不同模型的资源消耗和识别精度不同。因此，可以针对输入动态自适应地选择最优模型，从而协同优化资源消耗和模型精度。

（5）边缘缓存

在很多 AI 应用中，部分查询任务具有时间重复性特征。例如，在公司、学校或者园区的人脸识别应用中，存在大量频繁、重复的人脸输入。对于这些重复输入，可以将它们的识别结果缓存在边缘节点，从而避免重复计算，降低时延与资源消耗。考虑到边缘缓存容量有限，如何动态调整缓存的结果是需要解决的关键问题。

笔记

（6）输入过滤

对于很多 AI 应用，大量的输入是对查询结果无意义的非目标输入。例如在安防监控中，摄像头中的大量输入为非目标的视频背景。通过提前识别并去除这些非目标输入，可以有效避免深度学习模型推理的冗余计算，从而显著降低模型推理的资源消耗。

（7）面向应用优化

面向应用优化主要考虑针对应用的某些特定属性进行优化。例如，对于图片识别应用而言，图片分辨率对深度学习模型的资源消耗有非常大的影响。此时，可以通过降低输入图片辨率来降低资源消耗。更进一步，针对视频分析应用，可以通过同时调整视频输入的分辨率和帧速率来降低视频分析过程中的资源消耗。

在边缘智能系统设计中，往往可以综合以上多种手段来满足应用需求。例如，联合模型分割和模型提前退出这两种技术手段，提出了基于端边协同的深度学习推理加速优化框架 Edgent。Edgent 的优化逻辑分为 3 个阶段：离线训练阶段、在线优化阶段以及协同推断阶段。在离线训练阶段，训练好满足任务需求的多分支网络（含有模型提前退出点），同时为分支网络中的不同神经网络层训练回归模型，以此估算神经网络层在边缘服务器与端侧感知设备上的运行时延；在线优化阶段，回归模型将被用于寻找符合任务时延需求的退出点以及模型分割点；在协同推断阶段边缘服务器和端侧感知设备将按照得出的方案进行分布式执行。如此，通过优化模型退出点与分割点的选择，可以充分利用边缘侧分布式计算资源来满足应用实时性能要求，同时尽可能提升模型推理精度。

2.7.2　模型部署和推理案例分析

现在以深度模型在视觉应用中的物体检测为例，进行模型部署与推理的简单实验。该实验首先利用 Torch 环境准备好深度学习模型，然后将 Torch 模型转换成开放神经网络交换格式模型 ONNX（Open Neural Network Exchange）。该模型是一个用于表示深度学习模型的标准，用于存储训练好的模型，可使模型在不同框架之间进行转移。再将 ONNX 模型转换成 TensorRT 模型。该模型是一个高性能的深度学习推理优化器，可以为深度学习应用提供低延迟、高吞吐率的部署推理。最后利用 TensorRT 模型进行物体识别。模型部署与推理的步骤如下：

1）读取 Torch 模型。在 Torch 环境下，设置 ResNet18 模型参数，读取 ResNet18 模型。编写 torch2onnx. py 文件内容如图 2-31 所示。

```
import torch
from torch import nn
import torch.onnx
from torchvision.models import resnet18

# 初始化模型
model = resnet18()
num_ftrs = model.fc.in_features
model.fc = nn.Linear(num_ftrs, 6)
model.load_state_dict(torch.load('/device/smart_community/weights/resnet18.pth'))
model = model.cuda()
```

图 2-31　torch2onnx. py 文件 Torch 模型

2）Torch 模型转换为 ONNX 模型。在 torch2onnx. py 文件的基础上添加图 2-32 中 Torch 模型转换为 ONNX 模型代码。

```
torch.onnx.export(model,
                  torch.randn(1, 3, 224, 224).cuda(),
                  "/home/senseedu/Desktop/resnet18.onnx",
                  export_params=True,
                  input_names = ['input'],
                  output_names = ['output'],
                  opset_version=11)

print("模型转换完成")
```

图 2-32　torch2onnx. py 文件 Torch 模型转换为 ONNX 模型

3）ONNX 模型转换为 TensorRT 模型。编写 onnx2trt. py 文件代码如图 2-33 所示，实现 ONNX 模型转换为 TensorRT 模型。

```
import os

# 查看 onnx2trt 的命令参数
f=os.popen("onnx2trt -h")  # 返回的是一个文件对象
print(f.read())

# 将 onnx 模型转换成 tensorrt 模型
f=os.popen("onnx2trt /home/senseedu/Desktop/resnet18.onnx -o /home/senseedu/Desktop/resnet18.trt -d 16 -b 1 -v")
print(f.read())
```

图 2-33　onnx2trt. py 文件 ONNX 模型转换为 TRT 模型

经过以上 3 步的操作，在 Linux 桌面上可以看到如图 2-34 所示的输出结果。

笔 记

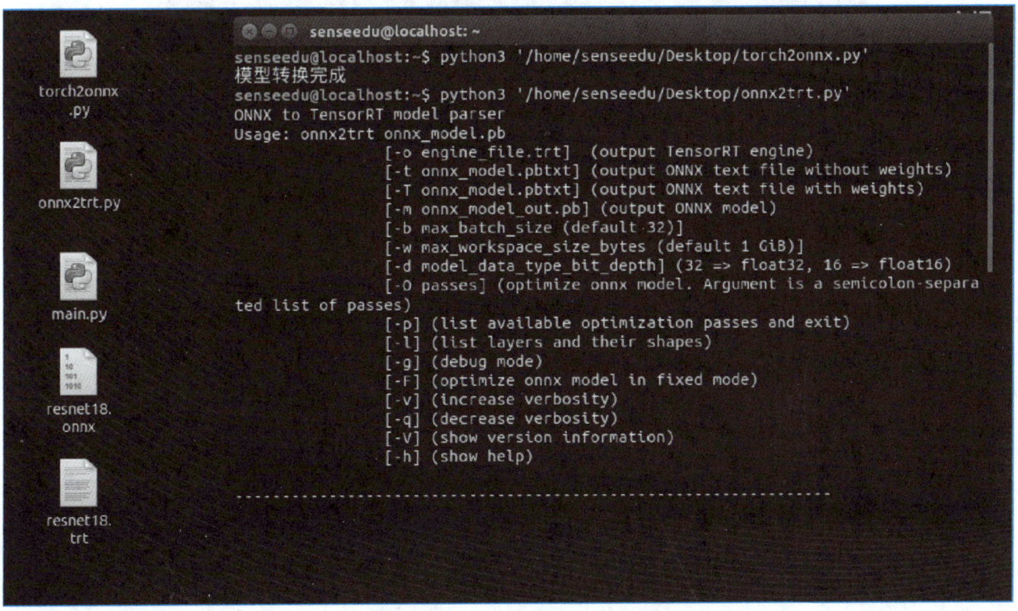
torch2onnx
.py
onnx2trt.py
main.py
resnet18.
onnx
resnet18.
trt
senseedu@localhost: ~
senseedu@localhost:~$ python3 '/home/senseedu/Desktop/torch2onnx.py'
模型转换完成
senseedu@localhost:~$ python3 '/home/senseedu/Desktop/onnx2trt.py'
ONNX to TensorRT model parser
Usage: onnx2trt onnx_model.pb
[-o engine_file.trt] (output TensorRT engine)
[-t onnx_model.pbtxt] (output ONNX text file without weights)
[-T onnx_model.pbtxt] (output ONNX text file with weights)
[-m onnx_model_out.pb] (output ONNX model)
[-b max_batch_size (default 32)]
[-w max_workspace_size_bytes (default 1 GiB)]
[-d model_data_type_bit_depth] (32 => float32, 16 => float16)
[-O passes] (optimize onnx model. Argument is a semicolon-separa
ted list of passes)
[-p] (list available optimization passes and exit)
[-l] (list layers and their shapes)
[-g] (debug mode)
[-F] (optimize onnx model in fixed mode)
[-v] (increase verbosity)
[-q] (decrease verbosity)
[-V] (show version information)
[-h] (show help)

图 2-34　模型转换输出结果

4）编写 main.py 文件，实现玻璃瓶子的物体检测，如图 2-35 和图 2-36 所示。

```python
import cv2
import numpy as np
from matplotlib import pyplot as plt
from PIL import Image
from smcm.trtmodel import TrtModel
import torch
from torchvision import transforms

# 初始化模型
print('加载模型中......')
model = TrtModel('/home/senseedu/Desktop/resnet18.trt')

# 加载测试图像
img = cv2.imread("/device/smart_community/images/glass.jpg")
# plt.imshow(image[:,:,::-1])
# plt.show()

# 图像预处理
img = cv2.cvtColor(img, cv2.COLOR_BGR2RGB)
image = Image.fromarray(img)

transform_process = transforms.Compose([
    transforms.Resize((224,224)),
    transforms.ToTensor(),
    transforms.Normalize(
        mean=[0.485, 0.456, 0.406],
        std=[0.229, 0.224, 0.225])
])
img_tensor = transform_process(image).unsqueeze(0)
```

图 2-35　main.py 文件实现物体检测（1）

```python
transform_process = transforms.Compose([
    transforms.Resize((224,224)),
    transforms.ToTensor(),
    transforms.Normalize(
        mean=[0.485, 0.456, 0.406],
        std=[0.229, 0.224, 0.225])
])
img_tensor = transform_process(image).unsqueeze(0)

data = img_tensor.numpy()

# 确定对应类别标签
label_classes = ['纸箱', '玻璃', '金属', '纸张', '塑料', '其他']

# 推理计算
pred = model(data)

lbl_idx = np.argmax(pred[0][0])
#print(f"识别结果: {label_classes[lbl_idx]}")

# plt.imshow(image[:,:,::-1])
# plt.show()
cv2.namedWindow('result', 0)
cv2.resizeWindow('result', 480, 480)
cv2.imshow('result', img)
print(f"识别结果: {label_classes[lbl_idx]}")
cv2.waitKey(0) & 0xFF
```

图 2-36　main.py 文件实现物体检测（2）

深度模型部署实现物体检测的最终结果如图 2-37 所示。

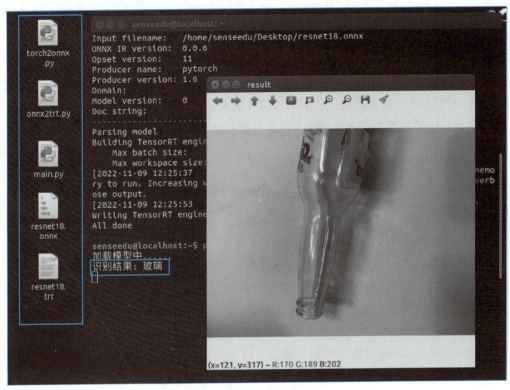

图 2-37　深度模型部署实现物体检测的最终结果

【项目小结】

　　本模块从传统工业园区存在问题入手，给出工业智慧园区建设的必要性，并按照工程建设的顺序，首先对边缘计算设备硬件选型、参数配置、MEC 服务器、端侧感知设备进行介绍；其次，对 MEC 服务器和端侧感知设备的网络架构和部署策略进行介绍；最后，阐述通过端侧感知设备实现数据采集和预处理、部署和利用边缘计算服务模型实现物体识别的具体方式。

1. 边缘计算中的 MEC 服务器和端侧感知设备

　　边缘计算参考框架按距离由近及远可分为现场层、边缘层和云层，边缘层位于云和现场层之间，向下可以支持各种现场设备的接入，向上可以与云端对接。

　　MEC 服务器作为边缘计算网络架构的核心，用于接收、处理和转发来自现场层的数据流，提供智能感知、安全隐私保护、数据分析、智能计算、过程优化和实时控制等时间敏感服务。

　　端侧感知设备作为现场层节点，主要通过各种类型的现场网络和工业总线与边缘层中的边缘网关等设备相连接，实现现场层和边缘层之间数据流和控制流的连通。

2. 边缘计算设备硬件选型

边缘计算设备按照其对外提供的功能可分为 4 种类型，分别是智能传感器、可编程逻辑控制器（PLC）、边缘智能路由器和 ICT 融合网关。

边缘计算设备选型考量点与参数关注点是设备选型的重要依据。

3. MEC 服务器和端侧感知设备硬件部署

MEC 网络架构包括：基础设施层，虚拟化层，MEC 管理层，MEC 应用层。

MEC 产品体系包括：分流网关，MEC 云资源，平台 PaaS 层能力（边缘云服务），定制边缘云，云咨询、规划、集成实施服务。

多端侧设备接入时 MEC 服务器稳定服务的优化方案包括：流量调度，信息缓存，策略优化。提供服务的方式包括：负载调度，资源划分，就近服务。计算卸载的方式包括：延迟不敏感但是计算量较大的计算量放在中心云服务器上处理；配合应用来定义哪些计算量是对延迟比较敏感，需要优先处理。信息缓存的方式包括：Service Cashing（服务兑现）缓存和 Data Cashing（数据兑现）缓存。面临的安全问题在于：终端认证组件，网络安全，敏感信息计算。

MEC 服务器部署场景分为静态部署和动态部署。两类场景中 MEC 服务器部署问题都从性能指标、限制条件和部署算法 3 个方面展开。

部署场景包括：基于 4G EPC 架构部署在 RAN 侧的 MEC 方案，基于 4G EPC 架构部署在 CN 侧的 MEC 方案，基于 5G 架构的 MEC 服务器部署方案。

4. 边缘计算设备软件部署

边缘计算系统构架包括操作系统、中间件、数据库等基础软件，属于分布式系统，需要落地在一个边缘计算平台上。

边缘计算平台的功能框架包括：资源管理功能，设备接入和数据采集功能，安全管理功能，平台管理功能。

5. 端侧感知设备上的数据采集和预处理

1）物联网平台实现数据采集，步骤为：创建应用，导入产品模型，注册设备，接入设备。

2）工厂设备实现数据采集，步骤为：设备联网，数据采集后传至云端存储分析，用户获取云端数据，现场监控屏幕实时显示。

3）工业生产设备数据采集的 3 种方式：数据系统直接联网通信，通过工业网关进行采集，通过远程 I/O 进行采集。

6. MEC 服务器上的模型部署和推理

MEC 服务器上部署深度学习模型的优化技术包括：模型压缩，模型分割，模型提前退出，模型选择，边缘缓存，输入过滤，面向应用优化。

以视觉应用中的物体检测为例，实验步骤：部署 Torch 模型；将 Torch 模型转换成 ONNX 模型；将 ONNX 模型转换成 TensorRT 模型；利用 TensorRT 模型进行物体识别。

【拓展阅读】

2022 年中国边缘专属云服务市场份额，移动云位居第一

当前，云计算是服务社会千行百业的能力底座，但也存在一定的挑战。传统云计算技术难以满足终端侧"大连接，低时延，大带宽"的需求，边缘云通过将云计算能力由中心向边缘下沉，实现云边一体化的协同管理，解决集中式云计算模式下难以满足的业务需求。

IDC《中国边缘云市场解读（2022）》中指出，边缘云已在互联网、视频、互联网游戏、安防、交通、文旅等多个行业实现商业化落地。国际权威咨询公司 Gartner 预测，2025 年将有超过 75% 的数据在边缘侧进行处理；IDC 也提出，2024 年全球边缘计算支出或将突破 2 500 亿美元。

1. 边缘算力布局：边缘云资源池覆盖全国

工业和信息化部在《"十四五"信息通信行业发展规划》《"双千兆"网络协同发展行动计划（2021—2023 年）》等政策文件中都对边缘计算建设提出相关要求。中国信息通信研究院产业与规划研究所相关工程师表示，《"十四五"信息通信行业发展规划》提出，按需部署边缘数据中心，建设面向特定场景的边缘计算设施，推进边缘计算与 CDN 融合下沉部署，加强边缘计算与云计算协同部署。

算力基础设施建设决定了边缘云服务基础质量，为了实现边缘算力与中心算力体验一致，中国移动分布式云按照"N+31+X"布局，通过中心+边缘协同发展，实现"云无处不在，网无所不及"的业务体系，满足客户全场景云业务需求。2022 年移动边缘云共规划 300 个节点的建设，2023 年实现城市覆盖率 100%。移动云加快资源池的建设部署，实现基础资源池的全面覆盖。

2. 边缘产品体系：四大模块统一架构

边缘云已经为客户带来了诸多便利，在边缘测完成数据生产、汇聚和分析，正在成为未来企业、用户的重要选项。作为中国移动分布式云的一部分，"移动边缘云"重点围绕两个方面部署，即能力部署在边缘，专为边缘规划、边缘建设的能力，直接部署在边缘；能力协同在边缘，通过 EISP（边缘智能服务平台）下发，调用中心云各类资源和产品，实现能力复用。

笔 记

目前，移动边缘云聚焦"基础产品+边缘应用+云边协同+专属云"四大产品模块推进。其中，基础产品，如边缘云 Iaas、Paas 层产品部署在距用户更近的位置，提供低延时体验；边缘应用，包含云桌面、云游戏、视频云等部署于边缘云的业务应用，满足即取即用体验；云边协同产品，通过边缘智能服务平台 EISP 将智能应用以轻量化的方式从云端部署到边缘；专属云服务，通过全栈专属云、边缘智能小站实现标准化整机柜交付，将云服务延伸到客户本地。

3. 边缘云服务优势：一体化产品运营能力。

除建立产品体系以外，移动边缘云更加重视服务能力建设。当前市场上产品和服务类型相对单一，边缘云的技术产品和商业模式还有较大的发展空间，主要包括运营商基于 MEC 边缘计算拼图该提供的基础设施和平台服务，以及云服务上提供的专属云。

移动边缘云正在实现多方资源纳管，专注关键领域技术创新，打造云网一体 Cloud OS。得益于中国移动遍及全国的资源优势，通过中国移动集团统一规划，移动云搭建各省运营入口，实现省内业务一体化运营，构筑统一协同的"1+1+百"边缘云运营体系；结合中国移动强大的本地网络及专业的运营团队，为企业客户提供贴心可靠的云网服务，有力推动政企单位上云和行业数字化转型。

移动云始终秉承央企使命，以保障国家信息数据安全为基础，助力企业数字化转型。未来，移动云边缘云持续覆盖范围更广的移动云边缘 X 节点，提供更加丰富的边缘算力；同时，将结合中国移动 5G 网络优势及云专网，重点优化边缘应用市场，为用户提供更低时延、更高可用、更多产品的优质边缘云服务。

【课后习题】

文本：习题答案

一、填空题

1. 边缘节点根据业务侧重点和硬件特点的不同，包括以网络协议处理和转换为重点的_____、以支持实时闭环控制业务为重点的_____、以大规模数据处理为重点的_____、以低功耗信息采集和处理为重点的_____等。

2. 逻辑上边缘计算网络架构的核心是_____服务器。

3. 万物互联时代的到来，促使商业应用不断更新。相对于传统的"云—管—端"一体化模式来说，如今逐渐向_____模式演变。

4. 目前业界尝试推进的边缘场景中，_____服务器作为其核心设备得以广泛应用。

5. 边缘计算产业联盟提出的边缘计算参考架构 3.0，按距离由近及远可分为_____、_____和_____。

6. 边缘计算的服务主体是＿＿＿＿＿＿＿。

7. 传统工业园区在进行智慧园区改造时将以＿＿＿＿＿＿和＿＿＿＿＿＿为原则开展设计。

8. 边缘计算设备按照其对外提供的功能可分为四种类型，分别是＿＿＿＿＿＿、＿＿＿＿＿＿、＿＿＿＿＿＿和＿＿＿＿＿＿。

9. 按其实现功能，MEC 基本架构可分为＿＿＿＿＿＿、＿＿＿＿＿＿、＿＿＿＿＿＿和＿＿＿＿＿＿。

10. 运营商针对当前市场对于边缘计算的需求，提出 MEC 五大产品及资费体系：＿＿＿＿＿＿、＿＿＿＿＿＿、＿＿＿＿＿＿、＿＿＿＿＿＿及＿＿＿＿＿＿。

11. MEC 服务器的缓存分为＿＿＿＿＿＿缓存和＿＿＿＿＿＿缓存两种。

12. 边缘服务器的部署场景可分为＿＿＿＿＿＿和＿＿＿＿＿＿。

13. 边缘计算软件部署主要涉及把＿＿＿＿＿＿、＿＿＿＿＿＿和＿＿＿＿＿＿这 3 个实体通过软件方式有效的组织起来协同运转。

二、选择题

1. 边缘计算参考架构 3.0 按距离由近及远可分为（　　　）。

A. 现场层　　　　　B. 边缘层　　　　　C. 云计算层　　　　　D. 网络层

2. 边缘层包括边缘节点和边缘管理器两个主要部分，其中（　　　）是承载边缘计算业务核心的硬件实体。

A. 边缘节点　　　　B. 边缘管理器

3. 由于各种异构的端侧设备接入 MEC 系统，产生的接入安全问题主要有（　　　）。

A. 终端认证组件　　B. 网络安全　　　　C. 敏感信息计算　　　D. 硬件安全

4. 为了实现端侧设备的数据采集和预处理，端侧感知设备数据采集系统必须具备的三大特性是（　　　）。

A. 便捷性　　　　　B. 时效性　　　　　C. 智能性　　　　　　D. 5G

三、简答题

1. 简述 MEC 服务器的定义。

2. MEC 服务器其主要特点体现在哪几个方面？

3. 简述边缘计算中端侧感知设备的接入所面临的主要挑战。

4. 简述现阶段传统工业园区主要存在的问题。

5. 简述 MEC 网络架构各层实现的主要功能。

6. 简述运营商结合 5G 网络构建边缘、区域、中心 3 层架构的 MEC 部署策略特征。

7. 多端侧设备接入如何保障 MEC 服务器的稳定服务？

8. 在多端侧设备接入的情况下，MEC 服务器可以提供服务的方式都有哪些？

9. 简述边缘计算服务器部署硬件设施静态部署与动态部署区别。

【项目评价】

　　在完成本模块学习任务后，可根据学习达成自我评价表进行综合能力评价，评价表总分 100 分。学习达成自我评价表积分方式：认为达成学习任务者，在□中打"√"；认为未能达成学习任务者在□中打"×"。其中完全达成，可按该相分值 100% 计算；基本达成，可按该相分值 60% 计算；未能达成，不计分值，课程学习达成度评价表见表 2-6。

表 2-6　课程学习达成度评价表

学 习 目 标	学 习 内 容	达 成 情 况
职业道德 （10分）	执着专注、作风严谨 精益求精、敬业守信 推陈出新、开拓进取	完全达成□ 基本达成□ 未能达成□
知识目标 （30分）	是否了解边缘计算服务器的位置和作用 是否了解端侧感知设备的作用和分类 是否掌握 MEC 服务器的部署及应用流程 是否掌握端侧感知设备的数据采集及预处理流程 是否掌握 MEC 服务器模型部署和实现物体识别	完全达成□ 基本达成□ 未能达成□
技能目标 （30分）	是否具备理解企业项目背景、选择和规划 MEC 服务器和端侧感知设备的能力 是否具备规划 MEC 服务器部署的能力 是否具备针对端侧感知设备部署的能力 是否具备 MEC 服务器模型部署和应用的能力	完全达成□ 基本达成□ 未能达成□
素养目标 （30分）	是否具有良好的职业素养以及能够遵守项目规则的能力 是否具有学习新知识、掌握新技能，并具备分析问题和解决问题的能力 是否具有较强的集体意识和团队合作的能力 是否具有创新能力、创业思维的综合性能力	完全达成□ 基本达成□ 未能达成□

模块 3　部署边云协同系统架构和平台架构

边缘计算和云计算之间不是替代关系，而是互补协同关系。边缘计算和云计算需要通过紧密协同才能更好地满足各种需求场景的匹配，从而放大边缘计算和云计算的应用价值。因此，部署边云协同整体方案是边缘计算项目中至关重要的一部分。本模块根据项目需求分析部署边云协同整体方案，包括边云协同系统部署和平台部署，以及系统高并发性与高可用性配置，使得边缘计算项目中的边缘和云端各司其职、相互配合，作为一个密不可分的整体来实现项目功能。

PPT：模块 3 部署边云协同系统架构和平台架构

【学习目标】

笔　记

1. 知识目标

1）掌握边云协同的基本概念和虚拟化、容器、集群、云原生等重要技术。
2）重点掌握云服务器系统部署方式，并能够熟练操作。
3）重点掌握边云协同系统部署方式和平台部署方式，并能够熟练操作。
4）掌握系统高并发性与高可用性配置方式。
5）熟悉数据平台与边缘网关的协同应用。

2. 技能目标

1）具备合理进行项目需求分析、正确进行服务器选型的能力。
2）具备选择和规划项目软件系统架构的能力。
3）具备合理进行项目配置、实施的能力。

3. 素养目标

1）具有综合的系统分析能力和项目整体把控能力。

2）具有整合和综合运用知识分析问题和解决问题的能力。

3）具有较强的团队决策能力、应变能力和创新能力。

4）具有尊重企业规范以及诚信、保密的素质。

【学习导图】

本模块学习路径及相应任务知识点如图3-1所示。

笔 记

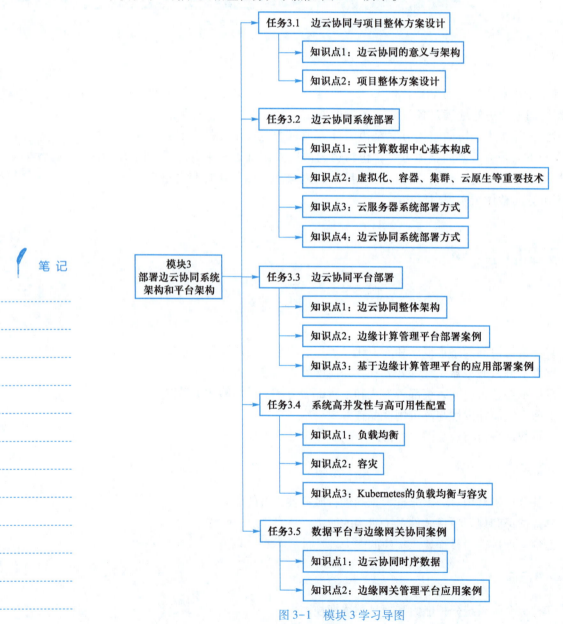

图3-1　模块3学习导图

本模块与"工业数据采集与边缘服务"职业技能等级标准内容的对应关系见表3-1。

表3-1   本模块与"工业数据采集与边缘服务"职业技能等级标准内容对应关系

"工业数据采集与边缘服务"职业技能等级标准			部署边云协同系统架构和平台架构	
工作任务	职业技能要求	等级	知识点	技能点
边云协同整体架构的设计和实施、云服务器的部署和管理以及职业素养的养成	① 了解边缘计算中边云协同项目整体方案设计 ② 了解云服务器系统部署的流程和方案 ③ 了解边云协同系统部署和平台部署的流程和方案 ④ 了解现行边云协同项目相关技术标准、规范及相关法律法规 ⑤ 具备良好的沟通表达及团队合作能力	初级 中级 高级	① 掌握边云协同的基本概念和虚拟化、容器、集群、云原生等重要技术 ② 重点掌握云服务器系统部署方式，并能够熟练操作 ③ 重点掌握边云协同系统部署方式和平台部署方式，并能够熟练操作 ④ 掌握系统高并发性与高可用性配置方式 ⑤ 熟悉数据平台与边缘网关的协同应用	① 具备合理进行项目需求分析、正确进行服务器选型的能力 ② 具备选择和规划项目软件系统架构的能力 ③ 具体合理进行项目配置、实施的能力

任务 3.1   边云协同与项目整体方案设计

PPT：任务 3.1
边云协同与项目
整体方案设计

3.1.1   边云协同的意义与架构

1. 边云协同赋能工业生产

随着人工智能、大数据、物联网、智能制造等技术在现代工厂的应用和普及，工业现场终端设备产生海量数据实时处理需求，全部上传云端处理难以保证部分场景对设备精准控制的时延要求，而且会造成巨大的网络压力和计算压力。

因此，在传统云计算架构中引入"边缘节点"的概念，向"云—边—端"演进。一方面，将云计算的优势下沉到更靠近终端设备的边缘节点，海量数据无须全部上传云端处理，而是在边缘节点完成初步计算、存储、转发，然后有选择地上传云端处理。这样既能保证对设备精准控制的时延要求，又能有效降低云端网络压力和计算压力。

微课 3-1
边云协同

另一方面，边缘节点的引入也带来了边缘管理方面的新需求。边缘节点既需要具有一定的离线自治能力，又需要与云端协同运行，借助丰富的云网资源实现边云资源协同、服务协同、应用协同等方面的全面协同。

实际上，随着我国"新基建"持续发力，云、网、边、端（云计算、互联网、边缘

笔记

计算、终端）互相融合的赋能效应日益显现，边云协同已经成为工业互联网场景下的新趋势。

2. 边云协同的经典架构

边缘计算产业联盟（ECC）与工业互联网产业联盟（AII）联合发布的《边缘计算与云计算协同白皮书 2.0》中提出：边缘计算和云计算之间不是替代关系，而是互补协同关系。边缘计算与云计算需要通过紧密协同才能更好地满足各种需求场景的匹配，从而放大边缘计算和云计算的应用价值。边缘计算既靠近执行单元，更是云端所需高价值数据的采集和初步处理单元，可以更好地支撑云端应用；反之，云计算通过大数据分析优化输出的规则或者模型可以下发到边缘侧，边缘侧则基于新的规则或者模型运行。

（1）边云协同的能力与内涵

边云协同涉及边缘侧和云端关于 IaaS、PaaS、SaaS 这 3 个层面的全面协同。通过 3 个层面的全面协同可以实现对虚拟化资源、网络、安全等方面的资源协同；实现数据管理、智能管理、服务管理等方面的服务协同；实现规则管理、模型管理、应用管理等方面的应用协同。

（2）边云协同的经典架构

边缘协同的经典架构如图 3-2 所示，包括资源协同、服务协同、应用协同等方面的全面协同。

1）资源协同。边缘节点提供计算、存储、网络、虚拟化等基础设施资源，既具有本地资源调度管理能力，又接受并执行云端资源调度管理策略，包括云端对边缘节点的资源管理、设备管理、网络连接管理。

从单节点的角度看，资源协同提供了底层硬件的抽象，简化了上层应用的开发难度；从全局的角度看，资源协同提供了全局视角的资源调度和全域的 Overlay 网络动态加速能力，使得边缘资源能够有效使用，边缘与边缘、边缘与中心的互动能够更加实时。

2）服务协同。服务协同为边缘应用的构建提供关键组件和快速灵活的对接机制，从而有效提升边缘应用的构建速度。服务协同主要包括两个方面：一方面是云端提供的服务能力，包括数据类能力、智能类能力、应用使能类能力；另一方面是通过云原生架构，提供一套标准的接入框架，为边缘服务的接入、发现、使用、运维提供一套完整流程。

3）应用协同。应用协同实现边缘应用的统一接入，既包括将开发好的应用通过网络远程部署到用户希望的边缘节点，又包括在云端进行边缘应用的全生命周期管理。对于边缘计算的落地实践来说，应用协同是整个系统的核心，涉及云、边、管、端各个方面。

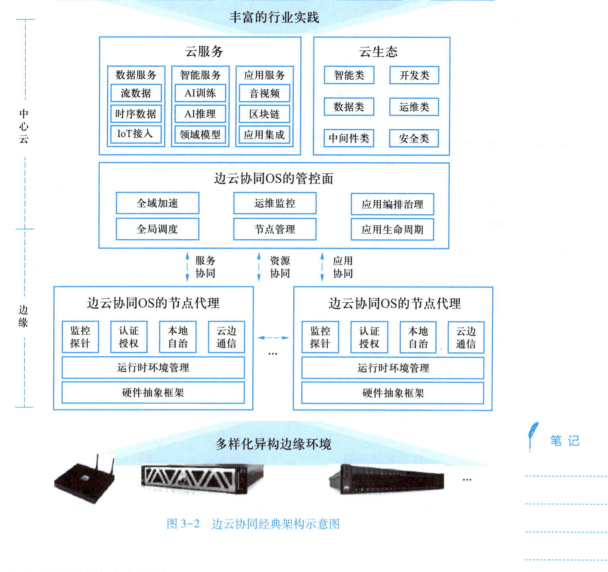

图 3-2　边云协同经典架构示意图

3.1.2　项目整体方案设计

　　某企业根据实际需要设计了工业互联网边缘计算场景下的"云—边—端"架构。在工业现场部署摄像头、机械臂、机器人、智能仪表、传感器等终端设备,产生海量数据实时处理需求。由边缘网关和 MEC 服务器作为两级边缘节点:第一级边缘节点部署在工业现场的边缘网关中,又称边缘网关层,在传统路由转发功能的基础上对海量数据进行初步处理,降低海量数据造成的网络压力和计算压力;第二级边缘节点部署在 5G 网络基础设施架构中的 MEC 服务器中,又称边缘云层,对边缘网关初步处理后的数据进行智能分析,结果通过边缘网关反馈给终端设备,保证对终端设备精准控制的时延要求。在上

笔 记

述两级边缘节点的基础上部署云中心层作为"云—边—端"架构中的云端，与边缘节点之间进行资源协同、服务协同、应用协同等方面的全面协同。图 3-3 所示为项目整体方案设计。

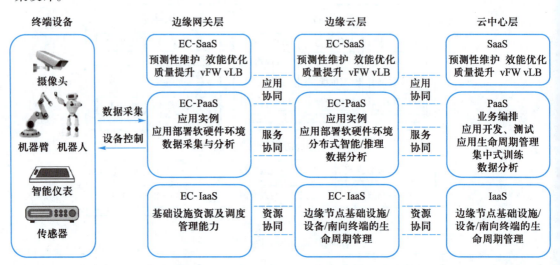

图 3-3　"云—边—端"架构下的项目整体方案设计示意图

从资源协同的角度看：边缘节点的基础设施抽象为硬件资源，既支持本地调度管理，又支持全局调度管理；边缘云层和云中心层可以对边缘网关层的硬件资源进行两级调度管理，云中心层也可以对边缘云层的资源进行调度管理，不仅实现了边缘资源的充分利用，而且简化了上层应用的开发难度。

从服务协同的角度看：一方面，在边缘节点上部署应用前需要首先部署好边缘节点上的基础服务，这类基础服务通常由云中心层通过标准框架统一提供，可以很方便地部署到边缘节点上；另一方面，边缘节点由于资源有限只能对数据进行部分处理，深度处理则需要将数据上传云中心层，由云中心层提供进一步的服务能力，包括数据类能力、智能类能力、应用使能类能力。

从应用协同的角度看：一方面，应用的开发过程可能需要依赖一些规则或者模型，这些规则或者模型的训练过程可能需要海量数据和超强算力的支撑，边缘节点由于资源有限通常不具备对上述训练过程的支撑能力，所以这些规则或者模型只能在云中心层训练，训练完成后由云中心层以应用的形式部署到边缘节点上；另一方面，云中心层不仅负责下发应用到边缘节点上，而且负责边缘节点上所有应用从创建到销毁的全生命周期管理。

除此以外，边缘节点和云中心层之间还可以在安全防护方面保持协同：边缘节点提供部分安全策略，云中心层对边缘节点的安全状态进行监测和管理，并对边缘节点提供更为完善的安全防护。

接下来，本模块将重点讲解图 3-3 中的边缘云层和云中心层，实现边缘计算项目中边云协同方案的部署与实施。

任务 3.2   边云协同系统部署

PPT：任务 3.2
边云协同系统
部署

通过对任务 3.1 的学习可知，边云协同类型的边缘计算项目包括云、边、端 3 个部分。云部分通常又称为云端部分，由大规模以及超大规模的云计算数据中心组成，如果有多个云计算数据中心，它们之间可以通过骨干网连接，实现算力协同，提高服务能力。边部分通常又称为边缘部分，既可以由构建在 MEC 服务器上的边缘数据中心组成，也可以由边缘网关组成，还可以包含两级边缘节点。边缘数据中心和云计算数据中心之间可以协同运行，多个边缘数据中心之间可以通过边缘网关实现交互，如图 3-4 所示。

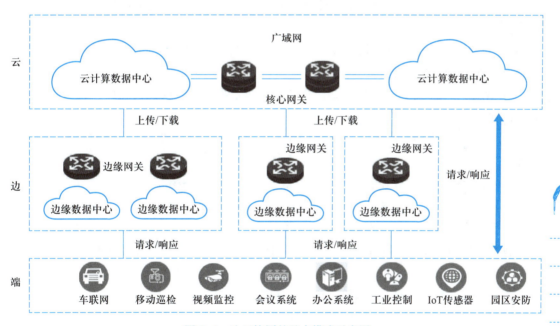

图 3-4   边云协同的基本模式示意图

在边缘计算兴起之前，云计算数据中心的发展已经相对成熟，所以接下来从云计算数据中心的基本构成入手，学习云计算数据中心的部署方式和边云协同的部署方式。

3.2.1   云计算数据中心基本构成

在过去的 20 年中，数据中心的发展见证了互联网的兴起。如今，数据中心已经成为云计算的重要基础承载设施，可以说没有数据中心，所谓的"大数据"和"云计算"都只是空壳和虚无的概念，根本无从谈起。

　　云计算数据中心简称云中心，是一整套复杂的设施，一种"仓库规模的计算机系统"。云中心由四大部分组成：环境、硬件设备、基础软件、应用支撑平台。图3-5所示为云中心机房。

图3-5　云中心机房

　　1）环境：主要指云中心机房及建筑物布线等设施，包括电力、制冷、消防、门禁、监控、装修等。

　　2）硬件设备：主要包括服务器、存储设备、数据灾难备份中心、核心网络设备、网络安全设备、机柜及其配套设施等。

　　3）基础软件：主要包括IaaS管理软件、操作系统软件、虚拟化软件、数据库软件、防病毒软件等。

　　4）应用支撑平台：具有行业特点的统一平台，其作用是整合异构系统、互通数据资源。

　　其中，服务器是云中心的基本硬件设备，也是云中心的核心设备，它为云计算平台提供计算能力，为用户提供大规模计算、大规模存储、高通量网络服务。和通用计算机相比，服务器具有更高的处理能力、更优秀的稳定性和可靠性，并且对可扩展性和可管理性也有着较高的要求。因此，部署云中心的重要工作之一就是部署云服务器。

3.2.2　虚拟化、容器、集群、云原生等重要技术

　　部署云中心的重要工作之一就是部署云服务器，而部署云服务器则离不开虚拟化、容器、集群、云原生等重要技术。

1. 虚拟化

　　云计算的快速发展对资源管理提出了新的要求。在新一代数据中心构建过程中，虚拟化技术起着关键作用，对于促进资源灵活分配、优化系统整体效能、降低计算服务成本、实现高并发性和高可用性具有重要意义。

　　虚拟化技术是计算机资源的逻辑表示。通过在系统中增加一个虚拟化层，把底层资源抽象为另一种形式的资源，通常叫作逻辑资源池或者资源共享池，再将池中资源提供给上层应

用使用和共享，实现上层应用和下层资源的解耦合，进而实现物理资源的充分利用。

从使用形式上看，虚拟机（Virtual Machine，VM）是虚拟化技术的一种典型使用形式。

虚拟机一词从字面上讲，可以拆分为"虚拟化"＋"机器"。根据虚拟化技术最早的相关定义，虚拟机是一种系统，是一个真实存在的软硬件的副本。在这一过程中，虚拟机监视器（Virtual Machine Monitor，VMM）为软件和硬件的复制提供必要的机制。虚拟机本质上是一套软件系统，它和人们所能接触到的物理机可以形成对应。物理机的主要组成部分包括处理器、存储设备、网络设备；对于虚拟机来说，也存在虚拟处理器、虚拟存储、虚拟网络，其中处理器（计算）虚拟化的实现最为关键。

从实现方式上看，虚拟机有3种典型的实现方式：寄居虚拟化、裸金属虚拟化、混合虚拟化，如图3-6所示。

图3-6　寄居虚拟化、裸金属虚拟化、混合虚拟化示意图

（1）寄居虚拟化

寄居虚拟化将原本安装在物理硬件上的操作系统称为宿主机操作系统，其实现方式是将虚拟化软件以应用程序的方式安装在宿主机操作系统上，即在宿主机操作系统上构建虚拟化层VMM，通过VMM实现虚拟机操作系统的系统隔离和资源调度。寄居虚拟化的典型代表有VMware Workstation和Oracle VM VirtualBox。

（2）裸金属虚拟化

裸金属虚拟化中没有宿主机操作系统，其实现方式是将虚拟化软件直接安装在裸金属物理硬件上，在裸金属物理硬件上构建虚拟化层VMM，通过VMM实现虚拟机操作系统的系统隔离和资源调度。VMM在这种形式下的典型架构是Hypervisor，其源于剑桥大学在2003年推出的Xen项目，是一个基于原生态硬件的虚拟化层，换句话说，是一个介于原生态硬件和虚拟机操作系统之间的虚拟化层。

笔记

（3）混合虚拟化

混合虚拟化将原本安装在物理硬件上的操作系统称为宿主机操作系统，其实现方式是将虚拟化软件以系统内核的形式嵌入到宿主机操作系统中，将宿主机操作系统转变为虚拟化层 VMM，通过 VMM 实现虚拟机操作系统的系统隔离和资源调度。VMM 在这种形式下的典型架构是 KVM，仅支持 Linux 操作系统为宿主机操作系统。

2. 容器

容器并不是近年来出现的新概念，而是源于操作系统级虚拟化。操作系统级虚拟化是一种虚拟化技术，能够实现多个相互隔离的实例（Instance）共享一个操作系统的内核（Kernel），此过程中包含相应程序组件的实例即为容器，如图 3-7 所示。

虽然容器封装了程序运行的基本环境，它却是轻量级的系统。和虚拟机相比，它不需要运行 VMM 或者 Hypervisor，因而减少了额外负载。在容器的支持下，用户能够从现有硬件资源中获取更丰厚的性能回报，可以在一个内核上运行基于不同库函数和环境的程序，对计算的衡量也可以采用从一

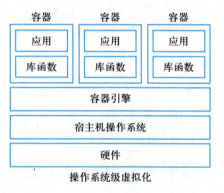

图 3-7 操作系统级虚拟化示意图

个物理机或者虚拟机到更细颗粒度、更灵活的容器实例等不同单位。

虽然容器相比虚拟机而言有很多优势，但也存在很多问题，其中最关键的 3 个问题是容器的安全性问题、隐私性问题以及隔离性问题。因为容器极度依赖其主机操作系统，因此任何对主机操作系统的攻击都可能导致容器异常，即为容器的安全性问题；主机操作系统能够看到容器中的一切资源和内容，即为容器的隐私性问题；更重要的是，容器一旦成功获取其主机操作系统的管理权限，可能直接影响其他并行容器的运行状态，即为容器的隔离性问题。

随着容器技术在云环境中重要性的上升，针对容器的集群调度和编排也将成为关键。

3. 集群

随着云计算的快速发展，云计算系统高并发性与高可用性都离不开一个关键概念——集群。

集群是一组独立节点的结合体，形式上可以是物理机，也可以是虚拟机、容器，或者是具体的应用服务，节点间通过高性能的网络相连接，各节点除了可以作为单一资源供用户使用以外，还可以协同工作并表示为一个集中资源。

从结构和功能上看，集群主要可以分为 3 类：高可用集群、负载均衡集群、高性能计算集群，见表 3-2。

表 3-2　集群的 3 种类型

集 群 类 型	集 群 形 式
高可用集群	高可用集群一般是指当集群中某个节点失效或者进行离线维护再上线时，该节点上的任务会自动转移到其他正常工作的节点上。最常见的就是两个节点组成的高可用集群，也称为"双机热备""双机互备"或"双机"
负载均衡集群	负载均衡集群一般是指通过一个或者多个前端负载均衡器将负载均衡分配到后端提供相同功能的节点上。常见的应用服务集群即为一种负载均衡集群
高性能计算集群	高性能计算集群致力于将计算任务分配到集群的不同节点而提高计算能力，致力于提供单个计算机不能提供的强大计算能力，因而主要应用在科学计算领域

4. 云原生

云原生的主旨是构建运行在云端的应用程序，致力于使应用程序能够最大限度地利用云计算技术特性的优势，提供更加优质的应用服务。

云原生准确来说是一种文化，更是一种潮流，它是云计算的一个必然导向，其意义在于让云成为云化战略成功的基石，而不是障碍。

如图 3-8 所示，以云原生为指导的云端应用程序开发部署过程中，主要涉及微服务、容器、DevOps、持续集成与持续交付 4 个关键技术。

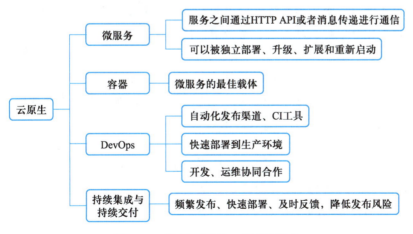

图 3-8　云原生涉及的 4 个关键技术

（1）微服务

微服务是将应用程序开发为一系列小型服务的体系结构，每个服务都实现独立的业务功能，运行在自己的进程中，服务之间通过 HTTP API 或者消息传递进行通信。每个微服务都可以独立于应用程序中的其他服务进行部署、升级、扩展和重新启动，通常作为自动化系统的一部分，能够在不影响最终用户的情况下频繁更新现场应用程序。

（2）容器

容器相比虚拟机而言，拥有更高的资源使用效率，因为它不需要为单个微服务分配独立的操作系统，所以实例规模更小、创建速度和迁移速度也更快，是部署单个微服务的理想工具。对容器进行集群调度和编排后，将极大增强系统的拓展能力和自愈能力，轻松应对实际业务中的高并发场景和高可用场景。

（3）DevOps

DevOps 是 Development 和 Operations 的结合，是一种"开发人员（Dev）"和"运维人员（Ops）"之间沟通合作的文化、行动和规则，通过自动化软件交付和架构变更的流程，使得构建、测试、发布软件能够更加快捷、频繁和可靠。

（4）持续集成与持续交付

持续集成与持续交付是一种软件开发的实践方法，致力于指导开发团队减少软件构建错误，实现软件的频繁发布、快速部署、及时反馈，降低发布风险。

3.2.3　云服务器系统部署方式

基于虚拟化、容器、集群、云原生等重要技术，进行云服务器系统部署。部署过程主要包括两部分：物理资源虚拟化和虚拟机系统部署。

1. 物理资源虚拟化

虚拟化资源池是云服务器系统部署中非常重要的概念。实际应用中，对于单个云服务器而言，虚拟化有 3 种实现方式：寄居虚拟化、裸金属虚拟化、混合虚拟化。一般而言，因为寄居虚拟化操作简单、方便实现，所以个人应用和小型企业应用以 VMware Workstation 和 Oracle VM VirtualBox 等寄居虚拟化为主。但是对于大中型企业应用而言，裸金属虚拟化或者混合虚拟化可以提供更高的性能特性，所以大中型企业应用以 Xen 等裸金属虚拟化或者 KVM 等混合虚拟化为主。

单个云服务器在实现了物理资源虚拟化以后，就可以被分割为多个虚拟服务器，为多个虚拟服务器提供隔离环境。实际应用中，虚拟化资源池也可以进一步跨服务器运行，可以由数据中心或者跨数据中心的数十台、数百台甚至数万台服务器集群组成，虚拟化资源池中的资源通过成熟的虚拟化技术共同管理，实现资源的高度集成和灵活分配，如图 3-9 所示。

2. 虚拟机系统部署

完成图 3-9 所示物理资源虚拟化以后，资源池上的虚拟机取代云服务器集群成为新的网络节点。接下来就需要进行虚拟机系统部署，部署过程主要包括两部分：操作系统部署和容器集群部署。

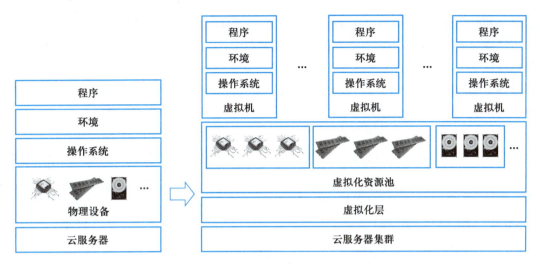

图 3-9 物理资源虚拟化示意图

（1）操作系统部署

常用操作系统有 Windows、Linux、macOS 等。其中，Windows 操作系统是日常生活中个人计算机的常用操作系统，其主要特点是界面友好、窗口优美、操作动作简单易学、多代系统之间具有良好传承、计算机资源管理效率较高。但是对于企业云服务器部署而言，Linux 操作系统提供了更多优势。例如，Linux 操作系统开源且免费，企业开发人员可以根据需要对 Linux 操作系统的内核代码进行查看、修改、再创作；此外，Linux 操作系统不仅具有比 Windows 操作系统更高的稳定性、安全性、灵活性，而且具有比 Windows 操作系统更低的硬件要求和运维成本，因此其也是企业云服务器部署的首选。再者，后面要进行的容器部署本身也是在 Linux 操作系统的基础上发展起来的，虽然现阶段也有针对 Windows 操作系统的容器部署，但是 Linux 操作系统依旧是容器部署的首选，故选择 Linux 操作系统为虚拟机的操作系统。

Linux 操作系统又有不同的发行版本，比如 Ubuntu 和 CentOS 就是两种常用版本。Ubuntu 和 CentOS 本身是基于 Linux 操作系统中的不同架构发展来的。Ubuntu 基于的是 Linux 操作系统中的 Debian 架构，相比 CentOS 而言具有更好的图形界面支撑，更新频率较高。CentOS 基于的是 Linux 操作系统中的 RHEL 架构，相比 Ubuntu 而言缺乏良好的图形界面支撑，更新频率较低。实际应用中，一方面，图形界面虽然可以简化操作，但是也会占用更多内存，所以图形界面是桌面操作系统的首要选择，但却不是企业云服务器或者虚拟机部署操作系统时的首要选择；另一方面，相比更新频率而言，企业应用往往更看重操作系统的稳定性与可靠性。因此在实际应用中，Ubuntu 是个人桌面部署 Linux 操作系统时的首要选择，CentOS 是企业云服务器或者虚拟机部署 Linux 操作系统时的首要选择，故选择 CentOS 为 Linux 操作系统的具体版本。

（2）容器集群部署

CentOS 操作系统为虚拟机运行提供操作系统支持，接下来可以在操作系统上面进行

笔记

容器集群的部署，选择基于 Docker + Kubernetes（可以简称 K8S）的方式。

其中，Docker 是一种容器引擎技术，为容器化应用的封装和分发提供了统一的标准，为容器在单节点上创建和运行提供了统一的标准；Kubernetes 是一种集群架构技术，本身不具备容器的创建功能或者运行功能，需要与如 Docker 等容器引擎技术结合使用，为容器在集群节点上调度和编排提供统一的标准。

此外，要将应用以容器形式部署，镜像（Image）和仓库（Repository）也是必不可少的两个关键概念。镜像可以看成容器的模板，就像安装操作系统时的 ISO 模板一样；仓库则是存放镜像的地方，如 Docker Hub 就是 Docker 提供的一个公有仓库。但是对于企业而言，开发人员将开发好的应用打包成镜像以后，往往并不希望将他们开发的镜像上传到如 Docker Hub 等公有仓库中，而是希望能在企业内部部署私有仓库，让其开发的镜像在企业内网中使用和管控。Harbor 仓库就是一种常用的企业级私有仓库。

目前，Kubernetes 已经获得了 Docker 的官方支持，基于 Docker + Kubernetes 的方案也已经成为容器集群部署的主流方案。

3. Docker

微课 3-2
Docker 及其
安装与运行

Docker 是一种容器引擎技术，使用客户端/服务器（Client/Server，C/S）架构。如图 3-10 所示，Docker 以单节点为宿主机进行部署，部署以后会在宿主机上启动一个守护进程（Daemon），同时为用户提供命令行工具或者图形化工具作为客户端。用户在客户端上输入需要执行的 docker 命令，客户端将命令发送到守护进程中，守护进程执行镜像或者容器的具体操作。

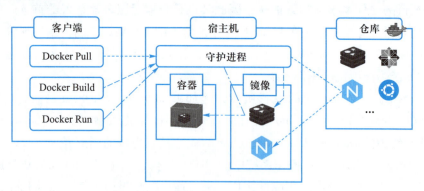

图 3-10　Docker 工作架构示意图

在部署好 CentOS 操作系统的基础上，既可以通过系统的 yum 工具进行 Docker 的安装，也可以通过二进制包形式进行 Docker 的安装。以通过 yum 工具进行安装为例，Docker 的安装方式和运行方式如下。

（1）Docker 的安装方式

1）关闭 CentOS 操作系统的防火墙、SELinux、swap 分区，命令如下：

```
# systemctl stop firewalld. service
# systemctl disable firewalld. service
# sed -i 's/enforcing/disabled/' /etc/selinux/config
# setenforce 0
# swapoff -a
```

2）配置 Docker 的 yum 源，命令如下：

```
# wget -P /etc/yum. repos. d/ https://mirrors. aliyun. com/docker-ce/linux/centos/
docker-ce. repo
```

3）安装 Docker 服务，假设版本选择 18.09.0，命令如下：

```
# yum install docker-ce-18. 09. 0-3. el7 -y
```

4）启动 Docker 服务，命令如下：

```
# systemctl start docker. service && systemctl enable docker. service
```

（2）Docker 的运行方式

Docker 在集群中的每个节点上独立运行，所以安装并且启动 Docker 服务以后，集群中的每个节点都可以根据需要执行 docker 命令，也可以根据需要配置 Docker Hub 公有仓库的镜像加速器或者配置 Harbor 私有仓库。

4. Kubernetes

微课 3-3
K83 及其安装与运行

Kubernetes 是一种集群架构技术，使用的是主从（Master/Slave，M/S）架构。如图 3-11 所示，Kubernetes 在集群节点中部署，部署时需要部署一个主节点（又称为 Master 节点）和多个从节点（又称为 Node 节点）。Master 节点为用户提供集群控制的入口，用户在 Master 节点上输入需要执行的 kubectl 命令，Master 节点和 Node 节点交互，在集群中以 Pod 为单位进行容器的调度和编排。Pod 是 Kubernetes 中定义的最小操作对象，通常一个 Pod 只包含一个容器，但也可以将需要紧密协作的多个容器捆绑到一个 Pod 中，以 Pod 集群为新的层面提供服务。

在部署好 Docker 容器引擎的基础上，既可以通过 CentOS 操作系统的 yum 工具进行 Kubernetes 的安装，也可以通过二进制包形式进行 Kubernetes 的安装。以通过 yum 工具进行安装为例，Kubernetes 的安装方式和运行方式如下。

（1）Kubernetes 的安装方式

1）关闭 CentOS 操作系统的防火墙、SELinux、swap 分区，命令同 Docker 安装中的对应步骤。

```
# systemctl stop firewalld. service
# systemctl disable firewalld. service
# sed -i 's/enforcing/disabled/' /etc/selinux/config
```

笔 记

```
# setenforce 0
# swapoff -a
```

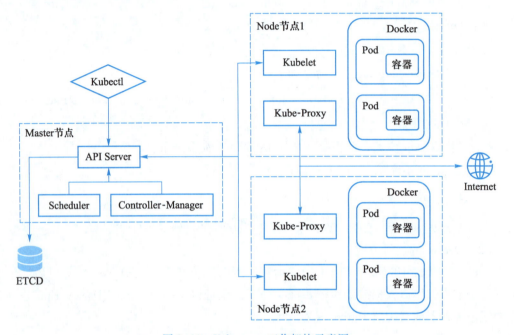

图 3-11　Kubernetes 工作架构示意图

2）配置 Kubernetes 的 yum 源，命令如下：

```
# cat > /etc/yum. repos. d/kubernetes. repo << EOF
[kubernetes]
name=Kubernetes
baseurl=https://mirrors. aliyun. com/kubernetes/yum/repos/kubernetes-el7-x86_64
enabled=1
gpgcheck=0
repo_gpgcheck=0
gpgkey   =   https://mirrors. aliyun. com/kubernetes/yum/doc/yum-key. gpg   https://
mirrors. aliyun. com/kubernetes/yum/doc/rpm-package-key. gpg
EOF
```

3）安装 Kubernetes 服务，假设版本选择 1. 20. 0，命令如下：

```
# yum install kubelet-1. 20. 0 kubeadm-1. 20. 0 kubectl-1. 20. 0 -y
```

4）启动 Kubernetes 服务，命令如下：

```
# systemctl start kubelet && systemctl enable kubelet
```

（2）Kubernetes 的运行方式

Kubernetes 在集群中以 Master 节点和 Node 节点两种不同方式运行，所以安装并启动 Kubernetes 服务以后，首先在集群的 Master 节点上通过 kubeadm init 命令启动 Kubernetes 集群，然后在集群的 Node 节点上通过 kubeadm join 命令加入 Kubernetes 集群，而后就可以在集群的 Master 节点上通过 kubectl 命令管理集群，方式如下。

1）在每个节点的/etc/hosts 文件中添加集群中各节点的 IP 地址与主机名的对应关系。假设集群由一个 Master 节点和两个 Node 节点组成：Master 节点的主机名为 master，IP 地址为 192.168.200.7；Node 节点的主机名为 node1 和 node2，IP 地址为 192.168.200.11 和 192.168.200.12。对应在每个节点的/etc/hosts 文件中添加内容如下：

```
192.168.200.7    master
192.168.200.11   node1
192.168.200.12   node2
```

2）在每个节点上安装 flannel 插件，该插件提供一种基于 Overlay 网络的跨节点容器网络解决方案，是 Kubernetes 中常用的容器网络解决方案。flannel 的安装方式也很简单，在每个节点上手动下载 cni-plugins-linux-amd64-v0.8.6.tgz 文件，将其中的 flannel 文件复制到/opt/cni/bin/目录下即可，命令如下：

```
# tar zxvf cni-plugins-linux-amd64-v0.8.6.tgz && cp flannel /opt/cni/bin/
```

除此之外，还需要在节点 master 上手动下载 kube-flannel.yml 文件，用于后续配置过程。

3）在节点 master 上通过 kubeadm init 命令启动 Kubernetes 集群，命令如下：

```
# kubeadm init \
--apiserver-advertise-address=192.168.200.7 \
--image-repository registry.aliyuncs.com/google_containers \
--kubernetes-version v1.20.0 \
--service-cidr=10.1.0.0/16 \
--pod-network-cidr=10.244.0.0/16
```

其中，192.168.200.7 为节点 master 的 IP 地址，v1.20.0 为 Kubernetes 的版本号，10.1.0.0/16 为配置给集群中 Service 服务的网络号，10.244.0.0/16 为配置给集群中 Pod 对象的网络号。

Kubernetes 集群启动成功后会有如图 3-12 所示输出，其中显示了 Master 节点的后续配置和 Node 节点加入集群时需要的凭证信息。

4）在节点 master 上根据图 3-12 所示内容完成配置。需要先在节点 master 上手动下载 kube-flannel.yml 文件，然后执行如下命令：

```
# mkdir -p $HOME/.kube
# cp -i /etc/kubernetes/admin.conf $HOME/.kube/config
```

笔记

笔记

```
# chown $(id -u):$(id -g) $HOME/. kube/config
# kubectl apply -f kube-flannel. yml
```

```
Your Kubernetes control-plane has initialized successfully!

To start using your cluster, you need to run the following as a regular user:

  mkdir -p $HOME/.kube
  sudo cp -i /etc/kubernetes/admin.conf $HOME/.kube/config
  sudo chown $(id -u):$(id -g) $HOME/.kube/config

Alternatively, if you are the root user, you can run:

  export KUBECONFIG=/etc/kubernetes/admin.conf

You should now deploy a pod network to the cluster.
Run "kubectl apply -f [podnetwork].yaml" with one of the options listed at:
  https://kubernetes.io/docs/concepts/cluster-administration/addons/

Then you can join any number of worker nodes by running the following on each as root:

kubeadm join 192.168.200.7:6443 --token gich3c.xrs4tbi0z4chyvsq \
    --discovery-token-ca-cert-hash sha256:d480ddfd22bd8a3af7733c352a6f359fc457d2ab87f5404c80e0927a06b14293
[root@master ~]#
```

图 3-12   在节点 master 上启动集群

5）在节点 node1 和节点 node2 上根据图 3-12 所示内容加入集群，命令如下：

```
# kubeadm join 192. 168. 200. 7:6443 --token gich3c. xrs4tbi0z4chyvsq \
    --discovery-token-ca-cert-hash sha256:d480ddfd22bd8a3af7733c352a6f359fc457d2ab
87f5404c80e0927a06b14293
```

其中，192. 168. 200. 7 为节点 master 的 IP 地址，--token 和--discovery-token-ca-cert-hash 为该集群的令牌信息和密钥信息，是节点 node1 和节点 node2 加入集群的凭证。

6）然后就可以在节点 master 上通过 kubectl 命令管理集群，比如查看节点信息，命令如下：

```
# kubectl get nodes -o wide
```

结果如图 3-13 所示。

```
[root@master ~]# kubectl get node -o wide
NAME     STATUS   ROLES                AGE     VERSION   INTERNAL-IP      EXTERNAL-IP
master   Ready    control-plane,master 5m58s   v1.20.0   192.168.200.7    <none>
node1    Ready    <none>               71s     v1.20.0   192.168.200.11   <none>
node2    Ready    <none>               66s     v1.20.0   192.168.200.12   <none>
[root@master ~]#
```

图 3-13   在节点 master 上查看集群节点信息

3.2.4   边云协同系统部署方式

基于云服务器系统部署，进行边云协同系统部署。以图 3-3 中的边缘云层和云中心层为例，边云协同系统部署的核心任务在于在边缘云层进行 MEC 服务器系统部署和在云中心层进行云服务器系统部署。

从场景需求上看，边缘和云端有很多相似之处，例如：

1）边缘和云端均有管理本地资源、服务、应用的需求，边云协同意味着云端同时还有管理边缘资源、服务、应用的需求。

2）边缘和云端在应用开发或者部署上均有微服务化和容器化的需求。

3）边缘和云端均有标准 API 和工具链方面的需求。

4）边缘和云端均有数据安全和认证授权方面的需求。

因此，边云协同解决方案的核心在于将云端的现有架构向边缘延伸。

1. Kubernetes 向边缘延伸

通过前面的学习可知，在物理资源虚拟化和虚拟机操作系统部署的基础上，基于 Docker + Kubernetes 的容器集群解决方案已经成为云端的主流方案。Kubernetes 在云端的部署如图 3-14 所示。

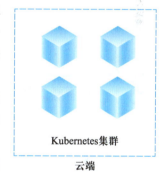

图 3-14　Kubernetes 在云端的部署

Kubernetes 已经成为云原生的标准之一，但是它毕竟是为云端设计的，直接将其向边缘延伸会存在以下问题：

1）ARM 架构因其低功耗、高能效、多核等特点，在边缘应用非常广泛，但是大部分 Kubernetes 发行版不支持 ARM 架构。

2）边缘通常资源有限，特别是 CPU 资源有限，难以部署完整的 Kubernetes。

3）Kubernetes 非常依赖 list/watch 机制，不支持离线运行，但是离线运行对于边缘而言是一种常态，比如设备重启或者休眠。

4）Kubernetes 的运维对于边缘应用场景而言过于复杂。

5）网络通信问题，比如工业设备基于非 TCP/IP 协议簇进行网络接入。

6）设备多租问题，比如互不信任的用户对安全隔离提出高度要求。

基于上述问题，在 Kubernetes 的基础上进行了针对边缘应用场景的拓展和修改。Kubernetes 包含众多组件，如图 3-11 所示，既有运行在 Master 节点上的管理面组件，也有负责 Node 节点代理的 Agent 组件。Kubernetes IoT/Edge WG 组织进行的一个调查结果显示，关于如何在边缘应用场景中使用 Kubernetes：70%的用户希望在云端部署 Kubernetes 的管理面，仅在边缘部署 Kubernetes 的 Agent；30%的用户希望在边缘部署完整的 Kubernetes，包括管理面和 Agent。

上述结果也显示了 Kubernetes 向边缘延伸的两个发展方向。基于这两个发展方向，有 KubeEdge 和 K3S 两个开源项目。基于这两个开源项目，可以进行不同需求下的边缘系统部署和云端系统部署，即进行边云协同系统部署。

笔记

2. KubeEdge

KubeEdge 是华为捐献给 CNCF 的第一个开源项目，也是全球首个基于 Kubernetes 扩展并且提供边云协同能力的开放式边缘计算平台。KubeEdge 的名字源于 Kube + Edge，旨在依托 Kubernetes 对容器集群的调度能力和编排能力实现边云协同、计算下沉、海量接入等功能。

如图 3-15 所示，KubeEdge 是一个从云端到边缘再到设备的完整的边缘计算平台。在 Kubernetes 的基础上，KubeEdge 结构上有如下要点：

1）在云端部署 Edge Controller，提供 Kubernetes API Server 和边缘之间的状态同步。

2）在云端部署 CloudHub，接收 EdgeHub 同步到云端的信息。

3）在边缘部署 EdgeHub，提供多路复用的消息通道和可靠高效的云边同步。

笔记

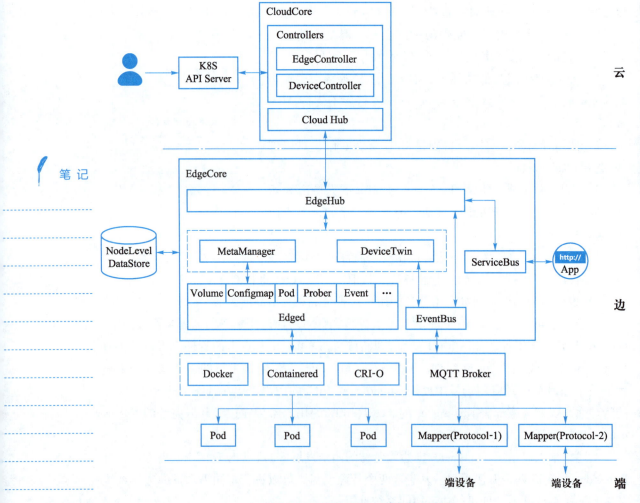

图 3-15　KubeEdge 工作架构示意图

4）在边缘部署 Edged，相当于轻量化的 Kubernetes Kubelet，提供 Node、Pod、Volume 等 Kubernetes 资源对象的全生命周期管理。

5）在边缘部署 MetaManager，提供元数据存储，是边缘自治的关键。

6）在边缘部署 DeviceTwin，提供设备抽象化，并在云端生成映射。

7）在边缘部署 EventBus，提供来自 MQTT Broker 的设备数据订阅。

3. K3S

微课 3-5
边缘计算——
K3S 项目

K3S 是 Rancher 开源的一个自己剪裁的 Kubernetes 发行版。K3S 的名字源于 K8S-5，其中的"-5"表示 K3S 比 Kubernetes 更轻量，旨在更好适配 ARM、持续集成与持续交付、边缘计算、物联网、测试等场景。

如图 3-16 所示，K3S 仅运行在边缘，就像 Kubernetes 仅运行在云端一样。在 Kubernetes 的基础上，K3S 结构有如下要点：

1）删除旧的、非必要的代码。K3S 不包含任何过时的、Alpha 版的、非默认的 Kubernetes 功能，还删除了所有非默认的 Admission Controller，以及 in-tree 的 Cloud Provider 和存储插件。

2）整合打包进程，将 Kubernetes 中管理面和数据面以多进程形式运行的多个进程合并为一个。

3）使用 Containerd 代替 Docker 作为容器运行时。

4）使用 SQLite 代替 ETCD 作为管理面数据存储。

5）使用 SQLite 实现 list/watch 接口，即为 Tunnel Proxy。

6）增加一个简单的安装程序。

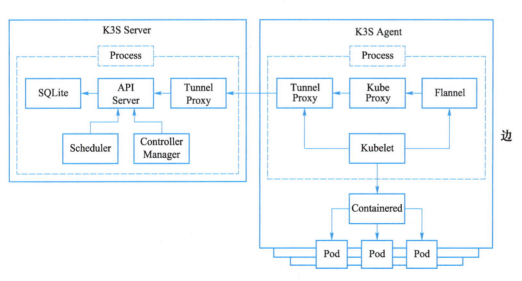

图 3-16　K3S 工作架构示意图

笔记

笔记　　　**4. KubeEdge 与 K3S 对比**

如图 3-17（a）所示，KubeEdge 将 Kubernetes 的管理面部署在云端，将 Kubernetes 的 Agent 部署在边缘，边缘属于去中心化结构，与云端结合为一个完整的 Kubernetes 集群，可以实现边云协同；如图 3-17（b）所示，K3S 将 Kubernetes 的管理面和 Agent 全部部署在边缘，边缘就是一个完整的 Kubernetes 集群，本身不属于去中心化结构，也不具有边云协同能力，需要额外组件协助管理，但该组件 Rancher 并未开源。

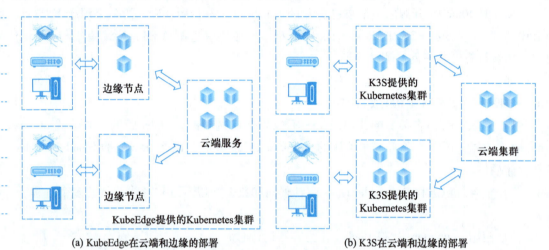

(a) KubeEdge 在云端和边缘的部署　　　　　　　(b) K3S 在云端和边缘的部署

图 3-17　KubeEdge 和 K3S 在云端和边缘的部署对比

接下来，从边云协同、设备管理、边缘节点离线自治、轻量化、规模化等方面，对 KubeEdge 和 K3S 进行深入对比。

（1）边云协同

① KubeEdge 基于 Kubernetes 标准 API 提供用户在云端对边缘节点、设备、负载的增删改查，边缘的系统升级和应用更新都可以从云端下发，有效提升边缘的运维效率；② KubeEdge 使用的多路复用消息通道相比 Kubernetes 使用的 list/watch 机制而言具有更好的扩展性，允许海量接入。

K3S 本身不具有边云协同能力，需要额外组件协助管理，但该组件 Rancher 并未开源。

（2）设备管理

① KubeEdge 提供可插拔式的设备统一管理框架，允许用户在框架上根据不同协议开发设备的接入驱动，当前已支持的协议有 MQTT、BlueTooth、OPC UA、Modbus 等；② KubeEdge 提供设备抽象化并在云端生成映射；③ KubeEdge 基于 Kubernetes Kubectl 提供用户在云端对设备以 Kubernetes 资源对象形式的管理。

K3S 本身不具有设备管理能力。

（3）边缘节点离线自治

KubeEdge 基于消息总线和元数据存储提供边缘节点离线自治能力。用户期望的管理面配置和设备实时状态更新都通过消息总线同步到本地存储，使得边缘节点在离线情况下就算重启也不会丢失管理元数据，并且保持对本地的自治能力。

K3S 本身不具有边缘节点离线自治能力。

（4）轻量化

为了将 Kubernetes 向边缘延伸，KubeEdge 和 K3S 都进行了 Kubernetes 的轻量化。不同的是：KubeEdge 完整保留了 Kubernetes 的管理面，重新开发了 Kubernetes 的 Agent，而 K3S 对 Kubernetes 的管理面和 Agent 都做了减法；KubeEdge 将 Kubernetes 的管理面部署在云端，将重新开发的 Agent 部署在边缘，而 K3S 将删减以后的管理面和 Agent 全部部署在边缘。

根据华为云社区开发者在测试机上的实验可知：在二进制文件大小上，KubeEdge Agent 的二进制文件大小为 62 MB，K3S 的二进制文件大小为 36 MB。

在部署相同应用的 CPU 使用量和内存使用量上，KubeEdge Agent 小于 K3S Agent 小于 K3S Server。

（5）规模化

KubeEdge 使用的多路复用消息通道相比 Kubernetes 使用的 list/watch 机制而言，可以将 Kubernetes 支持的节点规模从 1 000 左右拓展到 5 000 以上。

由于 K3S 协助管理的额外组件并未开源，目前无法对 K3S 中支持的节点规模进行测试。

任务 3.3　边云协同平台部署

PPT：任务 3.3 边云协同平台 部署

通过对任务 3.1 的学习可知，边云协同包括资源协同、服务协同、应用协同等方面的全面协同。所以接下来基于任务 3.2 里面的边云协同系统部署进行边云协同平台部署，给出完整的边云协同解决方案。

3.3.1　边云协同整体架构

从部署模式上看，图 3-3 包含两级边缘节点——边缘网关层和边缘云层，均部署在靠近终端设备的地方。边缘网关层部署在工业现场，是第一级边缘节点，在传统路由转发功能的基础上对海量数据进行初步处理，降低海量数据造成的网络压力和计算压力。边缘云层部署在 5G 网络基础设施架构中，是第二级边缘节点，对边缘网关初步处理后的数据进行智能分析，结果通过边缘网关反馈给终端设备，保证对终端设备精准控制的时延要求。

✒ 笔记

在此基础上进行云中心层部署，有公有云部署和私有云部署两种不同的方案。小型企业考虑经济成本问题，通常从阿里云、腾讯云、华为云等云计算供应商处租用公有云资源部署云中心层。但具有一定经济实力的大中型企业从数据安全和个性化定制等角度出发，也会选择在企业内部构建专供员工使用的私有云系统。

云中心层部署方案选定以后，基于边云协同系统部署进行边云协同平台部署，整体架构如图 3-18 所示。

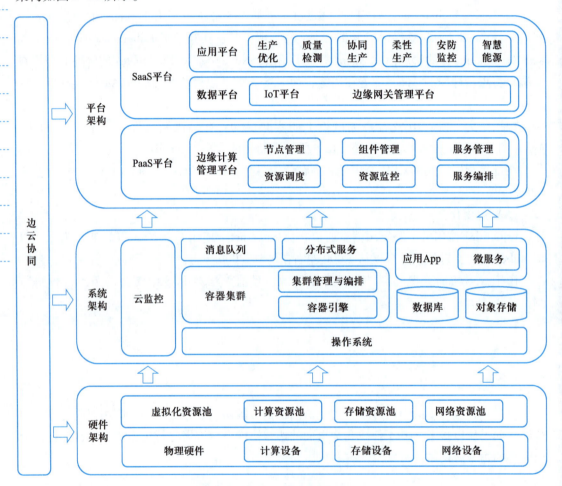

图 3-18   边云协同整体架构示意图

从服务模式的角度看：该架框提供 SaaS 和 PaaS 两种不同类型的服务。SaaS 类型的服务将应用平台里的众多应用以云端软件的形式提供给企业中包括产线员工、工程师、产品人员、销售人员、部门经理等在内的各类人员使用，在这种模式下，企业员工在企业内部可以通过多种终端灵活接入云端应用，而且实时同步云端应用的迭代升级，不必进行本地更新。PaaS 类型的服务主要提供给企业中的开发人员使用，可以让企业中的开发人员通过可视化界面灵活快速地实现对容器集群的节点管理、组件管理、服务管理、服务编排、资源调度、资源监控，实现对 SaaS 平台中各种应用的快速部署和全生命周期管理。

从硬件架构的角度看：该架框以虚拟化技术为支撑，将物理硬件虚拟化成资源池的形式，通过资源池的形式屏蔽物理硬件的复杂性，实现上层应用和下层资源的解耦合，实现物理资源的充分利用。在这种形式下，资源池上的虚拟机成为图 3-18 所示系统架构的新的载体。

从系统架构的角度看：该架框以容器技术和集群技术为支撑，通过容器技术为服务运行提供轻量级的隔离环境，通过集群技术对容器服务进行调度编排、实现容器服务的横向扩展和动态部署。在这种形式下，虚拟机上的容器集群成为图 3-18 所示平台架构的新的依托。

从平台架构的角度看：该架框通过"平台+应用"的架构体系为企业提供各类业务服务，整体架构基于微服务理念，采用高内聚、低耦合、易于扩展、服务化的设计原则，构建百花齐放的触点应用，灵活快速支撑多端业务迭代创新。

从数据接入的角度看：该架框将 SaaS 平台细分为数据平台和应用平台，数据平台部署一个物联网平台，即 IoT 平台，南向接收边缘网关初步处理后的数据，北向为应用平台里各项应用提供支撑。

从落地实践的角度看：某企业根据实际需要设计了边缘计算管理平台和边缘网关管理平台两大平台。

1）边缘计算管理平台是架构中 PaaS 平台的一种落地形式，既可以部署在云中心层的云服务上，对多地边缘集群进行统一管理，也可以部署在边缘云层的管理节点上，对所属边缘集群进行本地管理。其作用既包括边缘集群的节点管理、组件管理、服务管理、服务编排、资源调度、资源监控，也包括 SaaS 平台中各种应用的快速部署和全生命周期管理。

2）边缘网关管理平台是架构中 IoT 平台的一种落地形式，部署在边缘集群的工作节点上。其作用是南向接收边缘网关初步处理后的数据，北向为应用平台里各项应用提供支撑，通过进一步开发部署，亦可实现边缘云层与边缘网关之间的资源协同、服务协同、应用协同，实现边缘云层与边缘网关之间的全面协同。

3.3.2　边缘计算管理平台部署案例

微课 3-6
部署边缘计算
管理平台

某企业根据实际需要在多地开设工厂，各工厂在园区内网部署边缘网关和 MEC 服务器两级边缘节点。以 MEC 集群为边缘集群，落地时基于 K3S 架构和 kube-virt 架构部署两种不同类型的集群。K3S 集群以容器为单位，在 MEC 集群中进行容器编排调度；kube-virt 集群以虚机为单位，在 MEC 集群中进行虚机编排调度。一方面，可以在边缘集群的工作节点上部署边缘网关管理平台，实现 MEC 集群与边缘网关的全面协同；另一方面，可以在边缘集群的管理节点上部署边缘计算管理平台，实现 MEC 集群的本地管理。进一步，该企业可以根据实际需求，在集团总部搭建云中心层，在云中心层部署边缘计算管

笔记

笔记

理平台，实现多工厂 MEC 集群的统一管理，如图 3-19 所示。

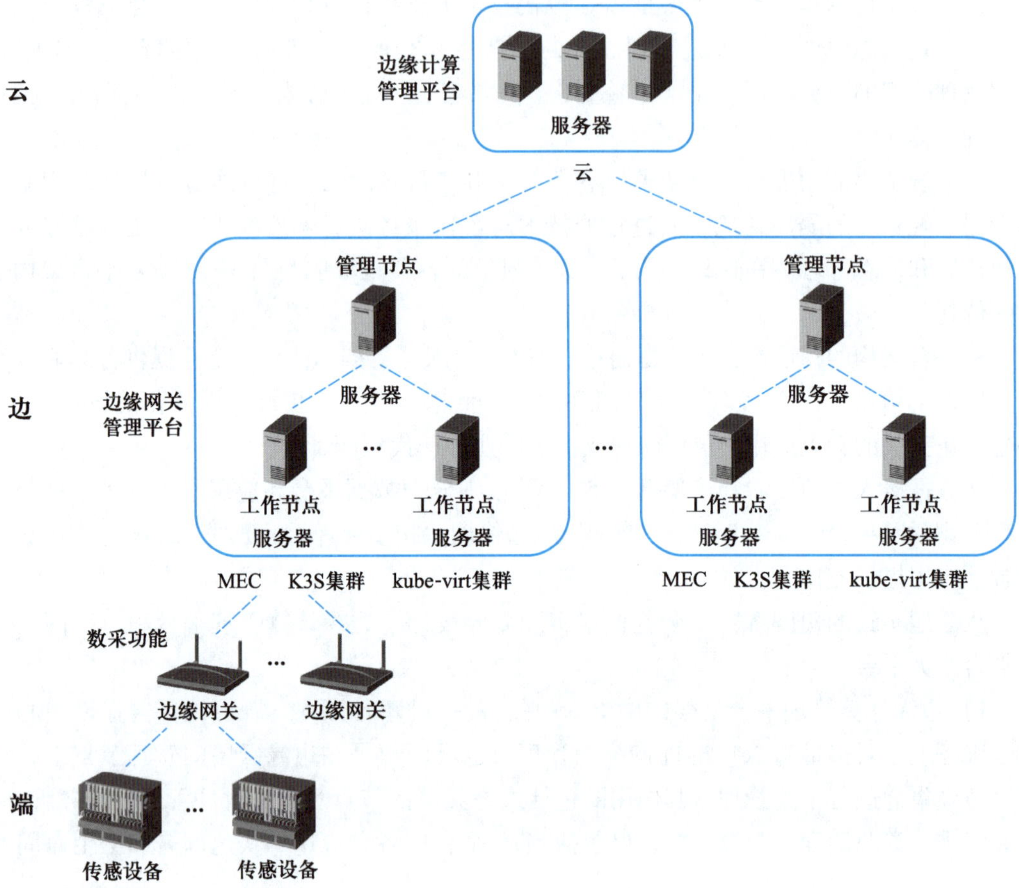

图 3-19   边云协同平台架构在企业中的应用示意图

接下来，在某台物理服务器上，通过该企业提供的精简版安装包，模拟边缘计算管理平台的部署过程和 MEC 集群的部署过程（以 K3S 集群为例）。部署完成以后，基于边缘计算管理平台实现 MEC 集群的统一管理（以 K3S 集群为例）。

1. 基础配置

（1）安装物理机操作系统

1）选择 CentOS 7 操作系统，假设 IP 地址为 10.180.77.129。

2）关闭物理机操作系统的防火墙、SELinux、swap 分区。

3）修改物理机操作系统的 yum 源，例如使用阿里云官网上面为 CentOS 7 操作系统提供的 yum 源。

（2）准备安装包

1）上传该企业提供的精简版安装包到该物理服务器，安装包名称为 k3s single.zip，如图 3-20 所示。

```
[root@localhost ~]# ll
total 5072156
-rw-------. 1 root root       1821 Apr 11 10:49 anaconda-ks.cfg
-rw-r--r--. 1 root root 5193881158 Apr 11 10:57 k3s single.zip
```

图 3-20　安装包

2）解压缩安装包，因为压缩包是 zip 格式，所以需要先下载 unzip 工具再解压。命令如下：

```
# yum install -y unzip
# export UNZIP_DISABLE_ZIPBOMB_DETECTION=TRUE
# unzip k3s\ single.zip
```

3）进入解压后的目录，命令如下：

```
# cd k3s\ single
```

4）查看解压后的文件，如图 3-21 所示，包括 cuda-deploy 目录、platform-deploy 目录和 node-deploy 目录 3 个子目录。其中，cuda-deploy 目录中的文件用于安装显卡驱动，没有的话可以跳过这个步骤；platform-deploy 目录中的文件用于安装边缘计算管理平台；node-deploy 目录中的文件用于安装 MEC 集群（以 K3S 集群为例）。

```
[root@localhost k3s single]# ll
total 4
drwxr-xr-x 2 root root  94 Nov 15  2021 cuda-deploy
drwxr-xr-x 3 root root 267 Mar 17  2022 node-deploy
drwxr-xr-x 3 root root 221 Dec 25  2021 platform-deploy
-rw-r--r-- 1 root root 735 Jan 21  2022 部署文档
```

图 3-21　解压后的文件

笔记

5）将解压后的文件移动到 root 用户的家目录下，命令如下：

```
# mv ./* ..
```

6）回到 root 用户的家目录，命令如下：

```
# cd ..
```

2. 安装边缘计算管理平台

（1）安装说明

1）将边缘计算管理平台安装到该物理服务器上。

2）将 Harbor 仓库也安装到该物理服务器上。

（2）进入安装路径

1）进入 platform-deploy 目录，命令如下：

```
# cd platform-deploy/
```

2）查看 platform-deploy 目录下的文件，如图 3-22 所示。

笔记

```
[root@localhost platform-deploy]# ll
total 705580
-rw-r--r-- 1 root root       450 Jan 22  2021 daemon.json
-rwxr-xr-x 1 root root  26021888 Nov 10  2021 docker-compose
-rw-r--r-- 1 root root      1601 Dec 31  2021 docker-compose.yml
-rw-r--r-- 1 root root  98623813 Aug 12  2021 docker.tgz
-rwxr-xr-x 1 root root       259 Nov 11  2021 entrypoint.sh
-rw-r--r-- 1 root root     35107 Aug 13  2021 flexedge-ecp.sql
-rwxr-xr-x 1 root root      2538 Dec 27  2021 harbor.sh
-rw-r--r-- 1 root root 597803524 Nov 11  2021 harbor.tgz
drwxr-xr-x 2 root root        50 Jan  6  2022 images
-rwxr-xr-x 1 root root      1415 Nov 11  2021 platform.sh
```

图 3-22 platform-deploy 目录下的文件

（3）执行安装操作

1）执行 harbor. sh 脚本，命令如下：

```
# sh harbor. sh 10. 180. 77. 129
```

注：后面跟的 IP 地址为 Harbor 仓库的 IP 地址，也就是该物理服务器的 IP 地址。

2）执行 platform. sh 脚本，命令如下：

```
# sh platform. sh 10. 180. 77. 129
```

注：后面跟的 IP 地址为边缘计算管理平台的 IP 地址，也就是该物理服务器的 IP 地址。

（4）查看

1）通过 docker ps 命令查看该物理服务器上运行的容器，如图 3-23 所示。

```
CONTAINER ID   IMAGE                                           COMMAND                  CREATED          STATUS
      PORTS                                        NAMES
27e53623c100   reg.harbor.com:8888/library/ecp-alarm:1.0       "docker-entrypoint.sh"   15 seconds ago   Up 8 seconds
                                                   alarm
5c69f6cb9b3e   reg.harbor.com:8888/library/ecp-platform:1.0    "docker-entrypoint.sh"   15 seconds ago   Up 13 seconds
                                                   platform
3aeaf688568c   reg.harbor.com:8888/library/redis:6.2.6         "docker-entrypoint.s…"   15 seconds ago   Up 14 seconds
      127.0.0.1:6379->6379/tcp                     redis
7d94adaef335   reg.harbor.com:8888/library/ecp-message:1.0     "docker-entrypoint.sh"   15 seconds ago   Up 14 seconds
                                                   message
9ba1112b6c95   reg.harbor.com:8888/library/mysql:5.7.36        "docker-entrypoint.s…"   15 seconds ago   Up 14 seconds
      0.0.0.0:3306->3306/tcp, 33060/tcp            mysql
54a5a949bcfc   reg.harbor.com:8888/library/wssh:1.5.3          "docker-entrypoint.sh"   15 seconds ago   Up 14 seconds
      0.0.0.0:49999->49999/tcp                     wssh
dcbd3d2151c0   goharbor/nginx-photon:v1.10.9                   "nginx -g 'daemon of…"   7 minutes ago    Up 7 minutes (
healthy)   0.0.0.0:8888->8080/tcp                  harbor-nginx
a832697f9b52   goharbor/harbor-jobservice:v1.10.9              "/harbor/harbor_jobs…"   7 minutes ago    Up 7 minutes (
healthy)                                           harbor-jobservice
3c44396f668a   goharbor/harbor-core:v1.10.9                    "/harbor/harbor_core"    7 minutes ago    Up 7 minutes (
healthy)                                           harbor-core
492ea7b883cd   goharbor/harbor-db:v1.10.9                      "/docker-entrypoint.…"   7 minutes ago    Up 7 minutes (
healthy)   5432/tcp                                harbor-db
84e49c7ca698   goharbor/redis-photon:v1.10.9                   "redis-server /etc/r…"   7 minutes ago    Up 7 minutes (
healthy)   6379/tcp                                harbor-redis
9a7598eaa92b   goharbor/registry-photon:v1.10.9                "/home/harbor/entryp…"   7 minutes ago    Up 7 minutes (
healthy)   5000/tcp                                harbor-registry
52eafc15bc97   goharbor/harbor-registryctl:v1.10.9             "/home/harbor/start.…"   7 minutes ago    Up 7 minutes (
healthy)                                           harbor-registryctl
fb88e69b16a6   goharbor/harbor-portal:v1.10.9                  "nginx -g 'daemon of…"   7 minutes ago    Up 7 minutes (
healthy)   8080/tcp                                harbor-portal
9d65097b68b6   goharbor/harbor-log:v1.10.9                     "/bin/sh -c /usr/loc…"   7 minutes ago    Up 7 minutes (
healthy)   127.0.0.1:1514->10514/tcp               harbor-log
```

图 3-23 查看该物理服务器上运行的容器

2）通过浏览器登录 Harbor 仓库，地址为 https://10. 180. 77. 129:8888，如图 3-24 所示。

图 3-24 Harbor 仓库登录界面

登录后默认进入项目管理界面，如图 3-25 所示。

图 3-25 项目管理界面

3）通过浏览器登录边缘计算管理平台，地址为 https://10.180.77.129:20000/ecp/，如图 3-26 所示。

登录后默认进入"MEC 管理"界面，如图 3-27 所示。

4）回到 root 用户的家目录，命令如下：

```
# cd ..
```

笔 记

图 3-26　边缘计算管理平台登录界面

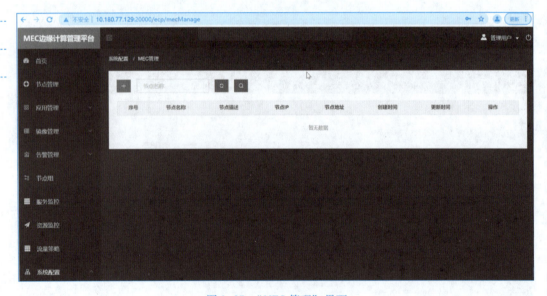

图 3-27　"MEC 管理"界面

微课 3-7
基于边缘计算
管理平台添加
MEC 集群

3. 安装 MEC 集群（以 K3S 集群为例）

（1）安装说明

1）将 K3S 集群管理节点安装到该物理服务器上。

2）该 K3S 集群管理节点同时具有 K3S 集群工作节点的功能。

（2）进入安装路径

1）进入 node-deploy 目录，命令如下：

cd node-deploy/

2）查看 node-deploy 目录下的文件，如图 3-28 所示。

```
[root@localhost node-deploy]# ll
total 93096
-rw-r--r-- 1 root root        20 Jan 20  2021 containerd.conf
-rwxr-xr-x 1 root root       184 Apr 20  2021 del-namespace.sh
-rwxr-xr-x 1 root root      3596 Mar 26  2022 deploy.sh
-rwxr-xr-x 1 root root        56 Nov 13  2021 exec-pod.sh
-rwxr-xr-x 1 root root       144 Apr 20  2021 get-token.sh
-rwxr-xr-x 1 root root  45694976 Nov 10  2021 helm
-rwxr-xr-x 1 root root     27318 Nov 10  2021 install.sh
-rwxr-xr-x 1 root root  46358528 Mar 17  2022 k3s
-rw-r--r-- 1 root root       119 Jan 20  2021 k3s.conf
-rwxr-xr-x 1 root root        52 Nov 13  2021 list-pod.sh
-rwxr-xr-x 1 root root        58 Nov 13  2021 logs-pod.sh
-rw-r--r-- 1 root root   1406385 Nov 10  2021 nfs.tgz
-rw-r--r-- 1 root root   1803850 Nov 10  2021 nvidia.tgz
drwxr-xr-x 2 root root       274 Mar 26  2022 yamls
```

图 3-28　node-deploy 目录下的文件

3）进入 yamls 目录，命令如下：

cd yamls/

4）查看 yamls 目录下的文件，如图 3-29 所示。

```
[root@localhost yamls]# ll
total 276
-rw-r--r-- 1 root root 217729 Nov 13  2021 calico.yaml
-rw-r--r-- 1 root root   1418 Mar 25  2022 clickhouse.yaml
-rw-r--r-- 1 root root    857 Nov 10  2021 emqx.yaml
-rw-r--r-- 1 root root  18221 Nov 13  2021 ingress-nginx.yaml
-rw-r--r-- 1 root root   7524 Nov 10  2021 kubernetes-dashboard.yaml
-rw-r--r-- 1 root root   4151 Nov 10  2021 metrics-server.yaml
-rw-r--r-- 1 root root   1490 Mar 25  2022 mysql.yaml
-rw-r--r-- 1 root root   2919 Jan 22  2022 nfs-subdir-external-provisioner.yaml
-rw-r--r-- 1 root root   1173 Mar 25  2022 redis.yaml
-rw-r--r-- 1 root root     89 Nov 10  2021 runtime-class.yaml
```

图 3-29　yamls 目录下的文件

笔 记

5）修改 calico.yaml 文件，将 interface 修改为该物理服务器的网卡前缀，如图 3-30 所示。

```
# IP automatic detection
- name: IP_AUTODETECTION_METHOD
  value: "interface=eno.*"
```

图 3-30　修改 interface

注：该物理服务器的网卡前缀可以通过 ip a show|more 命令查看，结果如图 3-31 所示。

```
3: eno2: <BROADCAST,MULTICAST,UP,LOWER_UP> mtu 1500 qdisc mq state UP group default qlen 1000
    link/ether 74:ea:cb:75:f5:47 brd ff:ff:ff:ff:ff:ff
    inet 10.180.77.129/24 brd 10.180.77.255 scope global noprefixroute eno2
       valid_lft forever preferred_lft forever
    inet6 fe80::b78:5422:b6e:be5a/64 scope link noprefixroute
       valid_lft forever preferred_lft forever
```

图 3-31　查看网卡前缀

笔 记

6）回到 node-deploy 目录，命令如下：

```
# cd ..
```

（3）执行安装操作

1）执行 deploy. sh 脚本，命令如下：

```
# HARBOR_ADDRESS=10. 180. 77. 129 source deploy. sh 01
```

注：前面的 IP 地址为 Harbor 仓库的 IP 地址，也就是该物理服务器的 IP 地址；后面的 01 表示现在安装的是 K3S 集群管理节点，该节点同时具有 K3S 集群工作节点的功能。

2）执行 yamls 目录下的所有 yaml 文件，命令如下：

```
# for line in ‘ls yamls’; do kubectl apply -f yamls/$line; sleep 10; done
```

（4）查看

1）通过 kubectl get pods -A 命令查看该物理服务器上运行的 pod，如图 3-32 所示。

```
[root@localhost node-deploy]# kubectl get pods -A
NAMESPACE              NAME                                        READY   STATUS      RESTARTS   AGE
kube-system            calico-node-g6rw2                           1/1     Running     0          5m1s
kubernetes-dashboard   dashboard-metrics-scraper-5b8896d7fc-4jzwq  1/1     Running     0          5m2s
kube-system            coredns-6488c6fcc6-jlcg7                    1/1     Running     0          5m2s
ingress-nginx          ingress-nginx-admission-create-qphgj        0/1     Completed   0          5m2s
ingress-nginx          ingress-nginx-admission-patch-cz4mt         0/1     Completed   0          5m2s
system-app             nfs-client-provisioner-fcfd589d6-p4nww      1/1     Running     0          5m2s
kubernetes-dashboard   kubernetes-dashboard-7cff9f7b7c-6xk2r       1/1     Running     0          5m2s
kube-system            calico-kube-controllers-85c867d48-gsbdc     1/1     Running     0          5m2s
ingress-nginx          ingress-nginx-controller-6459c578fc-trcqn   1/1     Running     0          5m2s
kube-system            metrics-server-5965bd99-n7cwv               1/1     Running     0          5m2s
system-app             clickhouse-6cb69f5874-hqt54                 1/1     Running     0          107s
system-app             emqx-79f7485b8b-vfwl8                       1/1     Running     0          96s
system-app             mysql-989c8c955-q8kq7                       1/1     Running     0          55s
system-app             redis-6f74c97b79-fcpwl                      1/1     Running     0          34s
```

图 3-32 查看该物理服务器上运行的 Pod

2）通过 sh get-token. sh 命令查看 K3S 集群的 token，如图 3-33 所示。

```
[root@localhost node-deploy]# sh get-token.sh
Name:         admin-user-token-8sf2d
Namespace:    kubernetes-dashboard
Labels:       <none>
Annotations:  kubernetes.io/service-account.name: admin-user
              kubernetes.io/service-account.uid: 1f004640-f710-4798-b6eb-8f1490784bb6

Type:  kubernetes.io/service-account-token

Data
====
ca.crt:      574 bytes
namespace:   20 bytes
token:       eyJhbGciOiJSUzI1NiIsImtpZCI6IkVkM0NLaGxmY0NrTzNhQWl2RGg5X2ZMeHRCc3czSTNqekhkN09meEJCMEkifQ.
zL3NlcnZpY2VhY2NvdW50Iiwia3ViZXJuZXRlcy5pby9zZXJ2aWNlYWNjb3VudC9uYW1lc3BhY2UiOiJrdWJlcm5ldGVzLWRhc2hib2
W8vc2VydmljZWFjY291bnQvc2VjcmV0Lm5hbWUiOiJhZG1pbi11c2VyLXRva2VuLThzZjJkIiwia3ViZXJuZXRlcy5pby9zZXJ2aWNl
jY291bnQubmFtZSI6ImFkbWluLXVzZXIiLCJrdWJlcm5ldGVzLmlvL3NlcnZpY2VhY2NvdW50L3NlcnZpY2UtYWNjb3VudC51aWQiOi
TgtYjZlYi04ZjE0OTA3ODRiYjYiLCJzdWIiOiJzeXN0ZW06c2VydmljZWFjY291bnQ6a3ViZXJuZXRlcy1kYXNoYm9hcmQ6YWRtaW4t
-YICNDkvaHGLez0DxJ0pRB2SyYke_CqRNujSYzJeb8dqOmyjPMs2-D_VDL27YU8g_ixUqTaKdua0M-1gvINIJc91uhkjtpXW8gOcTzI
dI42kBsW_DJwMPnC4vjcN4jQ_cZ_FQmsBq9gV6wcVP0s84QlqkeEDIPTFUjKXdsgCspK2_zph7TTbhx64HGWq9wHs_Ga1fIUJzR_x_A
nXYuWqPdtzvvYckVmcwh50cU7QwJ-fdjGANPBG_uWxQexgEyHuAXKzzWCo_dntUFq826otGUthMQ
```

图 3-33 查看 K3S 集群的 token

3）回到 root 用户的家目录，命令如下：

```
# cd ..
```

4. 在边缘计算管理平台上添加 MEC 集群（以 K3S 集群为例）

（1）添加 K3S 集群管理节点

1）在图 3-27 所示的"MEC 管理"界面中，单击"添加"按钮，打开"新增 MEC"对话框，填写相应内容，如图 3-34 所示。

图 3-34　"新增 MEC"对话框

2）单击"确认"按钮新增 MEC 集群管理节点，如图 3-35 所示。

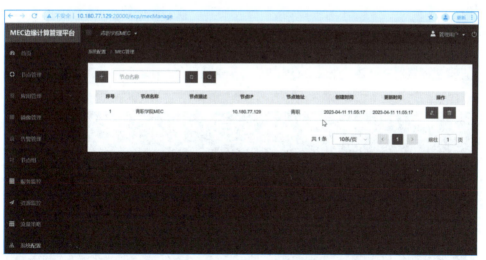

图 3-35　新增 MEC 集群管理节点

（2）查看 K3S 集群工作节点

进入"节点管理"界面，查看该 MEC 集群工作节点，因为该集群是一个单节点集群，管理节点同时具有工作节点的功能，因此结果如图 3-36 所示。

笔记

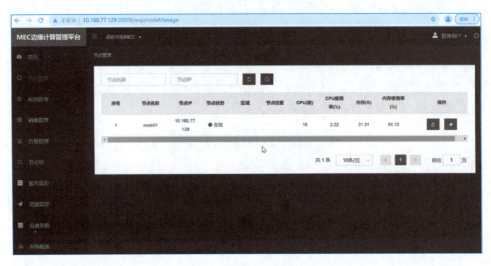

图 3-36　查看 MEC 集群工作节点

微课 3-8
基于边缘计算
管理平台部署
应用

笔记

3.3.3　基于边缘计算管理平台的应用部署案例

　　边缘计算管理平台部署完成以后，既可以进行边缘集群的节点管理、组件管理、服务管理、服务编排、资源调度、资源监控，也可以进行各种应用的快速部署和全生命周期管理。

　　接下来，登录某企业云中心层边缘计算管理平台，向该企业某工厂的 MEC 集群中部署应用。

1. 登录某企业云中心层边缘计算管理平台

1）通过浏览器登录某企业云中心层边缘计算管理平台，登录后首页界面如图 3-37 所示。

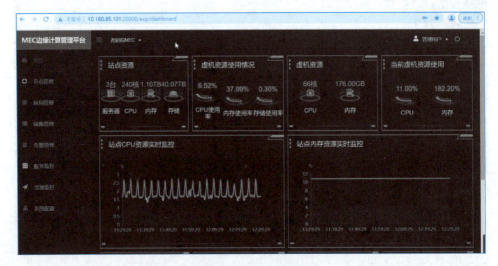

图 3-37　首页界面

2）选择"系统配置"→"MEC 管理"项，进入"MEC 管理"界面，查看所有 MEC 集群，如图 3-38 所示。

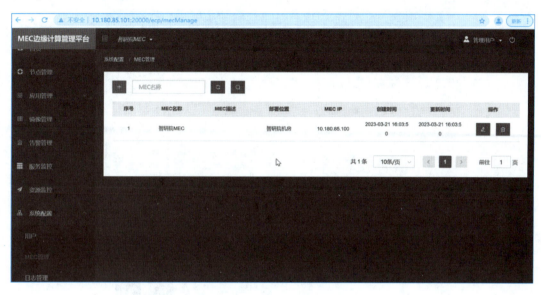

图 3-38　查看所有 MEC 集群

3）进入"节点管理"界面，查看选定 MEC 集群下的工作节点，如图 3-39 所示。

图 3-39　查看选定 MEC 集群下的工作节点

笔 记

2. 部署容器应用到 MEC 集群工作节点

（1）部署容器应用（以 nginx 为例）

1）选择"应用管理"→"容器应用管理"项，单击"添加"按钮，打开"部署容

笔 记

器"对话框,填写相应内容,其中"镜像地址"一栏选择相应的 nginx 及其标签,如图 3-40 所示。

图 3-40　"部署容器"对话框

2)填写完成后单击"部署"按钮,等待 1 分钟左右,容器部署完成,如图 3-41 所示。

图 3-41　部署容器完成

(2)访问 nginx 容器

根据容器 IP 地址,通过浏览器访问 nginx,如图 3-42 所示。

图 3-42　访问 nginx

3. 部署虚机应用到 MEC 集群工作节点

（1）部署虚机应用（以 CentOS 为例）

1）选择"应用管理"→"虚机应用管理"项，单击"添加"按钮，打开"部署虚机"对话框，填写相应内容，其中"系统版本"一栏选择 CentOS 及其版本，如图 3-43 所示。

图 3-43　"部署虚机"对话框

笔 记

笔 记

2）填写完成后单击"部署"按钮，等待 5 分钟左右，虚机部署完成，如图 3-44 所示。

图 3-44 部署虚机完成

（2）连接 CentOS 虚机

根据虚机 IP 地址，通过远程工具连接 CentOS，如图 3-45 所示。

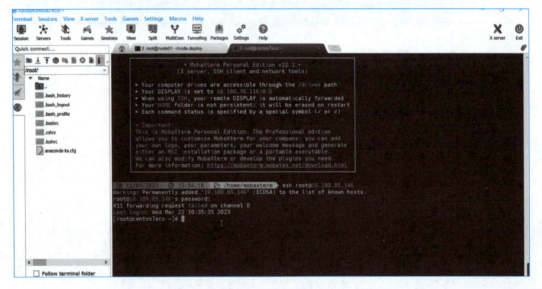

图 3-45 连接 CentOS

任务 3.4 系统高并发性与高可用性配置

通过对任务 3.2 和任务 3.3 的学习，已经可以进行完整的边云协同系统部署和平台部署。但在实际应用中，面对工业互联网对海量接入的需求和在实时性、稳定性、可靠性、安全性等方面的高度要求，系统高并发性与高可用性配置也是必须考虑的两个关键问题。所以接下来从负载均衡和容灾入手，学习如何进行系统高并发性与高可用性配置。

3.4.1 负载均衡

1. 负载均衡原理及技术

负载均衡（Load Balance，LB）是高并发和高可用中必不可少的关键组件，其目标是尽力将网络流量平均分配到多台服务器上，以减少单台服务器压力，提升系统整体性能。在负载均衡中，一般由多台服务器以对称方式组成一个服务器集合，每台服务器地位等价，都可以单独对外提供服务而不需要其他服务器的辅助。通过某种负载均衡技术，外部发来的请求可以平均分配到集合中的服务器上，如图 3-46 所示。

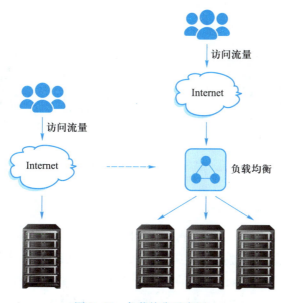

图 3-46 负载均衡示意图

负载均衡的主要作用如下：

1）高并发。负载均衡可以通过算法调整集群负载，尽力均匀分配集群中各节点的工

笔记

笔记

作量，以此提高集群高并发能力。

2）高可用。负载均衡可以监控集群中的候选节点，某节点不可用时将请求转发其他节点，以此提高集群高可用能力。

3）伸缩性。添加或减少服务器数量，然后由负载均衡进行分发控制，这使集群具备伸缩性。

4）安全防护。有些负载均衡硬件或软件提供了安全性功能，如黑白名单处理、防火墙、防 DDoS 攻击等。

从开放式系统互连（Open System Interconnect，OSI）参考模型的角度，可以将负载均衡分为四层负载均衡和七层负载均衡，此外还有 DNS 负载均衡。

（1）四层负载均衡

所谓四层负载均衡，是指负载均衡所在的网络层次位于 OSI 参考模型的第 4 层——传输层。四层负载均衡主要通过报文中的目的 IP 地址和端口，再加上负载均衡设备设置的服务器选择方式，决定最终选择的内部服务器。

以常见的 TCP 为例，负载均衡设备在接收到第一个来自客户端的 SYN 请求时，通过上述方式选择一个最佳的服务器，并对报文中的目的 IP 地址进行修改，改为所选服务器的 IP 地址，直接转发给所选服务器。TCP 连接（即三次握手）的建立，是客户端和服务器直接建立的，负载均衡设备只是完成类似路由器的转发动作。在某些情况下，为保证服务器回包可以正确返回给负载均衡设备，在转发报文的同时可能还会对报文原来的源地址进行修改，如图 3-47 所示。

图 3-47　以 TCP 为例的四层负载均衡示意图

（2）七层负载均衡

所谓七层负载均衡，是指负载均衡所在的网络层次位于 OSI 参考模型的第 7 层——应用层。七层负载均衡主要通过报文中真正有意义的应用层内容，再加上负载均衡设备设置的服务器选择方式，决定最终选择的内部服务器。

以常见的 TCP 为例，负载均衡设备如果要根据应用层内容选择服务器，只能在代理服务器和客户端建立 TCP 连接（即三次握手）之后，才可能接收到客户端发送的带有应用层内容的报文，然后再通过上述方式选择一个最佳的服务器。在这种情况下，负载均衡设备更类似于一个代理服务器，会分别与客户端和服务器建立 TCP 连接（即三次握手），如图 3-48 所示。

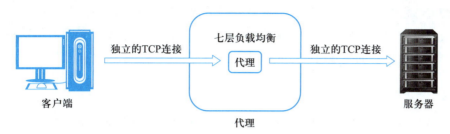

图 3-48　以 TCP 为例的七层负载均衡示意图

（3）DNS 负载均衡

DNS 负载均衡是重要的负载均衡方式，最早的负载均衡技术就是通过 DNS 来实现的。DNS 负载均衡是一种简单而有效的方法，但是它不能区分服务器的差异，也不能反映服务器的当前运行状态。

DNS 负载均衡技术的实现原理是在 DNS 服务器中为同一个主机名配置多个 IP 地址，在应答 DNS 查询时，针对每个查询，DNS 服务器将按 DNS 文件中主机记录的 IP 地址顺序返回不同的解析结果，将客户端的访问引导到不同的服务器上，使得不同的客户端访问不同的服务器，从而达到负载均衡的目的。

最简单的 DNS 负载均衡如图 3-49（a）所示，其将同一个网站对应多个 IP 地址，这些 IP 地址对应着不同的目标服务器，这样便能达到均分负载的效果。但这种方式有两个缺点：一是当目标服务器失效后，需要手工修改 A 记录；二是修改 A 记录后的生效时间较长。

域名	A记录
www.xyz.com	IP-1
	IP-2

域名	访问源	A记录	健康状态
www.xyz.com	地域A-IP	IP-1	正常
		IP-2	正常
	地域B-IP	IP-1	正常
		IP-2	正常

(a) 最简单的DNS负载均衡　　　　　(b) 全局DNS负载均衡

图 3-49　DNS 负载均衡示意图

笔 记

全局 DNS 负载均衡如图 3-49（b）所示，其中加入了访问源 IP 地址来标识访问源地域，以便能够根据该信息就近选择目标服务器进行内容推送。此外，全局 DNS 还加入了健康检查，以便能够实时检查目标服务器的健康状况，自动同步 A 记录。但这种方式仍然存在修改 A 记录后的生效时间较长的缺点。

2. 负载均衡器配置要点

以某负载均衡器为例，如图 3-50 所示，其配置要点主要包括以下内容：

图 3-50   负载均衡器

1）真实服务。目标服务器对外提供的服务称为真实服务，通过 IP 地址和端口号进行唯一标识，多个真实服务可以在一台或多台物理服务器上，负载均衡器将用户请求转发至真实服务时，会将目的 IP 地址和端口号改为真实服务的 IP 地址和端口号。

2）虚拟服务。负载均衡器对外提供的服务称为虚拟服务，负载均衡中用户请求服务的 IP 地址和端口号其实是虚拟服务的 IP 地址和端口号，用户请求到达虚拟服务后，负载均衡器将用户请求转发至真实服务。

3）真实服务组。功能相同的真实服务的集合，负载均衡器的虚拟服务与真实服务组相关联，在真实服务组中执行调度算法、转发用户请求。

4）健康监测。负载均衡器可定期向目标服务器发送健康监测报文，根据目标服务器的回应判断当前真实服务是否可用。

5）调度算法。用户请求到达虚拟服务后，负载均衡器关联真实服务组，在真实服务组中执行调度算法，根据结果将用户请求转发至真实服务。

6）会话保持。有些用户请求可能要求一个客户端发起的所有连接均由同一台目标服务器关联处理，因此需要配置会话保持。

此外，负载均衡器本身也可进行主备配置，以免某负载均衡器故障导致所有使用虚拟服务的用户请求均不可达。

3.4.2   容灾

前面配置的负载均衡是高并发和高可用中必不可少的关键组件。其中，高可用性（High Availability，HA）是反应云计算服务质量和等级的重要标准。除了对前端请求进行负载均衡以外，高可用性设计还应涵盖包括应用系统和存储系统在内的整个后端系统，核心思路有以下两点。

1）冗余备用机制：无论软件层还是硬件层，都要避免单点故障。

2）故障恢复机制：主节点故障时自动切换，备节点接管故障点。

对于大多云计算提供商而言，容灾系统是保障服务高可用性的关键方案。以阿里云平台为例，该平台在地理位置上有两级概念：地域和可用区。其中，地域通常按照阿里云数据中心所在城市进行划分，而可用区是指在同一地域内电力和网络互相独立的物理区域。从这两级概念和容灾等级出发，阿里云平台提供了以下 3 种不同等级的容灾机制：

1）普通容灾。对于一般企业而言，如果业务没有特殊需求，可在同一可用区甚至同一机房部署容灾业务，前端请求通过负载均衡分流到应用集群当中，数据存储采用主从备份形式，且独立于应用集群，如图 3-51 所示。

2）同城容灾。有些业务对容灾有比较高的要求，为了避免机房断电、起火等故障，需要采用同城容灾方案，在同一地域不同可用区对原有系统进行备份，从而在故障发生时可以通过前端 DNS 实现秒级切换，如图 3-52 所示。

3）同城+异地容灾。有些业务对容灾有非常高的要求，如为了避免地震等大型灾难，需要在同城容灾方案的基础上增加异地容灾，在不同地域也对原有系统进行备份，这样故障发生时可以通过前端 DNS 实现秒级切换，如图 3-53 所示。

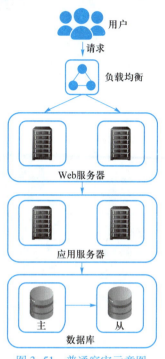

图 3-51　普通容灾示意图

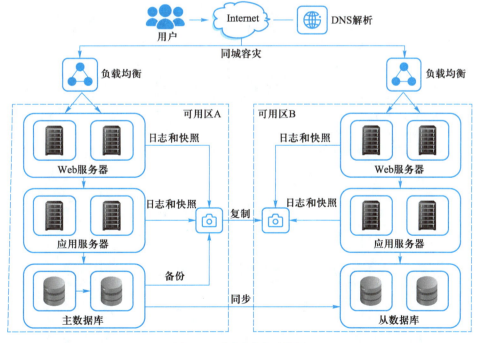

图 3-52　同城容灾示意图

笔 记

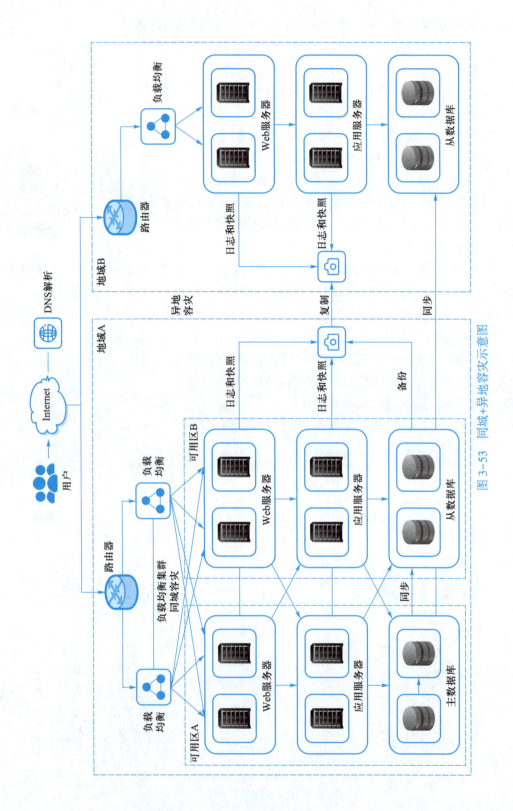

图 3-53　同城+异地容灾示意图

3.4.3　Kubernetes 的负载均衡与容灾

通过对任务 3.2 的学习可知，基于 Docker + Kubernetes 的容器集群解决方案已经成为云端的主流方案，以 Kubernetes 为基础的 KubeEdge 和 K3S 也为 Kubernetes 间边缘延伸提供了解决方案。

以 Kubernetes 为例，如图 3-11 所示，Kubernetes 提供的集群架构中包括节点集群和应用集群两层，节点集群由 Master 节点和 Node 节点组成，应用集群由 Master 节点以 Pod 对象形式跨节点部署并管理。对于 Node 节点和 Pod 对象而言，Kubernetes 具有天然的负载均衡能力和容灾能力。但是 Kubernetes 的 Master 节点默认只有一个，该节点承载集群的所有操作，一旦发生故障就会导致整个集群处于不可控状态。所以在实际应用中，必须对 Kubernetes 的 Master 节点进行负载均衡配置和容灾配置。HAProxy 技术与 KeepAlived 技术的结合是解决该问题的一种主流配置方法。

1. HAProxy 与 KeepAlived

（1）HAProxy

HAProxy 技术是一种实现多节点负载设备的负载均衡的软件技术。如图 3-54 所示，HAProxy 部署在当图 3-50 所示负载均衡设备的负载均衡节点上，收到用户请求的 IP 地址以后基于内部调度算法向提供真实服务的节点 1、节点 2 及节点 3 进行转发。

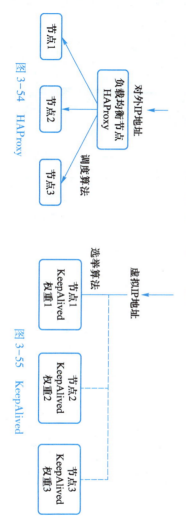

图 3-54　HAProxy

（2）KeepAlived

KeepAlived 技术是一种实现多节点负载容灾的软件技术。如图 3-55 所示，KeepAlived 部署在互为主备的节点 1、节点 2 及节点 3 上，提供一个额外的虚拟 IP 地址作为用户请求的 IP 地址。节点 1、节点 2 及节点 3 基于预设好的权重和内部选举算法进行主节点的选举，选举出主节点作为虚拟 IP 地址的承载节点。若主节点故障，则在备节点间重新进行主节点的选举，选举出新的主节点作为虚拟 IP 地址的承载节点，即虚拟 IP 地址可以在不间断业务的情况下自动由故障节点漂移到新的主节点上。

图 3-55　KeepAlived

笔记

2. Master 节点配置

以 3.2.3 中部署的 Kubernetes 集群为例，该集群是一个 3 节点集群，由一个 Master 节点和两个 Node 节点组成：Master 节点的主机名为 master，IP 地址为 192.168.200.7；Node 节点的主机名为 node1 和 node2，IP 地址为 192.168.200.11 和 192.168.200.12。

在此基础上，新增两个 Master 节点的备用节点，主机名为 backup1 和 backup2，IP 地址为 192.168.200.8 和 192.168.200.9。由节点 master、backup1 和 backup2 组成新的 Master 集群，虚拟 IP 地址设置为 192.168.200.10。具体配置步骤如下：

(1) 环境准备

1) 停止由节点 master、node1 和 node2 组成的 Kubernetes 集群。

2) 参照前述步骤，在节点 backup1 和 backup2 上完成 Docker 和 Kubernetes 的安装以及对应服务的启动。

3) 在每个节点的 /etc/hosts 文件中添加如下内容：

```
192.168.200.7    master
192.168.200.8    backup1
192.168.200.9    backup2
192.168.200.11   node1
192.168.200.12   node2
```

(2) HAProxy 安装与配置

HAProxy 安装在节点 master、backup1 和 backup2，作用是将这 3 个节点组成一个负载均衡集群，不管哪一个节点收到用户请求以后都在 3 个节点之间进行分发。

1) 安装 HAProxy 服务，命令如下：

```
# yum install haproxy -y
```

2) 修改 HAProxy 服务的配置文件，命令如下：

```
# vi /etc/haproxy/haproxy.cfg
```

以节点 master 为例，将该节点的 haproxy.cfg 文件更改为如下内容：

```
global
    maxconn    2000
    ulimit-n   16384
    log   127.0.0.1 local0 err
    stats timeout 30s
defaults
    log global
    mode   http
    option   httplog
```

```
        timeout connect 5000
        timeout client   50000
        timeout server   50000
        timeout http-request 15s
        timeout http-keep-alive 15s
frontend monitor-in
    bind  *:33305
    mode http
    option httplog
    monitor-uri /monitor
frontend k8s-master
    bind 0.0.0.0:16443
    bind 127.0.0.1:16443
    mode tcp
    option tcplog
    tcp-request inspect-delay 5s
    default_backend k8s-master
backend k8s-master
    mode tcp
    option tcplog
    option tcp-check
    balance roundrobin
    default-server inter 10s downinter 5s rise 2 fall 2 slowstart 60s maxconn 250 maxqueue
256 weight 100
    server master      192.168.200.7:6443    check
    server backup1      192.168.200.8:6443    check
    server backup2      192.168.200.9:6443    check
```

其中，监听端口是每一个节点的 16443 端口，监听到请求后在 3 个节点的 6443 端口之间进行分发。

3）在节点 backup1 和 backup2 上修改 haproxy.cfg 文件，修改内容与节点 master 完全相同。

4）启动 HAProxy 服务，命令如下：

```
# systemctl start haproxy && systemctl enable haproxy && systemctl status haproxy
```

（3）KeepAlived 安装与配置

KeepAlived 安装在节点 master、backup1 和 backup2，作用是将这 3 个节点组成一个容

笔记

灾集群，以 192.168.200.10 这一虚拟 IP 地址作为对外 IP 地址，该 IP 地址正常情况下由节点 master 承载，该节点故障以后依次由节点 backup1 或者 backup2 承载。

1）安装 KeepAlived 服务，命令如下：

```
# yum install keepalived -y
```

2）修改 KeepAlived 服务的配置文件，命令如下：

```
# vi /etc/keepalived/keepalived.conf
```

以节点 master 为例，将该节点的 keepalived.conf 文件更改为如下内容：

```
global_defs {
    router_id master
}
vrrp_instance VI_1 {
    state MASTER
    interface ens33
    virtual_router_id 51
    priority 100
    advert_int 1
    authentication {
        auth_type PASS
        auth_pass 1111
    }
    virtual_ipaddress {
        192.168.200.10
    }
}
```

其中，将 interface 设置为 ens33 是因为网卡名为 ens33，操作过程中需要根据实际情况进行修改；将 router_id 和 state 设置为 master 和 MASTER 表示此节点为主节点；将 priority 设置为 100 表示此节点的优先级为 100；虚拟 IP 地址设置为 192.168.200.10。

3）在节点 backup1 和 backup2 上修改 keepalived.conf 文件，修改时需要将 router_id 和 state 设置为 backup 和 BACKUP，将节点 backup1 中的 priority 设置为 90，将节点 backup2 中的 priority 设置为 80。

4）启动 KeepAlived 服务，命令如下：

```
# systemctl start keepalived && systemctl enable keepalived && systemctl status keepalived
```

（4）虚拟 IP 地址验证

1）查看节点 master 上的 IP 地址，命令如下：

```
# ip addr
```

结果如图 3-56 所示，显示节点 master 的 ens33 网卡上有 192.168.200.10 这一虚拟 IP 地址。

```
[root@master ~]# ip addr
1: lo: <LOOPBACK,UP,LOWER_UP> mtu 65536 qdisc noqueue state UNKNOWN qlen 1
    link/loopback 00:00:00:00:00:00 brd 00:00:00:00:00:00
    inet 127.0.0.1/8 scope host lo
       valid_lft forever preferred_lft forever
    inet6 ::1/128 scope host
       valid_lft forever preferred_lft forever
2: ens33: <BROADCAST,MULTICAST,UP,LOWER_UP> mtu 1500 qdisc pfifo_fast state UP qlen 1000
    link/ether 00:0c:29:4e:8a:ff brd ff:ff:ff:ff:ff:ff
    inet 192.168.200.7/24 brd 192.168.200.255 scope global ens33
       valid_lft forever preferred_lft forever
    inet 192.168.200.10/32 scope global ens33
       valid_lft forever preferred_lft forever
    inet6 fe80::c0d1:3ff0:58cc:220d/64 scope link
       valid_lft forever preferred_lft forever
3: docker0: <NO-CARRIER,BROADCAST,MULTICAST,UP> mtu 1500 qdisc noqueue state DOWN
    link/ether 02:42:12:23:56:d4 brd ff:ff:ff:ff:ff:ff
    inet 172.17.0.1/16 brd 172.17.255.255 scope global docker0
       valid_lft forever preferred_lft forever
[root@master ~]# 
```

图 3-56　在节点 master 上查看 IP 地址详情

2）在节点 master 正常运行情况下查看节点 backup1 和 backup2 的 IP 地址，结果中不会有 192.168.200.10 这一虚拟 IP 地址。

3）将节点 master 关机，查看可知虚拟 IP 地址转由节点 backup1 承载。

4）将节点 backup1 关机，查看可知虚拟 IP 地址转由节点 backup2 承载。

（5）Kubernetes 集群启动

1）在节点 master 上通过 kubeadm init 命令启动 Kubernetes 集群，命令如下：

```
# kubeadm init \
--control-plane-endpoint = 192.168.200.10:16443 \
--apiserver-advertise-address = 192.168.200.7 \
--image-repository registry.aliyuncs.com/google_containers \
--kubernetes-version v1.20.0 \
--service-cidr = 10.1.0.0/16 \
--pod-network-cidr = 10.244.0.0/16
```

对比前面没有进行 Master 节点主备配置时的命令可知，此时的命令中多了以下内容：

```
--control-plane-endpoint = 192.168.200.10:16443 \
```

其中，192.168.200.10 为 KeepAlived 中配置的虚拟 IP 地址；16443 为 HAProxy 中配置的监听端口。

Kubernetes 集群启动成功后会有如图 3-57 所示输出。

对比图 3-12 和图 3-57 可知，此时有两种加入集群的方式：一种是将节点 backup1 和 backup2 作为 control-plane nodes 加入集群；另一种是将节点 node1 和 node2 作为 worker

筆记

```
Your Kubernetes control-plane has initialized successfully!

To start using your cluster, you need to run the following as a regular user:

  mkdir -p $HOME/.kube
  sudo cp -i /etc/kubernetes/admin.conf $HOME/.kube/config
  sudo chown $(id -u):$(id -g) $HOME/.kube/config

Alternatively, if you are the root user, you can run:

  export KUBECONFIG=/etc/kubernetes/admin.conf

You should now deploy a pod network to the cluster.
Run "kubectl apply -f [podnetwork].yaml" with one of the options listed at:
  https://kubernetes.io/docs/concepts/cluster-administration/addons/

You can now join any number of control-plane nodes by copying certificate authorities
and service account keys on each node and then running the following as root:

  kubeadm join 192.168.200.10:16443 --token 37dlbd.v1z83hp4jngwof1y \
    --discovery-token-ca-cert-hash sha256:2a6893b1e01720c663a9f5e818a65239a4c013f29f616d563a860f315d4cbea1 \
    --control-plane

Then you can join any number of worker nodes by running the following on each as root:

kubeadm join 192.168.200.10:16443 --token 37dlbd.v1z83hp4jngwof1y \
    --discovery-token-ca-cert-hash sha256:2a6893b1e01720c663a9f5e818a65239a4c013f29f616d563a860f315d4cbea1
[root@master ~]#
```

图 3-57　在节点 master 上启动集群

nodes 加入集群。使用的 192.168.200.10 是 KeepAlived 中配置的虚拟 IP 地址，16443 是 HAProxy 中配置的监听端口。

2）参照前述步骤，在节点 master 上根据图 3-57 所示内容完成配置。

3）在节点 master 上重新生成证书，命令如下：

kubeadm init phase upload-certs --upload-certs

结果如图 3-58 所示。

```
[root@master ~]# kubeadm init phase upload-certs --upload-certs
I1221 20:44:49.340813   21988 version.go:251] remote version is much newer: v1.26.0; falling back to: stable-1.20
[upload-certs] Storing the certificates in Secret "kubeadm-certs" in the "kube-system" Namespace
[upload-certs] Using certificate key:
607d4854fdabdb5400f470e721434f889bea5c92304dfe926c1b1075ea3192f2
[root@master ~]#
```

图 3-58　在节点 master 上重新生成证书

4）在节点 backup1 和 backup2 上根据图 3-57 和图 3-58 所示内容加入集群，命令如下：

kubeadm join 192.168.200.10:16443 --token 37dlbd.v1z83hp4jngwof1y \
　　--discovery-token-ca-cert-hash sha256:2a6893b1e01720c663a9f5e818a65239a4c013f29f616 d563a860f315d4cbea1 \
　　--control-plane \
　　--certificate-key 607d4854fdabdb5400f470e721434f889bea5c92304dfe926c1b1075ea3192f2

其中，kubeadm join 部分、--token 部分、--discovery-token-ca-cert-hash 部分以及 --control-plane 部分参照图 3-57 所示内容执行，--certificate-key 部分参照图 3-58 所示内容执行。

5）在节点 node1 和 node2 上根据图 3-57 所示内容加入集群，命令如下：

```
# kubeadm join 192.168.200.10:16443 --token 37dlbd.v1z83hp4jngwof1y \
    --discovery-token-ca-cert-hash sha256:2a6893b1e01720c663a9f5e818a65239a4c013f29
f616d563a860f315d4cbea1
```

其中，kubeadm join 部分、--token 部分以及--discovery-token-ca-cert-hash 部分均参照图 3-57 所示内容执行。

6）然后就可以在 master、backup1 和 backup2 中的任意一个节点上对 Kubernetes 集群执行操作，比如在节点 master 上查看集群节点信息，命令如下：

```
# kubectl get nodes -o wide
```

结果如图 3-59 所示。

```
[root@master ~]# kubectl get nodes -o wide
NAME      STATUS   ROLES                  AGE     VERSION   INTERNAL-IP      EXTERNAL-IP
backup1   Ready    control-plane,master   7m12s   v1.20.0   192.168.200.8    <none>
backup2   Ready    control-plane,master   6m16s   v1.20.0   192.168.200.9    <none>
master    Ready    control-plane,master   12m     v1.20.0   192.168.200.7    <none>
node1     Ready    <none>                 40s     v1.20.0   192.168.200.11   <none>
node2     Ready    <none>                 34s     v1.20.0   192.168.200.12   <none>
[root@master ~]#
```

图 3-59　在节点 master 上查看集群节点信息

对比图 3-59 和图 3-13 可知，Kubernetes 集群由原来的 3 个节点增加到现在的 5 个节点，其中，节点 master 是主 Master 节点，节点 backup1 和 backup2 是备 Master 节点，节点 node1 和 node2 是 Node 节点。

7）将节点 master 关机，Kubernetes 集群可以在节点 backup1 和 backup2 的接管下继续运行，且对外 IP 地址不变。

任务 3.5　数据平台与边缘网关协同案例

下面基于边云协同系统架构和平台架构，搭建工业场景下的应用体系。采用"平台+应用"的架构体系，整体架构基于微服务理念，采取高内聚、低耦合、易于扩展、服务化的设计原则，构建百花齐放的触点应用，灵活快速支撑多端业务创新与迭代。以边缘网关管理平台为数据平台，南向接收边缘网关初步处理后的数据，北向为应用平台里各项应用提供支撑，通过进一步开发部署，亦可实现边缘云层与边缘网关之间的资源协同、服务协同、应用协同，实现边缘云层与边缘网关之间的全面协同。在该平台的基础上构建生产优化、质量检测、协同生产、柔性生产、安防监控、智慧能源共 6 类创新应用，如图 3-60 所示。

因为边缘网关上报数据平台的数据多为时序数据，所以前述边缘网关管理平台其实可以看作边云协同时序数据的落地实践。下面首先对边云协同时序数据进行介绍，然后

PPT：任务 3.5 数据平台与边缘网关协同案例

笔记 对边缘网关管理平台进行实操。

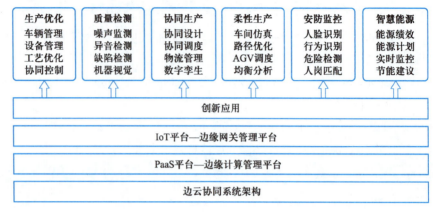

图 3-60　工业场景下的应用体系架构示意图

3.5.1　边云协同时序数据

随着越来越多的事物连接到物联网，与 IoT 设备相关联的数据量及其生成的时序数据量（包括设备状态、设备读数、元数据）呈指数级增长。时序数据是指带有时间标签，按时间顺序变化的数据。通常有如下几个特点：

1）数据量大，每秒上千、上万甚至于上亿条数据。

2）时间特性强，数据通常按照时间顺序抵达。

3）主要是写入和读取操作，没有更新操作。

4）大量的统计查询要求。

时序数据库作为一种针对时序数据进行高度优化的垂直型数据库，可以很好地解决前面的问题，提供时序数据大并发、低时延、高性能、高压缩、低成本、无模式写入（Schemaless）的数据存储，并提供多种维度的聚合分析和趋势洞察。

如图 3-61 所示，边云协同时序数据库场景中，端侧采集的数据直接接入边缘节点，一般会经过边缘节点的实时分析与资产分析再存入边缘时序数据库，供边缘开放 API 进行时序分析查询。此时，边缘时序数据库中的数据会定期与云端汇总。由于数据在存储时进行了压缩，为了节省传输带宽和性能，边缘时序数据库常常以数据文件的方式与云端进行同步。此外，由于边缘时序数据库是一个轻量级数据库，为保证数据库的可靠性，边缘节点采用双合主备模式，这样在主节点出现问题时，备节点可以马上接管业务，不会造成数据丢失和业务中断。

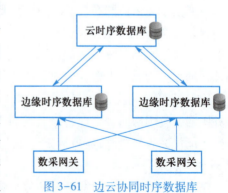

图 3-61　边云协同时序数据库

3.5.2　边缘网关管理平台应用案例

微课 3-9
部署边缘网关
管理平台并协
同边缘网关

1. 在 MEC 集群中部署边缘网关管理平台

任务 3.3 中已经基于云中心层的边缘计算管理平台在 MEC 集群工作节点上部署了一个 CentOS 虚机，接下来，通过远程工具连接到该 CentOS 虚机并部署边缘网关管理平台。

（1）准备安装包

1）上传边缘网关管理平台的安装包到该 CentOS 虚机，安装包名称为 eco. tgz，如图 3-62 所示。

图 3-62　上传安装包

2）解压缩安装包，因为压缩包是 tgz 格式，所以可以直接使用 tar 命令解压，命令如下：

```
# tar -zxvf eco. tgz
```

3）进入解压后的目录，命令如下：

```
# cd eco
```

4）查看解压后的文件，如图 3-63 所示，执行 platform. sh 脚本即可完成该平台的一键安装。

笔记

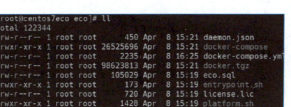

图 3-63　解压后的文件

（2）执行安装操作

执行 platform. sh 脚本，命令如下：

```
# sh platform. sh 127. 0. 0. 1
```

注：后面跟的 IP 地址为本地 IP 地址，表示将镜像拉取到本地以后使用本地镜像。

（3）查看安装结果

1）通过 docker ps 命令查看该 CentOS 虚机上运行的容器，如图 3-64 所示。

笔记

```
CONTAINER ID        IMAGE                                                               COMMAND                CREATED
        STATUS                PORTS
                    NAMES
ee44fbfd41e8        registry.cn-hangzhou.aliyuncs.com/certusnet/eco-consumer:dev        "docker-entrypoint.sh"  28 seconds
ago         Up 25 seconds         0.0.0.0:18081→18081/tcp
                    consumer
5ea8c35f1d22        registry.cn-hangzhou.aliyuncs.com/certusnet/eco-platform:dev        "docker-entrypoint.sh"  28 seconds
ago         Up 12 seconds         0.0.0.0:80→80/tcp
                    eco
b765ad4859aa        registry.cn-hangzhou.aliyuncs.com/certusnet/mysql:5.7.41            "docker-entrypoint.s…"  29 seconds
ago         Up 26 seconds         0.0.0.0:3306→3306/tcp, 33060/tcp
                    mysql
db762be2acb1        registry.cn-hangzhou.aliyuncs.com/certusnet/eco-monitor:dev         "docker-entrypoint.sh"  29 seconds
ago         Up 27 seconds
                    monitor
98017e2333ce        registry.cn-hangzhou.aliyuncs.com/certusnet/clickhouse-server:19.3.6  "/entrypoint.sh"      29 seconds
ago         Up 26 seconds         0.0.0.0:8123→8123/tcp, 0.0.0.0:9000→9000/tcp, 9009/tcp
                    clickhouse
3739fbaf795f        registry.cn-hangzhou.aliyuncs.com/certusnet/redis:7.0.0             "docker-entrypoint.s…"  29 seconds
ago         Up 26 seconds         127.0.0.1:6379→6379/tcp
                    redis
ee775fec82d8        registry.cn-hangzhou.aliyuncs.com/certusnet/eco-message:dev         "docker-entrypoint.sh"  29 seconds
ago         Up 26 seconds         0.0.0.0:48089→48089/tcp
                    message
37e9386f7718        registry.cn-hangzhou.aliyuncs.com/certusnet/emqx:4.2.14             "/usr/bin/docker-ent…"  29 seconds
ago         Up 26 seconds         4369-4370/tcp, 5369/tcp, 6369/tcp, 8081/tcp, 8083-8084/tcp, 8883/tcp, 11883/tcp, 0.0.0.0:1883→1
883/tcp, 18083/tcp    emqx
```

图 3-64　查看 CentOS 虚机上运行的容器

2）通过浏览器登录边缘网关管理平台，地址为 https://10.180.85.146/eco/，如图 3-65 所示。

图 3-65　边缘网关管理平台登录界面

登录后默认进入首页界面，如图 3-66 所示。

2. 使用边缘网关管理平台协同边缘网关

（1）配置边缘网关

1）完成边缘网关的设备连接和网络连接。

2）登录边缘网关自带的管理界面，配置平台地址为前面部署的边缘网关管理平台的 IP 地址。

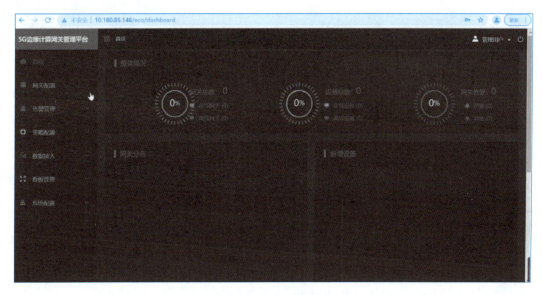

图 3-66　首页界面

（2）添加边缘网关

1）选择"网关配置"→"网关管理"项，单击"添加"按钮，打开"新增网关信息"对话框，填写相应内容，其中"MAC 地址"一栏填写边缘网关的 MAC 地址，如图 3-67 所示。

图 3-67　"新增网关信息"对话框

2）单击"确定"按钮，完成网关添加，如图 3-68 所示。

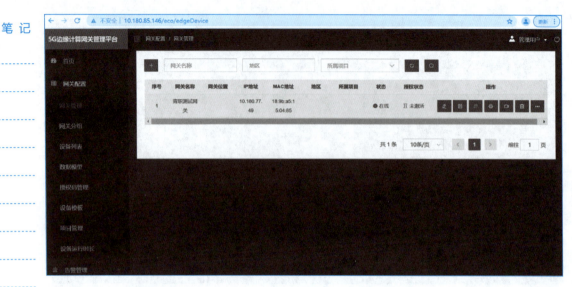

图 3-68　添加网关完成

（3）管理边缘网关

1）单击某网关后面的"授权"按钮，可以进一步对网关进行授权操作，授权后网关状态由"未激活"变为"已激活"。

2）单击某网关后面的"配置"按钮，可以进一步对网关所连接的端侧数采设备进行添加与管理，例如对某网关连接的电表数据进行采集，如图 3-69 所示。

图 3-69　采集电表数据

3）在此基础上，可进一步将边缘网关管理平台中采集到的设备数据上传其他平台，为图 3-60 所示各类创新应用提供数据支撑。

【项目小结】

　　随着我国"新基建"持续发力，云、网、边、端（云计算、互联网、边缘计算、终端）互相融合的赋能效应日益显现，边云协同已经成为工业互联网场景下的新趋势。

　　边云协同涉及 IaaS、PaaS 以及 SaaS 3 个层面，包括资源协同、服务协同、应用协同等方面的全面协同。

1. 项目整体方案设计

　　在工业现场部署摄像头、机械臂、机器人、智能仪表、传感器等终端设备，产生海量数据实时处理需求。由边缘网关和 MEC 服务器作为两级边缘节点：第一级边缘节点部署在工业现场的边缘网关中，又称边缘网关层，在传统路由转发功能的基础上对海量数据进行初步处理，降低海量数据造成的网络压力和计算压力；第二级边缘节点部署在 5G 网络基础设施架构中的 MEC 服务器中，又称边缘云层，对边缘网关初步处理后的数据进行智能分析，并将结果通过边缘网关反馈给终端设备，保证对终端设备精准控制的时延要求。在上述两级边缘节点的基础上部署云中心层作为"云—边—端"架构中的云端，与边缘节点之间进行资源协同、服务协同、应用协同等方面的全面协同。

2. 边缘协同系统部署与平台部署

　　（1）整体架构

　　1）以虚拟化技术为支撑，将物理硬件虚拟化成资源池的形式，通过资源池的形式屏蔽物理硬件的复杂性，实现上层应用和下层资源的解耦合，进而实现物理资源的充分利用。

　　2）以容器技术和集群技术为支撑，通过容器技术为服务运行提供轻量级的隔离环境，通过集群技术对容器服务进行调度编排，实现容器服务的横向扩展和动态部署。

　　3）通过"平台+应用"的架构体系为企业提供各类业务服务，整体架构基于微服务理念，采用高内聚、低耦合、易于扩展、服务化的设计原则，构建百花齐放的触点应用，灵活快速支撑多端业务迭代创新。

　　4）从数据接入的角度看，将平台细分为数据平台和应用平台。数据平台部署一个物联网平台，即 IoT 平台，南向接收边缘网关初步处理后的数据，北向为应用平台里各项应用提供支撑。在数据平台的基础上构建生产优化、质量检测、协同生产、柔性生产、安防监控、智慧能源共 6 类创新应用，实现边缘计算对工业生产的赋能作用。

　　（2）落地实践

　　1）基于虚拟化、容器、集群、云原生等重要技术进行云服务器系统部署，其中，基于 Docker+Kubernetes 的容器集群解决方案已经成为云端的主流方案。

笔 记

笔 记

2）KubeEdge 和 K3S 为 Kubernetes 向边缘延伸提供了解决方案。

3）选定边云协同系统部署方案以后，部署边缘计算管理平台至云中心层的云服务器上，对多地边缘集群进行统一管理，或者部署边缘计算管理平台至边缘云层的管理节点上，对所属边缘集群进行本地管理。其作用既包括边缘集群的节点管理、组件管理、服务管理、服务编排、资源调度、资源监控，也包括 SaaS 平台中各种应用的快速部署和全生命周期管理。

4）基于边缘计算管理平台的应用部署功能，部署容器应用或者虚机应用至边缘集群的工作节点上。进一步部署边缘网关管理平台，该平台是 IoT 平台的一种落地形式，南向接收边缘网关初步处理后的数据，北向为应用平台里各项应用提供支撑。通过进一步开发部署，亦可实现边缘云层与边缘网关之间的资源协同、服务协同、应用协同，实现边缘云层与边缘网关之间的全面协同。

3. 系统高可用性与高并发性配置

1）负载均衡是系统高并发性与高可用性配置中必不可少的关键组件，其目标是尽力将网络流量平均分配到多台服务器上，以减少单台服务器压力，提升系统整体性能。从 OSI 参考模型的角度来看，负载均衡又包括四层负载均衡、七层负载均衡、DNS 负载均衡。

2）高可用性是反应云计算服务质量和等级的重要标准。除了对前端请求进行负载均衡以外，高可用性设计还应涵盖包括应用系统和存储系统在内的整个后端系统，核心思路有以下两点：冗余备用机制和故障恢复机制。以阿里云平台为例，该平台提供 3 种不同等级的容灾机制：普通容灾、同城容灾、同城+异地容灾。

3）以 Kubernetes 为例，对 Kubernetes 的 Master 节点进行负载均衡配置和容灾配置，HAProxy 技术与 KeepAlived 技术的结合是解决该问题的一种主流配置方法。

【拓展阅读】

洞察边缘生态与云边端一体化发展，2022 云边协同大会线上召开

我国"十四五"规划中明确提出要"协同发展云服务与边缘计算服务"，国务院印发的《"十四五"数字经济发展规划》同时指出要"加强面向特定场景的边缘计算能力"。我国云计算进入惠普发展期，边缘计算需求激增，云边协同成为未来重要演进方向。同时边缘计算的持续部署，驱动数据处理向边端扩散，使算力走向泛在化，云边端一体化成为重要趋势。

2022 年 6 月 14 日，由中国信息通信研究院（以下简称"中国信通院"）、中国通信标准化协会联合主办的"2022 云边协同大会"以线上方式召开。中国工程院、中国通信标准化协会等单位的相关领导、专家参会并致辞或做主旨发言。会上，中国信通院发布

《分布式云发展白皮书》《边缘计算市场和用户洞察报告（2022）》和《云边端一体化发展报告（2022）》，公布了业界关注的 2022 云边协同最新评估结果、2022 分布式云与云边协同创新实践案例结果，开启最新的"云边 X"计划，并对云边协同产业方阵突出贡献专家进行了表彰。

经过多年的发展，云计算、边缘计算整体产业和生态日趋成熟，已成为提升信息化发展水平、打造数字经济新动能的重要支撑，云计算与边缘计算协同发展能够最大化体现云边计算的应用价值。但在云网边深度融合发展的过程中，仍存在挑战。相关专家为未来云边协同技术、产业发展提出了几点建议：一是利用广义功能安全加持云计算与边缘计算产业，营造广义功能安全云计算与边缘计算技术产业发展生态；二是创新网络技术体制发展范式，打造"网络之网络"的多模态网络生态；三是引入领域专用软硬件协同计算与晶上系统等先进思想，实现创新高效的算力基础设施构建和部署。

云计算产业已进入普惠发展期，边缘计算需求激增，云边协同成为未来重要演进方向。相关领导为我国云边协同产业发展提出了 3 点建议，一是贯彻落实国家重点政策，遵循"十四五"规划等重点政策在云边协同产业的相关指导，切实推进云服务与边缘计算服务的协同发展，完善云边协同产业上下游生态建设；二是持续推动技术与产业融合，进一步加快云边协同关键技术攻关突破，促进供给侧提供更加丰富的、满足行业场景需求的产品和服务，助力交通、能源、工业、农业等重点行业的数字化转型发展；三是加快完善云边协同标准体系，不断拓展完善云边协同关键技术、基础服务、典型场景解决方案等方面的标准规范，持续提升云边协同相关服务质量和可信度，积极引导云边协同产业健康发展。

近年来，中国信通院不断围绕云边协同与边缘计算开展研究工作，制定了包括分布式云、边缘计算、AIoT 等多项行业标准。会上，中国信通院正式发布了 2022 分布式云、可信边缘计算、AIoT 等最新评估结果，共有 21 个项目通过评估。

文本：习题答案

【课后习题】

一、填空题

1. 从实现方式上看，虚拟机有 3 种典型的实现方式，即_____、_____和_____。

2. 操作系统级虚拟化是一种虚拟化技术，能够实现多个相互隔离的实例共享一个操作系统的内核，此过程中包含相应程序组件的实例即为_____。

3. 从结构和功能上看，集群主要可以分为_____、_____和_____ 3 类。

4. 以云原生为指导的云端应用程序开发部署过程中，主要涉及_____、_____、_____和_____ 4 个关键技术。

5. 从 OSI 参考模型的角度，可以将负载均衡分为_____、_____和_____。

6. 系统高可用性设计的核心思路包括_____和_____。

7. 阿里云平台提供了 3 种不同等级的容灾机制，分别为_____、_____和_____。

二、选择题

1. （ ）是云中心的基本硬件设备，也是云中心的核心设备，它为云计算平台提供计算能力，为用户提供大规模计算、大规模存储、高通量网络服务。

A. 服务器　　　　　　　　　　　　B. 存储

C. 灾备　　　　　　　　　　　　　D. 核心网络设备及网络安全设备

2. （ ）是一种主流的容器集群部署方案。

A. KVM　　　　　B. Docker　　　　C. Kubernetes　　　D. Docker+Kubernetes

3. 下列属于企业级私有镜像仓库的是（ ）。

A. Harbor　　　　B. Docker Hub　　　C. Docker　　　　D. Kubernetes

4. Docker Hub 是 Docker 提供的一种（ ）。

A. 公有镜像仓库　　B. 私有镜像仓库　　C. 镜像　　　　　D. 容器

5. Docker 部署以后会在宿主机上启动一个（ ），同时为用户提供命令行工具或者图形化工具作为客户端。

A. 镜像　　　　　B. 容器　　　　　C. 守护进程　　　　D. 仓库

6. 下列是 Kubernetes 中定义的最小操作对象的是（ ）。

A. 镜像　　　　　B. 容器　　　　　C. 服务　　　　　D. Pod

7. 在 Kubernetes 中，一个 Pod 通常包含（ ）个容器。

A. 1　　　　　　B. 2　　　　　　C. 3　　　　　　D. 任意

8. 在 Kubernetes 中，（ ）为用户提供集群控制的入口。

A. Master 节点　　　　　　　　　　B. Node 节点

C. Docker 客户端　　　　　　　　　D. Docker 守护进程

9. 在 Kubernetes 中，用户通过（ ）对集群进行控制。

A. docker 命令　　B. kubectl 命令　　C. yum 命令　　　D. systemctl 命令

10. Kubernetes 非常依赖（ ），不支持离线运行，但是离线运行对于边缘而言是一种常态，比如设备重启或者休眠。

A. list/watch 机制　　　　　　　　B. 多路复用的消息通道

C. CloudHub　　　　　　　　　　D. EdgeHub

11. （ ）是华为捐献给 CNCF 的第一个开源项目，也是全球首个基于 Kubernetes 扩展并且提供边云协同能力的开放式边缘计算平台，旨在依托 Kubernetes 对容器集群的调度能力和编排能力实现边云协同、计算下沉、海量接入等功能。

A. Kubernetes　　B. K8S　　　　　C. KubeEdge　　　D. K3S

12. （　　）是 Rancher 开源的一个自己剪裁的 Kubernetes 发行版，旨在更好适配 ARM、持续集成与持续交付、边缘计算、物联网、测试等场景。

A. Kubernetes　　　　B. K8S　　　　　　C. KubeEdge　　　　D. K3S

13. （　　）将 Kubernetes 的管理面部署在云端，将 Kubernetes 的 Agent 部署在边缘，边缘属于去中心化结构，与云端结合为一个完整的 Kubernetes 集群，可以实现边云协同。

A. Kubernetes　　　　B. K8S　　　　　　C. KubeEdge　　　　D. K3S

14. （　　）将 Kubernetes 的管理面和 Agent 全部部署在边缘，即边缘就是一个完整的 Kubernetes 集群，本身不属于去中心化结构，不具有边云协同能力，需要额外组件协助管理，但该组件 Rancher 并未开源。

A. Kubernetes　　　　B. K8S　　　　　　C. KubeEdge　　　　D. K3S

15. 进行云中心层部署时，从部署模式的角度看：具有一定经济实力的大中型企业从数据安全和个性化定制等角度出发，通常会选择在企业内部构建专供员工使用的（　　）系统。

A. 公有云　　　　　　B. 私有云　　　　　C. 混合云　　　　　　D. 以上选项均不对

16. 在边云协同方案设计中，从服务模式的角度看：（　　）类型的服务主要提供给企业中的开发人员使用，可以让企业中的开发人员通过可视化界面灵活快速地实现对容器集群的节点管理、组件管理、服务管理、服务编排、资源调度、资源监控，实现对 SaaS 平台中各种应用的快速部署和全生命周期管理。

A. IaaS　　　　　　　B. PaaS　　　　　　C. SaaS　　　　　　D. 以上选项均不对

17. 在边云协同方案设计中，从硬件架构的角度看：基于（　　）技术屏蔽物理硬件的复杂性，实现上层架构和物理硬件的解耦合，实现物理资源的充分利用。

A. 虚拟化　　　　　　B. 容器　　　　　　C. 集群　　　　　　D. 微服务

18. 在边云协同方案设计中，从系统架构的角度看：基于（　　）技术为服务运行提供轻量级的隔离环境。

A. 虚拟化　　　　　　B. 容器　　　　　　C. 集群　　　　　　D. 微服务

19. 在边云协同方案设计中，从系统架构的角度看：基于（　　）技术对容器服务进行调度编排、实现容器服务的横向扩展和动态部署。

A. 虚拟化　　　　　　B. 容器　　　　　　C. 集群　　　　　　D. 微服务

20. 在边云协同方案设计中，从平台架构的角度看：整体架构基于（　　）理念，采用高内聚、低耦合、易于扩展、服务化的设计原则，构建百花齐放的触点应用，灵活快速支撑多端业务迭代创新。

A. 虚拟化　　　　　　B. 容器　　　　　　C. 集群　　　　　　D. 微服务

21. 在边云协同方案设计中，边缘计算管理平台可以看作（　　）的一种落地形式。

A. PaaS 平台　　　　B. SaaS 平台　　　　C. IoT 平台　　　　D. 应用平台

22. （　　）技术是一种实现多节点负载均衡的软件技术，部署在充当负载均衡设备的负载均衡节点上，该节点提供对外 IP 地址作为用户请求的 IP 地址，收到用户请求以后基于内部调度算法向提供真实服务的各个节点进行转发。

A. Docker B. Kubernetes C. HAProxy D. KeepAlived

23. （ ）技术是一种实现多节点容灾的软件技术，部署在互为主备的各个节点上，提供一个额外的虚拟 IP 地址作为用户请求的 IP 地址，各个节点基于预设好的权重和内部选举算法进行主节点的选举，选举出主节点作为虚拟 IP 地址的承载节点，主节点故障以后备节点间重新进行主节点的选举，选举出新的主节点作为虚拟 IP 的承载节点，即虚拟 IP 地址可以在不间断业务的情况下自动由故障节点漂移到新的主节点上。

A. Docker B. Kubernetes C. HAProxy D. KeepAlived

24. 随着我国"新基建"的持续发力，（ ）互相融合的赋能效应日益显现，边云协同已经成为工业互联网场景下的新趋势。

A. 云（云计算）   B. 网（互联网）
C. 边（边缘计算）   D. 端（终端）

25. 边云协同涉及边缘侧和云端关于（ ）3 个层面的全面协同。

A. IaaS B. PaaS C. SaaS D. CaaS

26. 边云协同的经典架构中包括（ ）等方面的全面协同。

A. 资源协同 B. 服务协同 C. 应用协同 D. 人员协同

27. 云计算数据中心简称云中心，是一整套复杂的设施，一种"仓库规模的计算机系统"，由（ ）组成。

A. 环境 B. 硬件设备 C. 基础软件 D. 应用支撑平台

28. （ ）为 Kubernetes 向边缘延伸提供了解决方案。

A. Docker B. Harbor C. KubeEdge D. K3S

三、简答题

1. 简述边云协同架构体系。
2. 简述在云服务器的系统部署中，如何进行虚拟机操作系统的选择。
3. 从边云协同、设备管理、边缘节点离线自治 3 个方面，对 KubeEdge 和 K3S 进行深入对比。
4. 简述如何对 Kubernetes 集群架构中的 Master 节点进行负载均衡与容灾配置。

【项目评价】

在完成本模块学习任务后，可根据学习达成自我评价表进行综合能力评价，评价表总分 100 分。学习达成自我评价表积分方式：认为达成学习任务者，在□中打"√"；认为未能达成学习任务者在□中打"×"。其中完全达成，可按该相分值 100% 计算；基本达成，可按该相分值 60% 计算；未能达成，不计分值，课程学习达成度评价表见表 3-3。

表 3-3　课程学习达成度评价表

学 习 目 标	学 习 内 容	达 成 情 况
职业道德 （10 分）	无私奉献，持续专注 开拓进取，精益求精 追求极致，敬业守信	完全达成☐ 基本达成☐ 未能达成☐
知识目标 （30 分）	是否掌握边云协同的基本概念和虚拟化、容器、集群、云原生等重要技术 是否重点掌握云服务器系统部署方式，是否能够熟练操作 是否重点掌握边云协同系统部署方式和平台部署方式，是否能够熟练操作 是否掌握系统高并发性与高可用性配置方式 是否熟悉数据平台与边缘网关的协同应用	完全达成☐ 基本达成☐ 未能达成☐
技能目标 （30 分）	是否具备合理进行项目需求分析、正确进行服务器选型的能力； 是否具备选择和规划项目软件系统架构的能力； 是否具备合理进行项目配置、实施的能力	完全达成☐ 基本达成☐ 未能达成☐
素养目标 （30 分）	是否具有综合的系统分析能力和项目整体把控能力 是否具有整合和综合运用知识分析问题和解决问题的能力 是否具有较强的团队决策能力、应变能力和创新能力 是否具有尊重企业规范以及诚信、保密的素质	完全达成☐ 基本达成☐ 未能达成☐

模块 4　基于5G边缘计算网络传输

本模块首先通过对接入网+承载网+核心网的架构梳理，使读者对 5G 网络有一个初步了解；着重对工业互联网的 5G 边缘计算网络架构进行分析，确定其实现的技术手段和网络拓扑结构；以网络数据的传输为导向，对 5G 专网、5G 边缘计算在 OT 网络的应用模式、工业互联网的 5G 边缘计算网络架构及网络规划进行探讨，使读者掌握工业互联网基于 5G 边缘计算网络架构的传输模式，串联前面所学内容并为后续项目的具体实施奠定基础。

【学习目标】

笔 记

1. 知识目标

1）了解 5G 传输网络的构成。
2）了解 5G 行业专网的 3 种模式。
3）理解 5G 边缘计算在 OT 网络的应用模式。
4）理解 5G 边缘计算网络的数据传输模式。
5）掌握 5G 边缘计算网络架构。

2. 技能目标

1）具备理解企业项目背景、选择和规划 5G 边缘计算网络的能力。
2）具备端侧传输部署的能力。
3）具备部署 5G 混合专网的能力。

3. 素养目标

1）具有良好的科技文献信息检索和技术文档阅读的能力。

2）具有整合和综合运用知识分析问题和解决问题的能力。

3）具有较强的集体意识和团队合作的能力。

4）具有触类旁通、举一反三的能力。

【学习导图】

本模块学习路径及相应任务、知识点如图 4-1 所示。

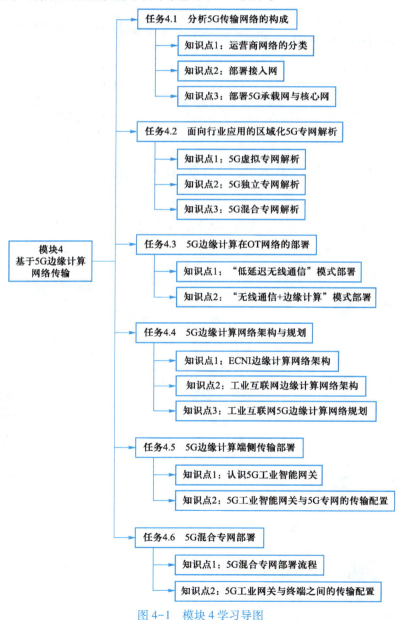

图 4-1　模块 4 学习导图

笔 记

本模块与"工业数据采集与边缘服务"职业技能等级标准内容的对应关系见表 4-1。

表 4-1 本模块与"工业数据采集与边缘服务"职业技能等级标准内容对应关系

"工业数据采集与边缘服务"职业技能等级标准			基于 5G 边缘计算网络传输	
工 作 任 务	职业技能要求	等级	知 识 点	技 能 点
边缘计算网络传输基础知识、体系架构和职业素养	① 能根据网络拓扑图和网络布线规范要求，铺设网络设备的电源线、通信线等电缆 ② 能根据系统接线图和电气综合布线施工规范要求，完成采集设备电源线、信号线连接 ③ 能根据项目要求，结合现场工况，完成设备安装布局图设计 ④ 能根据安装部署文档，按照机房布线规范，完成服务器安装、交换机与服务器间电缆铺设、连接等工作 ⑤ 能根据项目设计文档，根据数据采集设备的使用说明书，制订设备安装部署方案	初级 中级 高级	① 了解 5G 传输网络的构成 ② 了解 5G 行业专网的 3 种模式 ③ 理解 5G 边缘计算在 OT 网络的应用模式 ④ 理解 5G 边缘计算网络的数据传输模式 ⑤ 掌握 5G 边缘计算网络架构	① 具备理解企业项目背景、选择和规划 5G 边缘计算网络的能力 ② 具备端侧传输部署的能力 ③ 具备部署 5G 混合专网的能力

任务 4.1 分析 5G 传输网络的构成

以图 4-2 所示企业全网网络架构简图为例，本任务通过对比无线侧和固网侧网络架

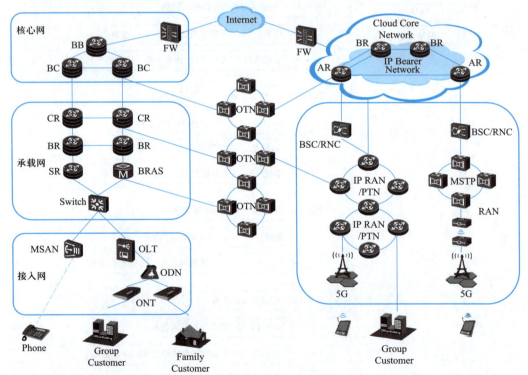

图 4-2 企业全网网络架构（左边为固网侧网络架构，右边为无线侧网络架构）

构，梳理出企业网络中接入网、承载网、核心网之间的关系，重点介绍无线侧是如何接入网络的；分析承载网和核心网的传输方式，为后续内容的理解打下基础。

笔 记

4.1.1　运营商网络的分类

无论是家庭网络还是企业局域网都是通过接入运营商（电信、移动、联通）网络，从而实现相互连接，最后形成更大的广域网。运营商网络从接入方式上往往分为无线侧和固网侧两部分。

（1）无线侧

用户手机和一些无线设备通过通信基站接入到无线接入网，在接入网侧可以通过 RTN（Real-Time Network，实时音视频传输网络）、IP RAN（IP Radio Access Network，IP 无线接入网）或者 PTN（Packet Transport Network，分组传送网）解决方案来解决，将信号传递给 BSC/RNC（Base Station Controller/Radio Network Controller，基站控制器/无线网络控制器），即常说的通信基站。最后，将信号传递给核心网，其中核心网内部的网元通过 IP 承载网来承载。

其中，IP RAN 中的 IP 指的是互联协议。相对于传统的 SDH（Synchronous Digital Hierarchy，同步数字体系）传送网，IP RAN 是基于 IP 的传送网，因此也常被人称为"无线接入网 IP 化"。

（2）固网侧

固网侧是指终端用户设备通过有线方式和无线方式接入网络，实现用户设备接入的部分网络称为接入网。接入网主要是 GPON（Gigabit Passive Optical Network，吉比特无源光网络），包括 ONT（Optical Network Terminal，光网络终端）、ODN（Optical Distribution Network，光分配网）和 OLT（Optical Line Terminal，光线路终端）。用户信号从接入网接入，然后通过承载网送入核心网。核心网一般是由各运营商来负责建设和管理，其架构往往又可以分为接入层、汇聚层和核心层的 3 层结构。核心网接口服务器一般采用 BRAS（Broadband Remote Access Server，宽带接入服务器），其主要是实现认证、鉴定和计费功能。各核心网络又通过承载网络与骨干网络相连，骨干网络由国家出资建设，主要作用是连接不同运营商的核心网络。对于骨干网架构又可以分为接入层和核心层两个层次。

固网侧和无线侧之间可以通过光纤进行传递，其中，实现远距离的传递主要由波分设备来承担。波分设备主要是通过 WDM（Wavelength Division Multiplexing，波分复用）技术和 SDH（Synchronous Digital Hierarchy，同步数字体系）来实现对大量信号的承载，通过 OTN（Optical Transport Network，光传送网）来封装，以此来实现在波分系统中更好的传递。

4.1.2　部署接入网

企业往往采用无线侧的方式，使用第五代移动通信技术（The 5th Generation Mobile

微课 4-1
部署接入网

笔记

Communication Technology，简称 5G）来实现终端采集设备和工业设备接入到无线接入设备中，通过通信基站进行信号的接收，然后传递给核心网络进行信息的传输。接下来针对接入网、承载网和核心网的部署，来进行任务实施。

如图 4-3 所示为移动通信网络架构的简化版示意图。通过无线接入网（Radio Access Network）把所有的用户移动端接入到通信网络中。通信基站在接入网络中起到了至关重要的作用，它的主要功能是提供无线覆盖，即实现有线通信网络与无线终端之间的无线信号传输。

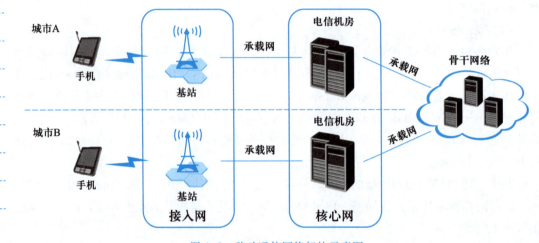

图 4-3   移动通信网络架构示意图

移动通信是进行无线通信的现代化技术，这种技术是电子计算机与移动互联网发展的重要成果之一。移动通信技术经过第一代（1G）到第四代（4G）的发展，目前，企业网络已普遍使用的第五代移动通信技术（5G）。

1. 5G 技术以及移动通信技术的发展

与前几代技术相比，5G 网络作为新一代宽带移动通信技术具有高速率、低时延和万物互联的优势，是实现人机物互联的网络基础设施。

1）5G 网络的传输速率是 4G 网络的 10 倍以上，可以达到 500 Mbit/s ～2 Gbit/s。

2）5G 网络可以实现每平方公里至少载 100 万台终端设备。遍布各个角落的基站设置将满足海量用户的通信要求，并保障数以亿计的设备安全接入网络，即便在最遥远偏僻的地方也不例外。简而言之，5G 将可以实现"随时随地万物接入"。1G 到 4G 网络主要解决的是人与人之间的通信，而 5G 则侧重解决人与物、物与物之间的通信，可以实现真正的"万物互联"。

3）5G 网络大大降低了时延，即数据从网络一端传送到另一端所需的时间，典型的端到端时延为 5～10 ms。低时延性为万物互联提供了可能。

尽管 5G 网络在很多方面有了大幅度的提升，但其通信网络的逻辑架构相比 4G 网络并没有发生太大的变化，通信网络依然采用接入网、承载网和核心网 3 个模块进行数据转发，如图 4-4 所示。

图 4-4　用户通信数据在网络中转发

对于接入网最重要的核心组件是通信基站，如图 4-5 所示。通信基站通常包括 BBU（Building Baseband Unit，室内基带处理单元）和 RRU（Radio Remote Unit，射频拉远单元），两者之间使用光纤连接，传输基带数字信号，一个 BBU 可以支持多个 RRU。其中，BBU 主要负责信号编码、复用、调制和扩频，即对信号的处理功能，如图 4-6 所示。

图 4-5　通信基站

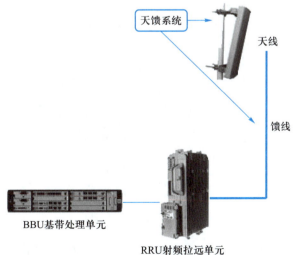

图 4-6　基站的组成部分

笔 记

笔记

RRU 通过馈线连接天线，主要包括 4 个模块：中频模块、收发信机模块、功放模块和滤波模块。中频模块用于光传输的调制解调、数字上下变频、模拟信号－数字信号（A-D）转换等，收发信机模块用来完成中频信号到射频信号的变换，再经过功放模块和滤波模块，将射频信号通过天线口发射出去。这里要说明的是，中频信号是高频信号经过变频而获得的一种信号，为了使放大器能够稳定的工作和减小干扰，一般的接收机都要将高频信号变为中频信号。

2. 基站部署的发展历程

在移动通信发展过程中，基站的租赁费用以及保证基站正常运行的电费与维护费用是移动运营商在接入网的主要成本支出。移动运营商出于对运营成本与设备运行环境要求综合考量，不断改善接入网设备的部署方式，发展至今，基站部署的发展历程大体经历了 5 个阶段。

1）第一阶段：设备集成度高，集中部署管理。BBU、RRU 和供电单元等设备，集成在一起放在专门建成的机房的机柜中，如图 4-7 所示。为保障设备的正常运行，基站建设的环境要参照计算机机房环境，如对静电、噪声、照明、无线电干扰场强、磁场干扰、地板振动加速值、温度湿度、电阻、污染物等指标都有一定的要求。因此，建设成本与后期运行维护成本均较高。

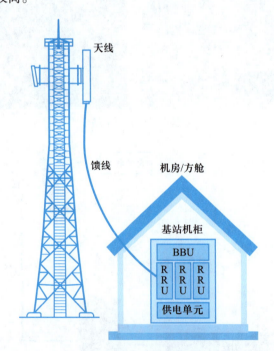

图 4-7　BBU 与 RRU 集成部署示意图

2）第二阶段：拆分 BBU 与 RRU，设备分散放置。RRU 和 BBU 等设备硬件上不再放在一起，RRU 通常会挂在机房的墙上；BBU 有时候挂墙，不过大部分时候是在机柜里，如图 4-8 所示。设备的拆分降低了设备功耗，减少了设备发热。同时，分散放置改善了设备与设备间通风环境，降低设备环境需求，不再需要空调降温即可保证设备正常运行。

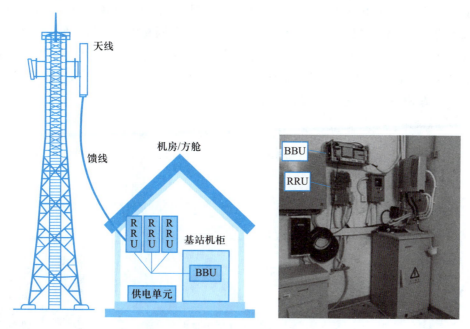

图 4-8　BBU 与 RRU 分散放置示意图及实物图

3）第三阶段：RRU 不再放在室内，而是被搬到了天线的身边，抱杆挂在塔杆上，业内称之为"RRU 拉远"，如图 4-9 所示。此时，无线接入网 RAN 根据设备的部署分布情况演变成了 D-RAN（Distributed-RAN，分布式无线接入网）。采用该方式，一方面大大缩短了 RRU 和天线之间馈线的长度，减少了信号损耗，同时也降低了馈线的成本；另一方面，可以让网络规划更加灵活，毕竟 RRU 和天线的体积都比较小，放置相对简单。但是，此阶段仍然需要建设室内机房或者方舱来存放 BBU 和电源等设备。

笔记

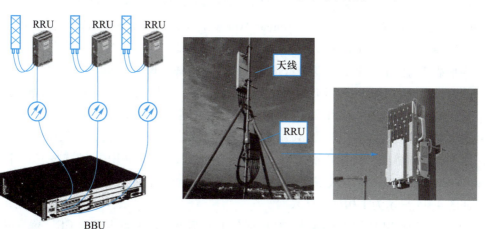

图 4-9　"RRU 拉远"模式部署示意图

4）第四阶段：除了 RRU 拉远之外，把 BBU 全部都集成存放在中心机房（CO，Central Office）形成一个 BBU 基带池，如图 4-10 所示。此时分布式无线接入网 D-RAN 演变成了 C-RAN（Centralized-RAN，集中化无线接入网）。采用该方式一方面可以极大减少基站机房的数量，减少配套设备，便于统一管理，资源调配更加灵活；另一方面拉远之后的 RRU 搭配天线部署使用，可以安装在离用户更近距离的位置，降低网络功耗。在 C-RAN 模式下，基站实际上对于用户来说"不见了"，所有的实体基站变成了虚拟基站，这样就省去了基站的建设、租赁和维护费用。

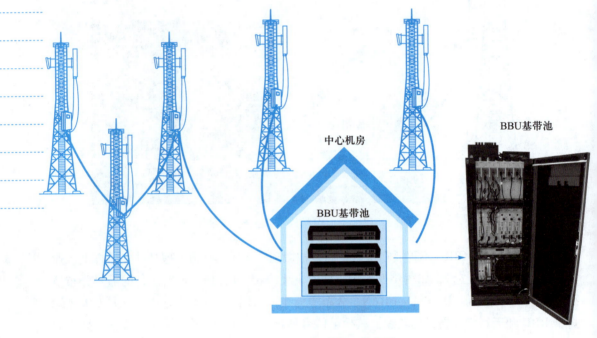

图 4-10   BBU 集中管理示意图

5）第五阶段：5G 时代为了满足增强移动宽带（Enhanced Mobile Broadband，eMBB）、大规模物联网（Massive Machine Type Communication，mMTC）和低时延高可靠通信（Ultra-Reliable Low-Latency Communications，uRLLC）三大要求，并提高资源利用率，将基站结构做了一定的改变，重构为 3 个功能实体：BBU 被拆分为 CU（Centre Unit 控制单元）和 DU（Distributed Unit 分布单元），即将高层协议处理（分组数据汇聚协议/无线资源控制协议，PDCP/RRC）分离出来成为独立的逻辑单元集中由 CU 处理，底层协议处理（访问控制层/物理层，MAC/PHY）仍保留在站点分部处理，该架构有利于实现多连接、高低频协作、简化切换流程、利于平台开放；天线和 RRU 被集成在一个 AAU（Active Antenna Unit，有源天线单元）中，完成信号收发、缩放、滤波、光电转换等工作。如图 4-11 所示为重构后的接入网。

① CU：原来 BBU 的非实时处理功能部分被分割出来，重新定义为 CU，负责处理非实时协议和服务。

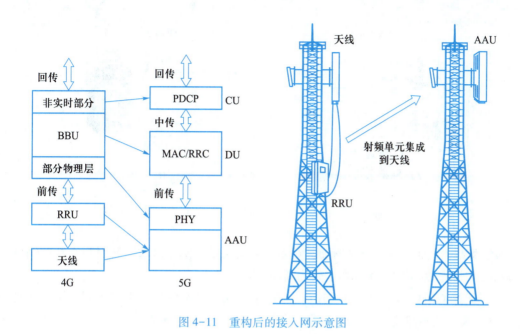

图 4-11　重构后的接入网示意图

② DU：BBU 的剩余功能重新定义为 DU，负责处理物理层协议和实时服务。

③ AAU：BBU 的部分物理层处理功能与原 RRU 及无源天线合并为 AAU。

4.1.3　部署 5G 承载网与核心网

1. 部署 5G 承载网

笔记

5G 承载网是指基站与基站之间、基站与核心网之间的连接系统，其承担着数据的传输功能。承载网作为网络传输的基础资源，必须先于接入网首先部署完成，这就是业界常说的"承载先行"。5G 承载网的部署主要分为：前传，即有源天线 AAU 到分布单元 DU 之间的部署；中传，即分布单元 DU 到控制单元 CU 之间的部署；回传，即控制单元 CU 到核心网之间的部署。接下来针对这 3 个部分来看一下具体的部署。

接下来针对这 3 个部分来看一下具体的部署。

（1）承载网前传的部署

前传的部署方式由 AAU 站点与 DU 站点之间的连接方式所决定。根据两者之间的不同连接方式，主要分为以下 3 种。

1）光纤直连部署方式。每个 AAU 与 DU 之间全部采用光纤点到点直连的组网方式，如图 4-12 所示。

采用光纤直连的实现方式简单，传输信号稳定且速度快，对信息传输质量要求高的区域或者光纤资源丰富的区域可以采用此方案。这种方式存在的问题主要体现在，随着

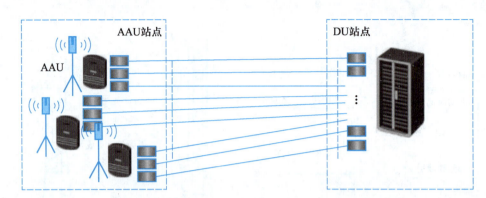

图 4-12　AAU 与 DU 之间通过光纤直连示意图

5G 通信基站、载频数量的急剧增加，对光纤的使用量也随之激增，又因为光纤的铺设成本较高，因此该方案的造价成本也较为高昂。

2）无源 WDM（Wavelength Division Multiplexing，波分复用）部署方式。该方式是利用不同光波承载不同业务，实现在同一根光纤中同时传输多种业务的技术。WDM 传输链路中的光电转换器，也称为 WDM 模块。将该模块安装到 AAU 和 DU 上，通过无源设备完成 WDM 功能，利用一对或者一根光纤提供多个 AAU 到 DU 的连接，这样可以大大节省光纤的开销，如图 4-13 所示。

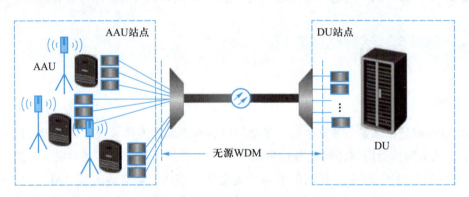

图 4-13　无源 WDM 部署方式示意图

为了更好地理解 WDM 是如何利用不同光波承载不同业务的，下面通过一个类比来讲解。

如果将光纤比做高速公路，在 WDM 系统中用于传输不同业务的光波走不同的车道，不同的业务对应不同的货车，如微博、视频、微信等不同传输业务就相当于待运输的包裹，这些包裹直接放到不同货车上。如果不分车道，这些货车都想进入光纤传输，那么一拥而入会造成整条高速公路车流混乱无序，影响传输效率。有了 WDM，就可以实现在同一根光纤上同时传输，相当于在高速公路上为不同车辆划分车道，让不同车辆在不同车道上同时跑起来，提高了传输效率，如图 4-14 所示。

图 4-14　WDM 与高速公路对比示意图

采用无源 WDM 部署方式，虽然节约了光纤资源，但是也存在着运维困难、不易管理等问题。另外，当产生故障的时候，故障定位点较难确认。

3）有源 WDM/OTN（Optical Transport Network，光传送网）部署方式。该方式在 AAU 站点和 DU 机房中配置相应的 WDM/OTN 设备。WDM 技术最大优势是很好利用光纤资源，可以提供大容量的传输数据能力。但是 WDM 还有以下明显缺点：

① 如果 WDM 中"车辆"上的业务"包裹"在运输过程中出错了，则没有办法识别。即 WDM 系统对业务的监控管理运维能力弱。

② 如果某业务在 WDM 系统指定波道传输后，该波道不能再给其他业务使用，会造成资源浪费。就好比，在高速公路上，每种车辆走的车道是固定，如果该车道空闲，其他类型车辆也是不可以走此车道的。

随着通信网络的发展，数据网络上的数据量急速激增，因此，需要继续开发 WDM 的潜力，改善 WDM 的能力，OTN 技术由此诞生。如果说 WDM 系统类似高速公路交通系统，OTN 则是升级版高速公路交通系统，如图 4-15 所示。

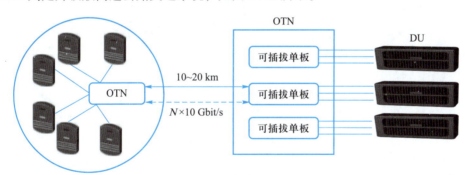

图 4-15　有源 WDM/OTN 方式示意图

WDM/OTN 方式其升级功能主要表现在下面两方面：

① 增加运维规则，具体措施是增加了帧结构，提升业务的监控管理运维能力。

如图 4-16 所示简化的 WDM 与 OTN 系统对比图中，可以看出：在 WDM 系统中，仅是将进入系统的无波长信息业务转换成有波长信息业务，即进行传输。也就是说，WDM 系统对所传输的业务没监督机制，只保证业务可以传输到接收端。而在 OTN 系统中，提供了一套业务放到 OTN 系统的规则，也就是所说的帧结构要求。进入 OTN 系统的业务，会先根据 OTN 帧结构要求打包，即加入监控管理运维的信息，然后再转换成带波长信息的业务放到 OTN 系统传输。

笔 记

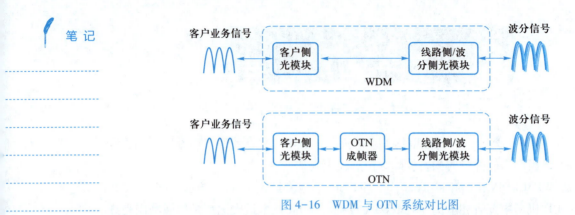

图 4-16　WDM 与 OTN 系统对比图

② 增加电交叉功能，使得 OTN 系统可以分别处理客户业务信号和波分信号，如图 4-17 所示。

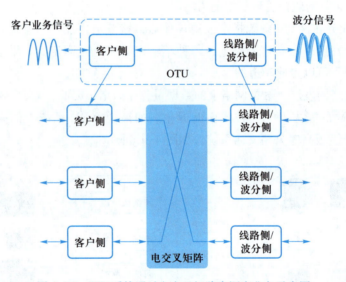

图 4-17　OTN 系统通过电交叉矩阵来调度业务示意图

WDM 系统在传输客户业务时，首先需要将客户业务信号转换成波分信号。传统的 WDM 系统在处理此功能时，是直接通过同一块单板实现，对应每种客户业务均需要占用一个光波承载。当网络的客户业务类型越来越多的时候，为了这些业务可以在 WDM 系统传输，一方面需要开发承载这些业务的新单板，而这会增加网络建设成本；另一方面这些业务也会占用更多光波，导致资源紧张。因此，OTN 系统引入了电交叉功能。该功能就好比在传统 WDM 运输系统中增加了货物调度中心，将进入 OTN 运输系统的不同货物（即不同业务）打包并调度放到不同车辆（即用不同光波来承载）。

总之，WDM/OTN 技术在信息数据量高速膨胀的今天，充当着数据网络的大容量运输系统，不断以更高可靠性、更高灵活调度能力、更高资源利用率传送着这些信息数据"货物"。

（2）承载网中传与回传的部署

即部署分布单元 DU 与集中单元 CU 之间的连接以及集中单元 CU 到核心网之间的连接。

由于中传与回传对于承载网在带宽、组网灵活性、网络切片等方面需求是基本一致的，所以可以使用统一的连接部署方案。主要有以下两种方式：

1）分组增强型 OTN+IP RAN（光传送网+无线 IP 网）部署方式。利用分组增强型光传送网设备组建中传网络，回传部分继续使用现有无线 IP 网架构，如图 4-18 所示。

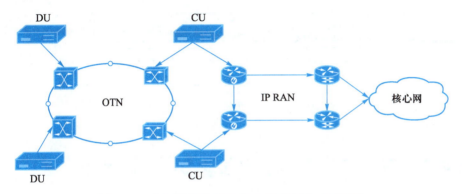

图 4-18　分组增强型 OTN+IP RAN 部署方式示意图

2）端到端分组增强型 OTN（光传送网）部署方式。全程采用增强路由转发功能的分组增强型 OTN 设备实现，即中传与回传网络全部使用分组增强型 OTN 设备进行组网，如图 4-19 所示。

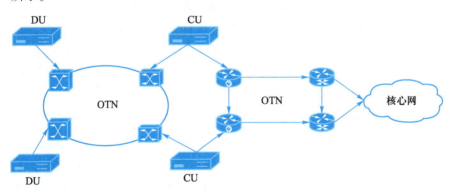

图 4-19　端到端分组增强型 OTN 部署方式示意图

与分组增强型 OTN+IP RAN 方案相比，该方案可以避免分组增强型 OTN 与 IP RAN 的互联互通和跨专业协调的问题，从而更好地发挥分组增强型 OTN 强大的组网能力和端到端的维护管理能力。

2. 部署 5G 核心网

5G 核心网的部署和维护主要由移动运营商来组织实施。从 2G 通信网络到 5G 通信网

笔　记

络不仅硬件平台变化巨大，其网络逻辑结构也发生了彻底改变，如图 4-20 所示。5G 核心网采用基于服务的架构（Service Based Architecture，SBA）。其演变思路有两个：一个是分离，具体来说，就是网元设备的功能开始细化，不再是一个设备集成多个功能，而是进行拆分，各司其职；另外一个是软件化，5G 通过架构和功能扩充，实现了软件定义网络功能（SDN），也就是更多的通过软件来实现相应功能。在将来，核心网的硬件和 IT 行业的硬件一样，而软件就演变为类似于手机上的 App，易于用户使用。由于 5G 核心网的部署维护主要由移动运营商来组织实施，因此，本教材不做细节讨论。

图 4-20　2G 到 5G 网络平台的演变

任务 4.2　面向行业应用的区域化 5G 专网解析

5G 专网是相对于 5G 公网而言的。公网是面向全体用户提供普遍服务的公共通信网络，平时打电话、上网等用的都是公网。这时候，网络资源为所有用户共享，用户间权益平等。而所谓专网，是指在特定区域为特定行业或企业用户提供的专用通信网络。相较于公网，专网性能更强、可靠性更高、安全性更好，且可随用户需求进行专门的定制。

面向行业应用的区域化 5G 专网具有网络需求个性化、行业应用场景化等特点。所谓区域化，是指 5G 专网服务的部署范围可根据区域设计，可面向封闭式的使用场景，如制造业园区、港口、矿山等；5G 专网网络需求个性化，是指对时延要求严苛、可靠性要求高、上行速率需求高、数据安全和隔离要求严格等；行业应用场景化，是指 5G 专网网络将为不同的行业场景就近部署算力并提供能力开放。

逻辑上，5G 专网网络架构包含接入网、承载网、核心网 3 个模块。按其实现功能又可分为 3 个功能平面，分别为接入平面、控制平面和用户平面。接入平面负责整个末端设备的接入；控制平面负责整个系统的控制层面的数据信令等消息的传输承载；用户平面主要负责接入以及核心数据的路由寻址、流量转发，即在中间起到接续的作用。

5G 专网可与现有 IT 网络实现兼容互通，网络能力、网络技术也将不断演进升级。最后，对于多数企业重要的一点是，5G 公网与专网的融合部署可缩短建设周期，进而大大降低成本。

5G 专网服务不仅仅是一张通信网络，更是一种融合网络、云计算、边缘计算、应用平台全面定制的综合解决方案。5G 专网按其不同用户对网络设备的使用方式，分为 3 种类型：5G 虚拟专网、5G 独立专网以及 5G 混合专网。

4.2.1　5G 虚拟专网解析

在 5G 虚拟专网模式中，企业专网用户和企业内公众用户，共享 5G 基站、5G 承载网、5G 核心网（控制面和用户面），如图 4-21 所示。

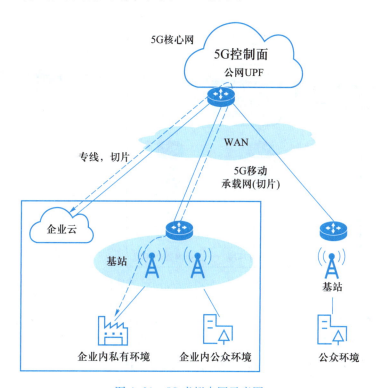

图 4-21　5G 虚拟专网示意图

企业专网用户数据流，从企业专网用户终端，经过运营商在园区里共享基站及 5G 承载网，到公网用户面（UPF），再通过专线传回企业云。企业用户数据一般都会出园区。园区里面普通用户数据流，通过运营商在园区里共享基站，经过 5G 移动承载网传到公网用户面（UPF）。其流程和园区外普通用户的业务流一样，由运营商保证基站到公网用户面（UPF）通信性能和数据安全。

4.2.2　5G 独立专网解析

5G 独立专网模式中，为企业专网用户和企业内公众用户分别建设独立的 5G 网络，如图 4-22 所示。企业专网用户有独立的无线频段、独立的基站和独立的 5G 核心网（独立的控制面和用户面），所有网络设备都在园区里，通过园区网络互连。5G 企业独立专网可以由运营商来建设，也可以是企业自建。

笔 记

笔记

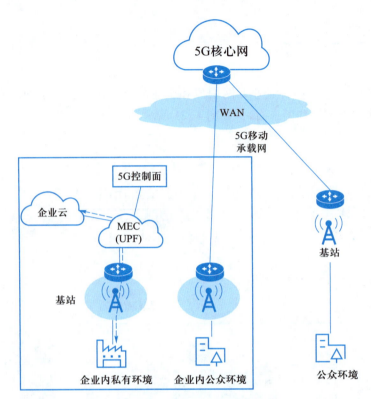

图 4-22   5G 独立专网示意图

运营商同时在企业园区里部署 5G 公网，和园区外部署方案一致，提供普通用户的 5G 业务。企业专网用户数据流，从企业专网用户终端，经过运营商在园区里的独立基站，直接到园区 5G MEC 服务器的 UPF，最后通过园区内网络连接企业云，企业用户数据不出园区；园区里面普通用户数据流，通过运营商在园区里共享基站，经过 5G 移动承载网传到公网 UPF。其流程和园区外普通用户的业务流一样。

其中，用户面 UPF 的实现方式是在靠近 MEC 的位置部署，在 5G 核心网的控制下，使用 UPF 对终端要访问的业务进行分流，即 UPF 需要识别出哪些业务流是访问 MEC 的业务流，如果 UPF 检测到 MEC 业务流，就把这些数据转发到 MEC 上，如果不是 MEC 业务流则转发到企业云上。

4.2.3   5G 混合专网解析

在 5G 混合专网模式中，企业专网用户和企业内公众用户，共享 5G 基站和 5G 核心网控制面。企业专网用户有独立的、部署在企业园区里的 5G MEC 服务器（包括独立的用户面），5G MEC 服务器在园区里面和企业云互连，如图 4-23 所示。

企业专网用户数据流，从企业专网用户终端，经过运营商在园区里的共享基站，直接到园区 5G MEC 服务器的 UPF，最后通过园区内网络连接企业云。企业用户数据不出园

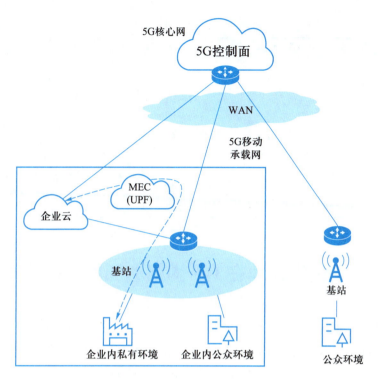

图 4-23　5G 混合专网示意图

区，但 5G 用户的控制信息会出园区，被发送到运营商的 5G 核心网控制面。园区里面普通用户数据流，通过运营商在园区里共享基站，经 5G 移动承载网传到公网 UPF。其流程和园区外普通用户的业务流一样。

　　采用运营商 5G 网络来建设专网，具有成本低、建设速度快、享受专业建设和维护等优点。当前，在工业互联网领域，大多数企业采用的是 5G 混合专网模式。

　　通过前面内容的分析，针对 3 种 5G 专网的不同模式，具有不同的特性和客户对象，下面通过表 4-2 进行分析和比较。

笔记

表 4-2　5G 专网的 3 种不同模式的比较

	5G 虚拟专网	5G 混合专网	5G 独立专网
网络共享	共享基站、5G 移动承载网、5G 核心网	共享基站、5G 核心网的控制面系统	无共享
数据是否出园区	出园区	不出园区	不出园区
MEC 位置	比较高，在运营商机房	下移到园区	下移到园区
低延迟	中	高	高
数据传输安全	比较高（可以用切片）	很高	最高
灵活自服务	低	中	高

续表

	5G 虚拟专网	5G 混合专网	5G 独立专网
成本	低	中	高
客户对象	对网络性能和边缘计算要求不高，对成本比较敏感的中小企业	对网络性能尤其是时延要求高，同时对本企业数据管控有较高要求的客户，如工业视觉检测、工业数据采集、云化 PLC、设备远程控制、移动诊疗车、AGV 调度与导航、机器人巡检等	对安全、性能、自管理要求苛刻的行业客户，如矿山（矿山井下采矿、矿车无人驾驶）、港口（吊车远控、自动集卡）大型工厂、电网等

任务 4.3　5G 边缘计算在 OT 网络的部署

PPT：任务 4.3
5G 边缘计算
在 OT 网络的
部署

微课 4-3
5G 边缘计算
在 OT 网络
的部署

目前各国所实施的智能制造整体解决方案虽有所差别，但其实归根结底都致力于实现信息技术（IT）与运营技术（OT）的共同发展。边缘计算能够提高数据处理效率，实现数据筛选，从而满足工业企业的实时性、海量连接等方面的需求。

作为新一代数字技术，5G 为企业数字化转型提供了新的手段，也为运营商进入行业数字化市场带来新的机遇。企业数字化转型需求从 IT 向 OT 发展，运营商提供的产品和服务也不仅局限于企业宽带、专线等连接服务，不仅仅是互联网数据中心（Internet Data Center，IDC）、服务器等 IT 资源，也包括移动办公、视频服务等通用业务和深入企业 OT 的信息化解决方案。

5G 与边缘计算的结合在企业网特别是 OT 网络中的应用，给工业互联网带来了新的通信应用能力和应用模式。

OT 是使用硬件和软件来控制工业设备的实践方法，即通过软、硬件结合的方式来进行实时操作，通过直接控制工业设备和企业的一些事务来检测整个过程中是否发生了任何变化，从而提高工业设备的可用性和可靠性。OT 系统通过持续监控网络中的软、硬件来确保工业运营的安全，还有助于支持基础设施，如制造、国防公用事业等。OT 网络在工业层面工作，面向企业网络的软、硬件，以处理任何组织的运营数据。如图 4-24 所示为工业企业 OT 网络架构，其中的设备和应用一般分为 5 层，即设备层、边缘控制器层、边缘网关层、边缘云层和工业互联网云平台层。

传统的工业互联网 OT 网络是有线网络，设备和边缘控制器之间一般采用简单的、实时的现场总线构建网络，边缘控制器和边缘网关之间一般采用工业以太网构建车间级网络。5G 边缘计算在 OT 网络中的部署则一般采用 5G 混合专网模式，为工业互联网应用提供了移动和低延迟通信能力。5G 边缘计算在 OT 网络中，主要有"低延迟无线通信"和"无线通信+边缘计算"两种部署方式。

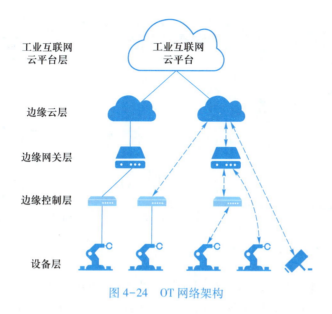

图 4-24　OT 网络架构

4.3.1 "低延迟无线通信"模式部署

"低延迟无线通信"模式提供低延迟无线通信连接，为设备层、边缘控制层和边缘网关层间提供 5G 通信连接，对应原来有线通信时，用现场总线和工业以太网通信连接设备层、边缘控制层和边缘网关层。大部分情况只需要用户面（UPF）来提供 5G 通信连接，不需要提供边缘计算应用。

由于设备层、边缘控制层和边缘网关层设备间都采用 L2 二层网络接口，而工业设备商和企业不希望重新改造相关设备的网络通信接口和协议，因此 5G LAN（Local Area Network，局域网）和 5G TSN（Time-Sensitive Network，时间敏感网络）被用来提供二层通信连接，组建一个端到端的 L2 业务网络。

如图 4-25 所示为传统二层 OT 有线网络和 5G "低延迟无线通信"组网模式的对比。在传统的 OT 有线网络中，设备通过 L2 有线网络（现场总线和工业以太网）连接到控制器。5G "低延迟无线通信"模式组网则是由 5G 基站、CSG（Cell Site Gateway，基站侧网关）、5G MEC 系统（一般不需要提供边缘计算应用）组成，通过防火墙和企业 OT 网络连接；5G MEC 中的 UPF 和无线基站一起提供 5G 通信连接；设备可以通过 5G 模组或 5G CPE（Customer Premise Equipment，客户终端设备）来上 5G 网络。

其中，CSG（Cell Site Gateway，基站侧网关）是 5G 组网中接入基站各类业务信号并处理后转发给汇聚层传输，可使用运营商 IP RAN 路由器实现。5G 模组就是将 5G 芯片、射频、存储、电源管理等硬件进行了封装，对外提供 LGA/M.2 等封装方式，同时提供标准 AT 等软件接口。终端客户直接使用标准接口或指令即可进行 5G 网络连接。在设备上加上 5G 模组，可以让设备通过 5G 网络传输数据。

笔 记

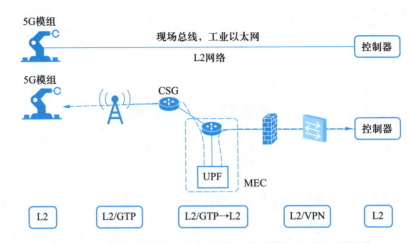

图 4-25　传统 OT 网与 5G "低延迟无线通信" 网对比示意图

5G 网络从基站到 UPF 之间，通过 GTP（GPRS Tunneling Protocol，GPRS 隧道协议）封装来传输 L2 数据帧（如以太网帧），这个传输过程要经过运营商的 IP RAN 网络和 MEC 网关路由器。L2 帧在 UPF 被从 GTP 解封装出，再通过数通网络的 L2 VPN（二层虚拟专用网）传输到控制器，中间要穿越 MEC 防火墙和企业防火墙，以及 MEC 网关路由器和企业园区网。

5G "低延迟无线通信" 模式网络的低延迟和高可靠性通信的能力，是其取代传统 OT 有线网络的必要前提。在 5G 的三大应用场景中，eMBB：增强移动宽带，是针对大流量移动宽带业务；mMTC：大连接物联网，针对大规模物联网业务；URLLC：超高可靠超低时延通信，如自动驾驶等业务就是面向这个网络模式和应用。

4.3.2　"无线通信+边缘计算" 部署模式

该部署模式为设备侧、边缘控制器层和边缘网关层提供了到边缘云的通信连接，一般提供三层（IP 层）通信连接，相较于提供二层（L2 层）通信连接的 "低延迟无线通信" 部署模式，延迟要求会略低。MEP（Message Exchange Pattern，消息交换模式）平台及应用可以部署在 5G MEC 中，提供前端实时智能应用，并且能调用 5G 的开放通信能力，来编写有 5G 特色的智能应用。

如图 4-26 所示为传统三层 OT 有线网络和 5G "无线通信+边缘计算" 组网模式的对比。在传统的三层 OT 有线网络中，设备通过工厂有线网络，把现场网、车间网、厂间网，连接到边缘云，一些远程控制应用也可以实现跨厂区的作业。5G "无线通信+边缘计算" 模式组网则是由 5G 基站、CSG（Cell Site Gateway，基站侧网关）和 5G MEC 系统（能提供边缘计算应用）组成，通过防火墙和企业 OT 网络连接。其中，5G MEC 中的 UPF 和无线基站一起提供 5G 通信连接，MEP 支持边缘计算应用。设备可以通过 5G 模组或 5G CPE 来上 5G 网络。

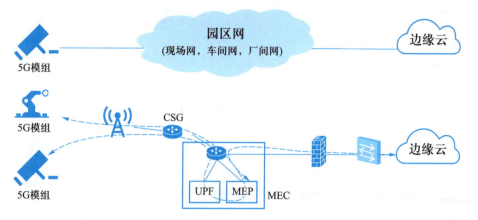

图 4-26　传统三层 OT 有线网络和 5G "无线通信+边缘计算" 组网模式的对比示意图

5G "无线通信+边缘计算" 模式，不仅提供 5G 实时连接，而且提供实时边缘计算应用，比如工业视觉检测。

5G MEC 中的边缘计算，可以视为园区边缘云应用的下移。5G 通信能力开放包括无线网络位置服务（提供基于无线基站定位的用户位置信息），和无线网络带宽及服务质量（Quality of Service，QoS）管理等。用户应用如需要对无线网络上下行带宽进行差异化控制，由 MEP 和无线网络联动实现。实时工业应用直接部署在 5G MEC 的 MEP 平台中，完成实时边缘计算，直接把计算结果反馈给相关设备。比如，工业摄像机把产品检测信息发到 5G MEC，部署在 MEP 中的工业视觉应用进行边缘计算，检查不合格的产品，并将计算结果反馈给生产线上的控制设备，把不合格的产品挑出来。这样，生产信息传输路径短而且可以被实时处理，不需要传输回园区的边缘云；同时实时工业应用还可以利用 MEP 平台提供的 5G 开放通信能力来优化应用。

5G MEC 和园区边缘云间需要保持通信连接，5G MEC 需要将相关信息反馈给园区边缘云；有些边缘计算应用，则还需要后端云计算的支持。

任务 4.4　5G 边缘计算网络架构与规划

本任务以边缘计算网络基础设施产业推进工作组（Edge Computing Networking Infra-structure，ECNI）的边缘计算网络架构模型为基础，边缘计算系统为中心，通过对 ECA（Edge Computing Access，边缘计算接入网络）、ECN（Edge Computing Network，边缘计算内部网络）、ECI（Edge Computing Interconnect，边缘计算互联网络）的学习，来建立边缘计算网络模型。工业互联网 5G 边缘计算网络需要重点关注 5G ECA 对 OT 网的协议和低延迟支持、ECN 集成通信安全、ECI 灵活和低延迟网络技术指标，完成以园区网络（OT 网络）为核心，结合运营商 5G 网络和承载网络组成的工业互联网边缘计算网

笔　记

PPT：任务 4.4
5G 边缘计算网
络架构与规划

微课 4-4
5G 边缘计算
网络架构与
规划

笔 记　络的选择和规划。

4.4.1　ECNI 边缘计算网络架构

　　为了推动边缘计算网络以及边缘计算产业发展，边缘计算产业联盟（ECC）在 2019年和网络 5.0 联合成立了边缘计算网络基础设施联合工作组（ECNI），这是业界第一个聚焦边缘计算网络的产业组织。2019 年 11 月，ECNI 发布了《运营商边缘计算网络技术白皮书》，是业界首个有关运营商边缘计算网络的白皮书。

　　该白皮书从边缘计算的角度重新定义了网络基础设施，提出了一个新的边缘计算网络抽象模型。如图 4-27 所示为边缘计算网络基础设施，将边缘计算网络分为以下 3 个逻辑网段来描述。

　　1）ECA（Edge Computing Access，边缘计算接入网络）：从用户系统到边缘计算系统所经过的网络基础设施。

　　2）ECN（Edge Computing Network，边缘计算内部网络）：边缘计算系统内部网络基础设施。

　　3）ECI（Edge Computing Interconnect，边缘计算互联网络）：从边缘计算系统到云计

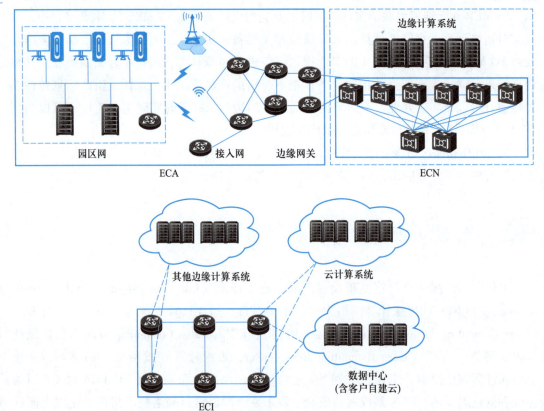

图 4-27　边缘计算网络基础设施

算系统（如公有云、私有云、通信云、用户自建云等）、其他边缘计算系统、各类数据中心所经过的网络基础设施。

　　MEC（内部网络基础设施）在物理网络中的部署位置不同，ECA 和 ECI 在物理网络中的映射也不一样。ECI 可能跨多个网络域。因此，ECA/ECN/ECI 网络模式能更好地描述复杂的 MEC 网络和多样性物理网络间的关系，本模块会用这套网络模式来描述工业互联网边缘计算的网络架构。

4.4.2　工业互联网边缘计算网络架构

　　参照 ECNI 边缘计算网络模型，以边缘计算系统为中心，将工业互联网相关网络划分为 ECA、ECN 和 ECI 3 部分用于连接边缘计算系统运行过程中主要涉及的 3 个实体：前端设备、边缘设备和云中心。工业互联网边缘计算架构是指这 3 个实体是通过怎样的软硬件方式有效组织起来协同运转的，包括硬件架构和软件架构。这里主要讨论其硬件架构，研究其网络组织形式。工业互联网边缘计算网络架构如图 4-28 所示。

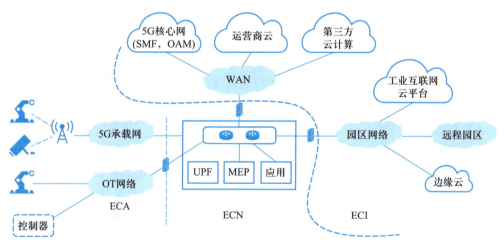

图 4-28　工业互联网边缘计算网络架构

　　（1）工业互联网边缘计算接入网（ECA）

　　工业互联网中的端侧设备可以通过有线和无线方式，接入边缘计算系统。如果采用运营商 5G 接入，ECA 包括运营商的移动承载网 IP RAN。

　　（2）工业互联网边缘计算内部网络（ECN）

　　5G MEC 是一个小型边缘云，通过一对 ECN 网关路由器和外网互连，内部连接 UPF 一体机和边缘计算服务器。

　　（3）工业互联网边缘计算互联网（ECI）

　　ECI 网络分为两个部分，运营商网络互连部分和企业网互连部分。

　　ECI 的运营商网络部分，提供以下通信连接服务：5G MEC 的 UPF 和 5G 核心网控制

笔 记

笔记

面及相关 5G 业务运维系统互通；运营商可以从自己的云计算平台推送应用到 MEC 的 MEP 上；第三方为 MEC 提供应用业务。

　　ECI 的企业网部分，提供以下通信连接服务：MEC 通过 OT 网络和工厂的边缘云互通；MEC 通过园区网和工业互联网云平台互通；远程控制等应用可以跨园区和 MEC 互通。

4.4.3　工业互联网 5G 边缘计算网络规划

　　工业互联网边缘计算网络是以园区网络（OT 网络）为核心，结合运营商 5G 网络和承载网络组成的复杂网络。依据工业互联网边缘计算网络架构模型和工业互联网场景对 5G 边缘计算的网络需求，工业互联网 5G 边缘计算网络规划需要重点关注以下规划要点。

1. 工业互联网网络架构模型规划要点

　　（1）5G ECA 对 OT 网的协议和低延迟支持

　　将 5G 网络应用到 OT 网络中，需要 5G 网络支持 TSN 等 L2 工业互联网协议，满足设备间通信协议的匹配需求。同时，要简化端到端网络来降低网络延迟来满足工业互联网的通信性能要求。

　　（2）5G ECA 最短路径规划

　　5G 混合专网模式是当前被工业互联网应用最多的通信模式。从基站到 MEC 的 UPF，应该采用最短路径连接，在园区里应该通过在园区里的路由器直接连接到 MEC，而不应该在运营商的网络中绕行。业务流无绕行的需求，一方面是为了低延迟和节约网络带宽，另一方面是为了保证企业关键业务数据不出园区。如图 4-29 所示为通过工作在 OSI 不同层次接入设备连接基站与 MEC 的 UPF。这要求 MEC 接入点路由器能就近转发数据报文，

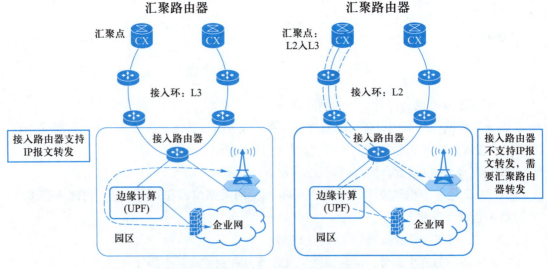

图 4-29　通过工作在 OSI 不同层次接入设备连接基站与 MEC 的 UPF

因此边缘接入网设备具有路由能力，在 5G 传送网中接入层、汇聚层、核心层均采用 SR 隧道和 L3 VPN，端到端部署 IGP 协议（L3 到边缘），是支持业务流无绕行传输的一个基本要求。

（3）ECN 集成通信安全

小微型 MEC 是当前 5G MEC 的主流模式，因为成本和通信需求，ECN 一般采用一层集成网络模型，如图 4-30 所示。这就要求 ECN 的路由器提供 MEC 中各物理设备间以及 VM 间的 L2 和 L3 可靠连接，完成 MEC 和外部 IP 网络（IP RAN）的路由互通和可靠通信，以及边云协调通信。一个 UPF 可以运行多个 VM 来提高性能和可靠性，ECN 要提供多路 ECMP（Equal-Cost Multipath Routing，等价多路径路由）负载均衡。

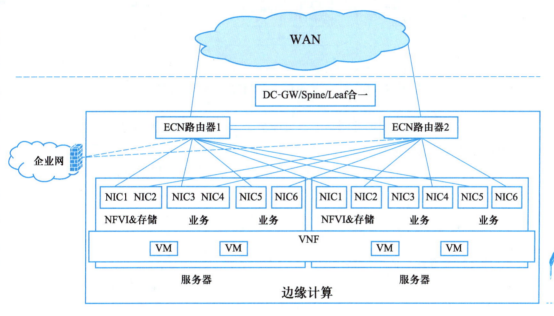

图 4-30　ECN 参考模型

5G 边缘计算系统对运营商和企业来讲都不是安全域，这就带来了新的网络安全隐患。如图 4-31 所示为运营商边缘计算系统和企业网安全示意图。从运营商角度而言，5G 边缘计算里面有非运营商的应用和网络连接，如边缘计算系统直接和企业网互通，不是电信安全域；同时边缘计算改变了原来移动承载网 IP RAN 的业务承载封闭性。从企业角度来看，业务数据和业务应用经过外网和外部 IT 系统，即经过了企业非安全区，并且企业网增加了和运营商网络的互联点，如 5G MEC 经常是接在企业网内部，而不是企业网出口处。

现在边缘计算项目中都采用以防火墙为主的网络安全方案，运营商和企业分别部署防火墙在两网互通的通道上，来保证网络安全。

（4）ECI 灵活和低延迟网络

ECI 网络是一个复杂的逻辑网络。仍从图 4-28 所示工业互联网边缘计算网络架构进行分析。一方面是通过运营商 WAN 网络连接 5G 核心网，运行运营商云应用和第三方云

笔记

笔记

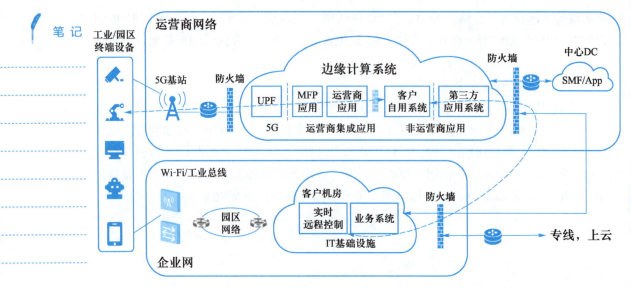

图 4-31   运营商边缘计算系统和企业网安全示意图

应用。ECI 映射到运营商的物理网络上，可能会跨越城域网和骨干网等多个网段。为了支持应用在边缘计算里面的动态部署，网络需要能尽快地提供 ECI 网络连接，比如按需实时建立到某个第三方云的 VPN 通道；为了自动化部署和管理，提供网络 SDN 管控和 API 接口等。

2. 工业互联网场景对 5G 边缘计算的网络需求

（1）支持业务通过固网或移动网的多接入需求

工业互联网场景中，需要接入多种终端设备进行数据的采集、控制等，由于业务的固定或移动特定，决定了设备接入网络的方式必然是多样的，需要网络支持业务通过固网或移动网的多接入需求。

（2）支持工业互联网的可靠连接性需求

网络能够在边缘计算节点业务发生故障时，不再往异常边缘计算节点做业务分发，能够快速切换至其他节点，降低故障影响面。

（3）支持云边协同/跨域边云协同

在智能巡检、AGV 应用、园区设施管理以及 C2C 控制等场景中都对边缘节点以及云中心的协同有要求，如通过云平台接收来自边缘计算节点聚合的数据信息进行模型训练，并将更新模型推送到边缘端，完成数据的分析和处理等，因此需要网络支持云边协同/跨域边云协同。

（4）满足运营商网络和园区网融合的互联互通互操作以及安全互信需求

园区网和运营商网络融合是工业互联网中常见的场景之一。园区网为行业客户在园区范围内提供网络连接，运营商网络为行业客户提供互联网接入和分流管道。同时，运营商网络或园区网可部署边缘计算节点，为用户提供数据服务等业务。

（5）满足工业互联网确定性时延/低时延、高带宽、高并发网络需求

在时延方面，工业自动化控制通常分为运动控制和过程控制，运动控制通常要求时延在 1 ms 级别，过程控制要求时延在 10~100 ms 级别；同时，确定性时延不仅要求低时延，还要求时延的抖动控制在一定范围内，通常为 ns（纳秒）级；带宽方面，对于传统结构化数据的采集，要求在 100 kbit/s，对于非结构化数据的采集，如视频等，要求在 100 Mbit/s 以上；同时需要支持大量终端设备的高并发。因此，需要网络满足工业互联网的确定性时延/低时延、高带宽、高并发网络需求。

（6）支持现场异构接入

网络工业互联网需要面对多种多样的设备，5G 边缘计算的网络需要向下支持多种类的设备接入。

任务 4.5 5G 边缘计算端侧传输部署

PPT：任务 4.5 5G 边缘计算 端侧传输部署

工业互联网 5G 边缘计算端侧传输设备包括交换机、5G 工业智能网关、5G 边缘计算网关等，目前企业中最常用的是 5G 工业智能网关。通过 5G 工业智能网关，可以采集工业现场的电表、水表、燃气表、PLC、网络摄像头、工业相机、AR/VR 等设备的业务数据，通过 5G 网络传输到企业内的 MEC 边缘计算平台，使数据在边缘计算平台上进行算法分析，将结果通过 5G 网络回传到 5G 工业智能网关，从而对工业现场设备进行实时控制和预警等功能。

微课 4-5 5G 边缘计算 端侧传输部署

宏电 5G 工业智能网关是目前工业中比较常用的 5G 工业智能网关。本任务通过部署宏电 5G 工业智能网关，学习 5G 边缘计算端侧传输部署配置流程。

4.5.1 认识 5G 工业智能网关

宏电 5G 智能网关产品规格说明见表 4-3。

表 4-3 宏电 5G 智能网关产品规格说明

规格名称	规格说明	备注
产品名称	工业智能物联网关	
网络制式	5G	根据用户需求选用不同模块，可支持不同网络制式
前面板接口		1 个 7 PIN 端子接口、2 个千兆网口、1 个 RESET 按键、1 个接地螺柱

笔 记

续表

规格名称	规 格 说 明	备　　注
后面板接口	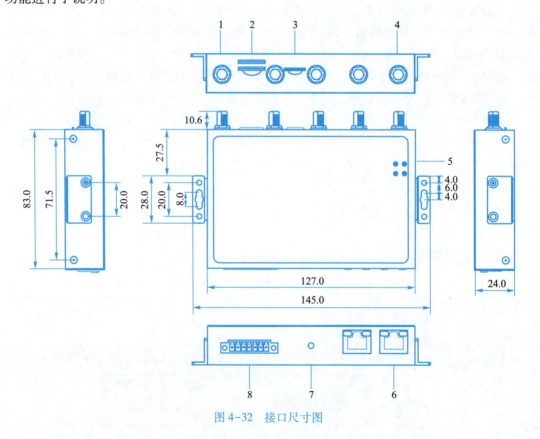	
	1 个 TF 卡接口、2 个 SIM 卡接口、5 个天线接口（SMA-K 母头）	
供电电源	工作电压	DC 9～24 V
工作功耗	平均功耗	约 600 mA@ 12 V DC
其他	尺寸（不含电源线接口及支架）	127.0 mm×83.0 mm×24.0 mm（长×宽×高）
	工作环境温度	−30℃～+70℃
	储存温度	−40℃～+85℃
	相对湿度	<95%（无凝结）

图 4-32 所示为宏电智能网关结构接口尺寸图，表 4-4 对宏电工业智能物联网关接口功能进行了说明。

图 4-32　接口尺寸图

表 4-4　宏电工业智能物联网关接口功能说明

序　号	说　　明	序　号	说　　明
1	Wi-Fi 天线接口	5	指示灯
2	2 个固定式 SIM 卡槽	6	2 个千兆网口
3	TF 卡接口	7	RESET 按键
4	5G 天线接口（4 根）	8	1 个 7 PIN 端子

宏电工业智能物联网关接口为拔插式接线端子，间距为 3.81 mm，7 PIN，接口功能如图 4-33 所示，使用说明见表 4-5。

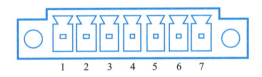

1　2　3　4　5　6　7

图 4-33　宏电工业智能物联网关接口功能

表 4-5　宏电工业智能物联网关接口功能说明

引脚数	PIN1	PIN2	PIN3	PIN4	PIN5	PIN6	PIN7
1×RS232、1×RS485	A	B	GND	TX	RX	Vin−	Vin+
2×RS485	A	B	GND	A2	B2	Vin−	Vin+
2×RS232	TX	RX	GND	TX2	RX2	Vin−	Vin+

- 默认线序为 A、B、GND、TX、RX、Vin−、Vin+（1×RS 232、1×RS 485）。
- 可选支持 A、B、GND、A2、B2、Vin−、Vin+；TX、RX、GND、TX2、RX2、Vin−、Vin+两种线序。

4.5.2　5G 工业智能网关与 5G 专网的传输配置

1）给网关安装天线。宏电工业智能网关支持双 SIM 卡，在正常安装使用过程中需要分别为两个 SIM 卡槽安装 SIM 卡，安装时，SIM 卡芯片朝向下方插入 SIM 卡槽中靠上方的卡槽即可（注意：在 SIM 卡安装时需保持网关处于断电装填）。

2）使用 RJ-45 类型接头的以太网线将配置计算机与宏电工业智能网关的 LAN 口中的任何一个直接连接，如图 4-34 所示。

3）设备上电。宏电工业智能网关产品使用 9~24 V 直流供电。安装并准备上电前，查看一下 SIM 卡，检查卡有没有插紧。插上电后检查网关工作状态指示灯，在插上电的一瞬间所有灯都会亮起，接下来，SYS 灯会亮，过一段时间，连接 PC 的 LAN 灯会亮起，表示系统已经启动并和 PC 建立了连接。

笔 记

笔 记

工业智能物联网关   配置计算机

图 4-34 单设备直连方式

4）配置计算机的以太网 IP 地址。选择系统"开始"按钮，选择"控制面板"→"网络和 Internet"→"网络和共享中心"选项，打开"网络和共享中心"窗口，如图 4-35 所示。

图 4-35 "网络和共享中心"窗口

5）单击本地连接，打开本地连接状态对话框，如图 4-36 所示。

6）单击"属性"按钮，打开本地连接属性对话框，如图 4-37 所示。

7）双击"Internet 协议版本 4（TCP/IPv4）"项，打开 Internet 协议属性对话框。在"常规"选项卡中修改常规网络配置，如图 4-38 所示。由于宏电工业智能网关出厂默认参数中，IP 地址为 192.168.8.1，子网掩码为 255.255.255.0，因此将"默认网关"和"子网掩码"配置为宏电工业智能网关出厂默认值，IP 地址配置为 192.168.8.2～192.168.8.254 均可。

图 4-36 本地连接状态对话框

图 4-37 本地连接属性对话框

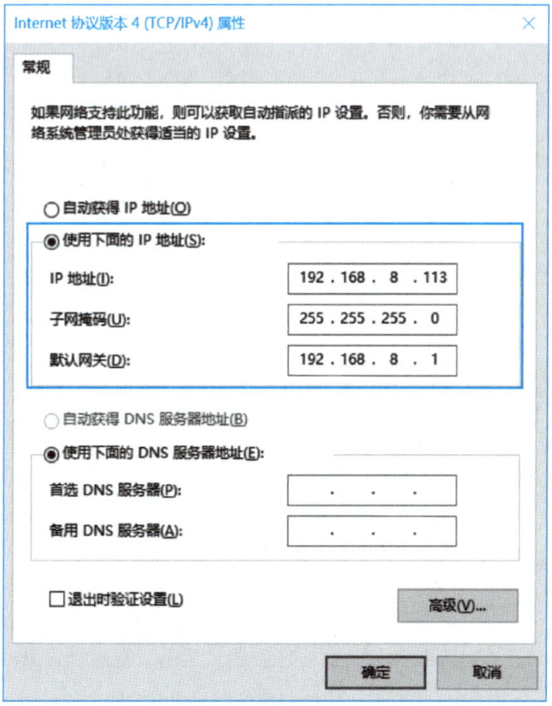

图 4-38 修改常规网络配置

8）完成网线连接，并配置计算机 IP 地址后，打开浏览器，在地址栏中输入"192.168.8.1"并按回车键，浏览器会跳转到宏电网关的登录界面，如图 4-39 所示。

图 4-39　宏电网关登录界面

9）输入网关的初始登录账号及密码，默认初始账号为 admin，默认初始密码为 admin，如图 4-40 所示。

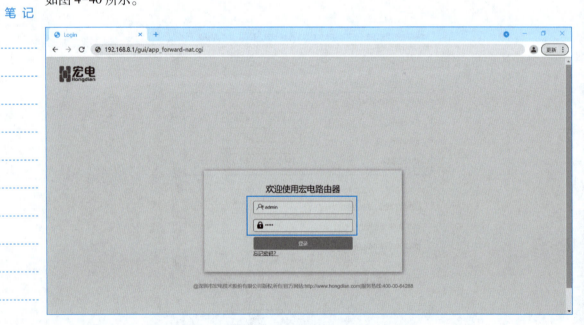

图 4-40　输入初始账号及密码

10）单击"登录"按钮，登录到宏电工业智能网关的首页，可以看到左侧功能栏有运行状态、网络设置、应用设置、运维管理、平台管理、系统管理六大功能，如图 4-41 所示。

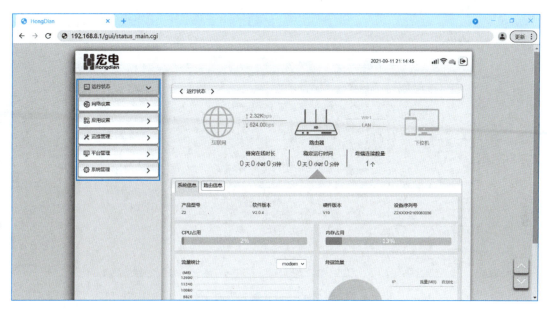

图 4-41　宏电工业智能网关首页

11）单击左侧功能列表中"网络设置"→"移动网络"项，如果移动网络显示未启用，则单击"启用"按钮，如图 4-42 所示。

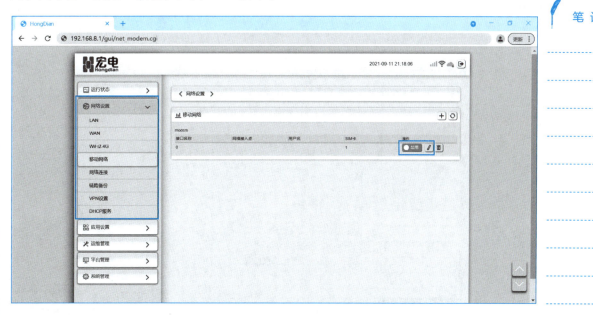

图 4-42　选择"移动网络"功能进行配置

笔 记

笔记

12）再单击"启用"按钮右侧的"编辑"按钮，进入 APN 配置界面，如图 4-43 所示。

图 4-43　APN 配置界面

13）协议类型选择 IPv4；网络接入点输入运营商提供的接入点名称，此处为 5G 网络运营商根据该区域所使用的 5G 专网提供；网络类型选择为 5G，网络频段选择 auto，鉴权类型选择 chap+chap；然后单击右上角"保存"按钮，保存当前网络配置，如图 4-44 所示。

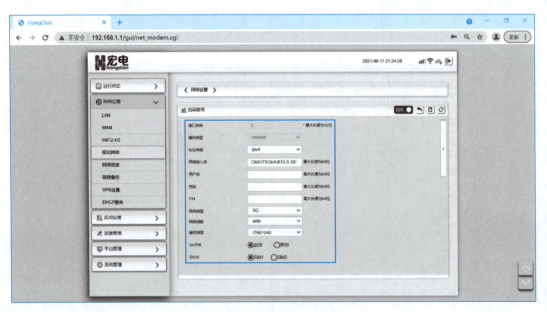

图 4-44　完成 APN 相关配置

14）选择左侧功能列表中的"运行状态"项，可以看到路由器与互联网之间存在数据通信，说明该网关与 5G 网络的传输已经配置完成，可以正常连上 5G 专网，如图 4-45 所示。

笔记

图 4-45　检查 5G 网络连接状态

任务 4.6　5G 混合专网部署

5G 混合专网的组网特点更适用于各种局域开放园区，包括工业制造，交通物流、港口码头、高端景区、城市安防等，是当前企业主要的组网方式。本任务通过 5G 混合专网的部署流程搭建网络拓扑，再通过 5G 工业智能网关与终端之间的传输配置实例学习 5G 混合专网的部署。

4.6.1　5G 混合专网部署流程

1）5G 边缘计算终端设备，包括 PLC、工业机器人、AGV、工业相机、摄像头以及常见的水表、电表、燃气表等。这些设备通过 TCP、UDP、RS232、RS485 等通信接口协议，将采集的工业数据传输到 5G 通信模组，包括边缘物联网关、5G CPE 及其他 5G 模组。

2）5G 通信模组对采集到的各种工业协议进行转换后，通过 5G NR 空口协议将数据传输给 5G 基站的射频单元，如 AAU、Easy Macro、PRRU 等，5G 射频单元通过 eCPRI 前

PPT：任务 4.6
5G 混合专网
部署

微课 4-6
5G 混合专网
部署

传接口协议与将数据输出到 5G BBU 基带处理单元。同时，5G RAN 之间可以通过 Xn 后传协议栈进行通信。

3）5G RAN 通过 NG 后传协议栈，与 MEC 边缘计算平台的 UPF 以及 5G 核心网（5GC）的 AMF、UPF 进行数据通信。其中，5G RAN 与 UPF 直接的接口为 N3 接口，与 AMF 之间的接口为 N2 接口。

4）MEC 边缘计算平台的 UPF 通过 N6 接口与内部算法服务器之间进行数据通信，同时，UPF 也可以与内部数据中心进行通信。

5）MEC 的 UPF 通过运营商的传输网络接入到外部网络，与外部数据中心进行通信。图 4-46 所示是 5G 网络各功能模块以及通信接口。

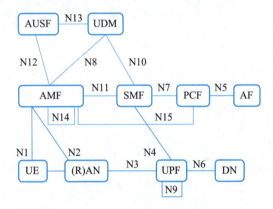

5G 网络功能	中文名称	类似 4G EPC 网元
AMF	接入和移动性管理	MME 中 NAS 接入控制功能
SMF	会话管理	MME、SGM-C、PGW-C 的会话管理功能
UPF	用户平面	SGW-U+PGW-U 用户平面功能
UDM	统一数据管理	HSS、SPR 等
PCF	策略控制功能	PCRF
AUSF	认证服务器功能	HSS 中鉴权功能
NEF	网络能力开放	SCEF
NSSF	网络切片选择功能	5G 新增，用于网络切片选择
NRF	网络注册功能	5G 新增，类似增强 DNS 功能

图 4-46　5G 网络功能模块和通信接口

依据 5G 混合专网的部署流程搭建 5G 混合专网拓扑图，如图 4-47 所示。

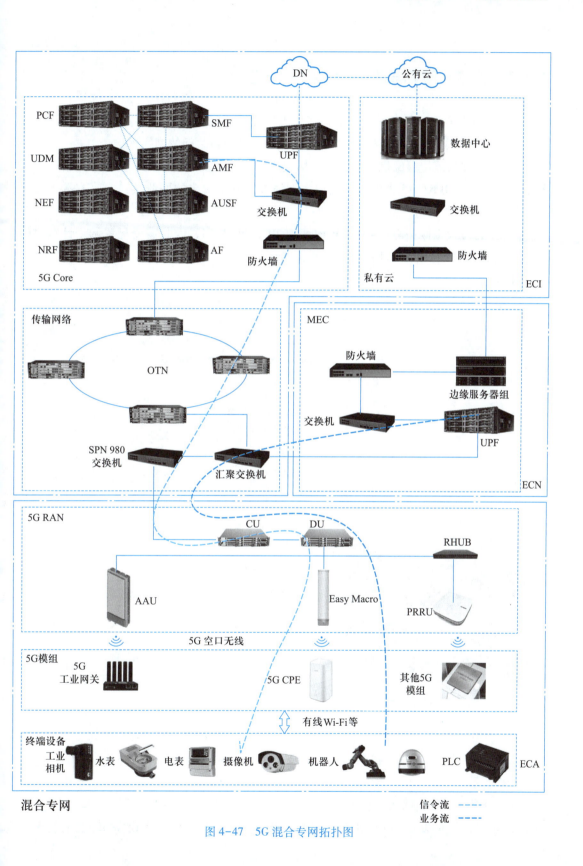

图 4-47　5G 混合专网拓扑图

4.6.2　5G 工业网关与终端之间的传输配置

在本模块的任务 4.5 中，已经完成了宏电工业智能网关与 5G 网络之间的配置。在本任务中，需要完成宏电工业智能网关与视频监控摄像设备之间的网络连接。

1）配置视频监控摄像机，此处以市场主流的海康威视的摄像头为例。首先给摄像头接上电源，然后用 RJ-45 类型接头的以太网线接入到摄像头的网线接口，另一端连接配置计算机，如图 4-48 所示。

2）因为海康摄像头出厂默认 IP 地址为 192.168.1.64，因此需要配置调测计算机的 IP 地址与摄像头默认 IP 地址在同一个网段内。此处配置计算机 IP 地址为 192.168.1.62，如图 4-49 所示。

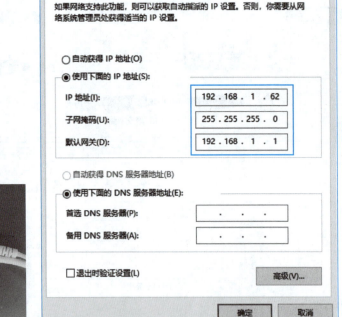

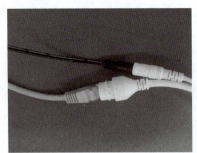

图 4-48　摄像头电源和 RJ-45 网线的连接　　　　图 4-49　计算机 IP 地址配置

3）打开浏览器，在地址栏中输入"http://192.168.1.64:80"并按回车键，可进入摄像头的调测登录界面。输入设备默认初始登录账号 admin，初始登录密码 Adminhaier，如图 4-50 所示。

4）登录成功后，选择"配置模块"→"基本配置"→"TCP/IP"，进入 TCP/IP 相关配置界面，可在设备 IPv4 地址栏中修改设备 IP 地址。此处将设备 IP 地址修改为

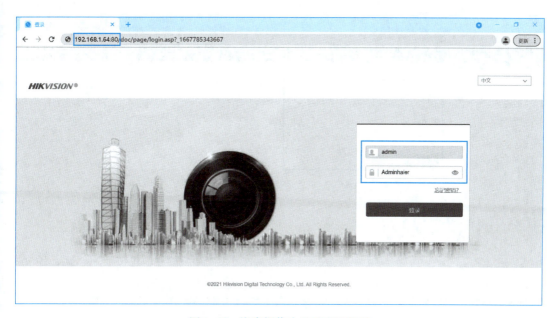

图 4-50　海康摄像头登录配置界面

192.168.1.43，如图 4-51 所示。

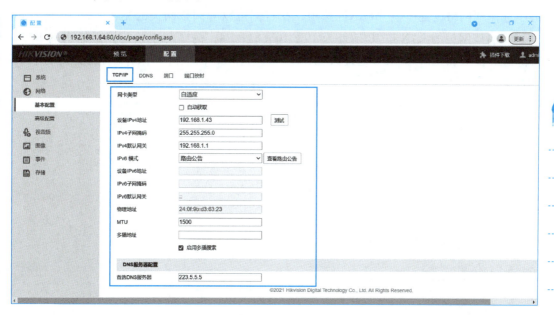

图 4-51　海康摄像头的 IP 地址配置

5）选择"配置模块"→"基本配置"→"端口"，配置 HTTP 端口号由原来的 80 改为 81，RTSP 端口号配置为 554，HTTPS 端口号配置为 443，服务端口号配置为 8000，单击"保存"按钮，如图 4-52 所示。

笔 记

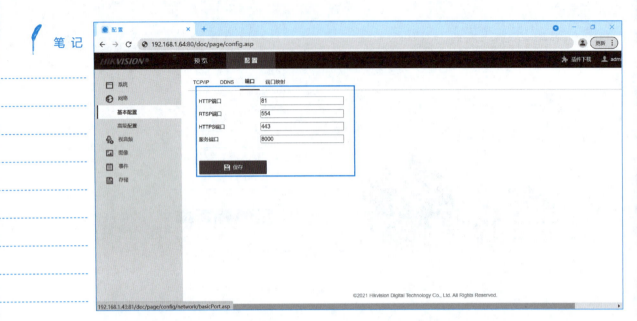

图 4-52 海康摄像头 HTTP 端口配置

6）下面配置宏电工业智能网关的内部网络。登录宏电工业智能网关，在左侧功能列表中选择"网络设置"→"LAN"选项，在右侧可以看到该网关的主机名和 IP 地址信息。当前该网关的 LAN 口 IP 地址为 192.168.8.1/24，为了与视频监控摄像机的 IP 地址适配，此处将 LAN 口 IP1 地址改为 192.168.1.1/24，单击"保存"按钮然后退出，如图 4-53 所示。

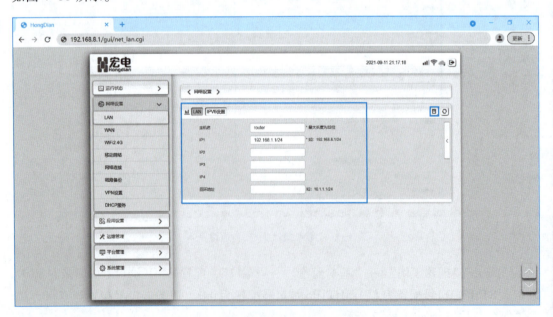

图 4-53 网关 LAN 口 IP 配置

7）退出后重新使用 192.168.1.1 登录海康摄像头，选择左侧"网络设置"→"WAN"项，工作模式选择"lan"，如图 4-54 所示。

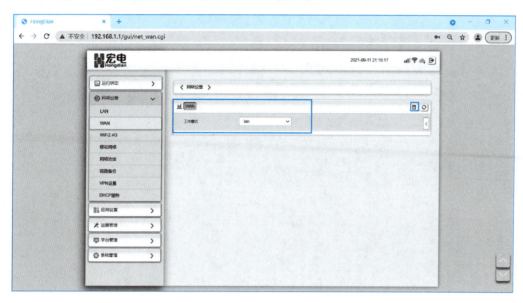

图 4-54 网关 WAN 口工作模式配置

8）选择左侧"网络设置"→"WiFi2.4G"项，对 2.4G Wi-Fi 网络进行配置。工作模式选择 ap；SSID 可自定义，此处自定位 admin-Hongdian-0008；网络模式选择为 bgn，带宽 40 MHz，工作通道为 5，广播状态为启用；加密设置选择 none，也可以根据使用场景设置 Wi-Fi 网络密码。配置完成后单击右上角"保存"按钮，如图 4-55 所示。

图 4-55 网关 Wi-Fi 2.4G 网络配置

笔 记

笔 记

9）选择左侧功能列表中的"系统管理"→"用户管理"项，修改端口号为 90，然后单击右上角"保存"按钮，如图 4-56 所示。

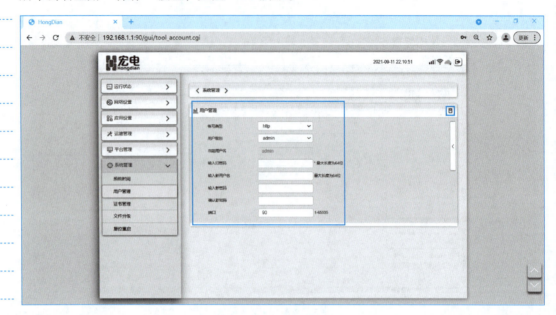

图 4-56   网关传输端口

10）再选择左侧功能列表中的"应用设置"→"安全设置"选项，单击右侧"端口开放"按钮，再单击端口开放列表中 modem 后面的"编辑"按钮，进入接口 modem 的配置页面，把 CLI 和 HTTP 选择为"启用"，单击右上角"保存"按钮，如图 4-57 和图 4-58 所示。

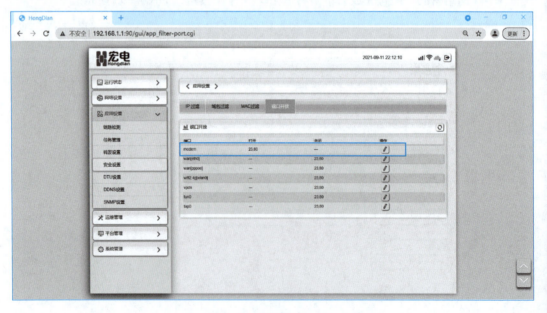

图 4-57   编辑网关 modem

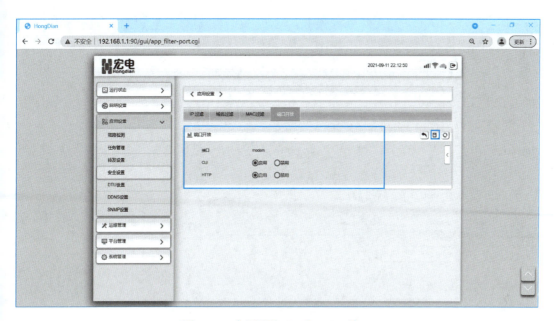

图 4-58　启用网关 CLI 和 HTTP 端口

11）选择左侧功能列表中的"应用程序"→"转发设置"项，在右侧选择 NAT，单击 DNAT 后面的"添加"按钮，如图 4-59 所示。

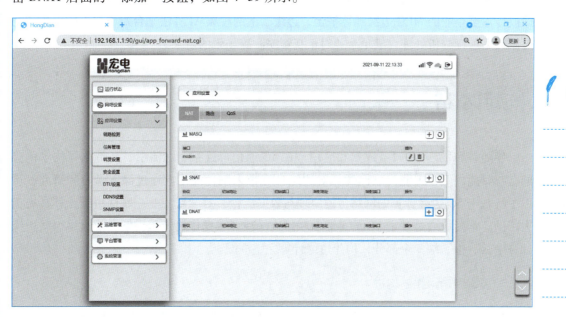

图 4-59　网关添加新的 DNAT 转发设置

12）在 NAT 配置中，协议类型选择 tcp，初始地址类型选择 interface，接口类型选择 modem，初始接口输入 8000，映射地址输入海康摄像头已经配置完成的 IP 地址 192.168.1.43，映射端口号输入 8000，单击右上角"保存"按钮，如图 4-60 所示。

笔 记

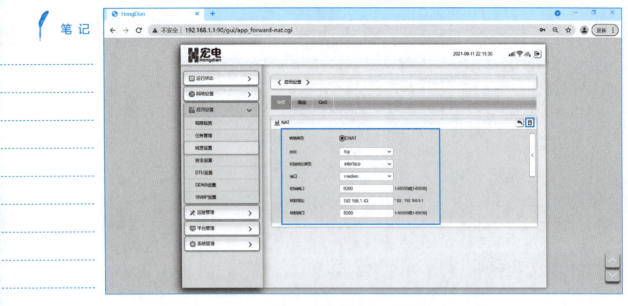

图 4-60　网关中对 NDAT 进行配置

13）摄像头和网关完成配置后，通过 RJ-45 类型接口的以太网线，把海康摄像头和宏电网关进行连接，摄像头的图像数据便可以通过网关进行转发传输。通过 5G 基站，数据被传输至企业的 MEC 边缘计算平台，边缘云上的视频 AI 算法平台对摄像头所采集到的图像数据进行分析处理，满足企业对于视频安防等场景的需求。

【项目小结】

伴随着 5G 技术的日益成熟和应用，在 5G 通信广连接、大流量、高带宽等技术优势的有益赋能之下，工业互联网领域对边缘计算带来刚性需求。通过深入学习和研究，可以了解基于 5G 边缘计算的网络传输原理与数据流程，对学习工业互联网边缘计算具有极大帮助。本模块通过基于 5G 的工业互联网边缘计算数据传输流程讲解，使学生串联边缘计算中云、边、端 3 个部分，构建边缘计算完整框图。

1. 5G 传输网络的构成

尽管 5G 网络在很多方面有了大幅度的提升，但其通信网络的逻辑架构相比 4G 网络并没有发生太大的变化，通信网络依然采用接入网、承载网、核心网 3 个模块。

（1）接入网

接入网最重要的核心组件是通信基站，包括 BBU 和 RRU 两个主要单元。

至今，通信基站部署的发展历程大体经历了 5 个阶段，从 BBU 和 RRU 高度集成，到

BBU 和 RRU 分散放置，再到 RRU 拉远至天线塔杆，然后在 RRU 拉远的基础上 BBU 集成为了中心机房里的 BBU 基带池，最后 5G 时代将 BBU 和 RRU 重构为了 3 个功能实体：BBU 被拆分为控制单元 CU 和分布单元 DU，天线和 RRU 被集成在一个有源天线 AAU 中。

（2）承载网

5G 承载网是指基站与基站之间、基站与核心网之间的连接系统，承担着数据的传输功能。部署主要分为：前传，即有源天线 AAU 到分布单元 DU 之间的部署；中传，即分布单元 DU 到控制单元 CU 之间的部署；回传，即控制单元 CU 到核心网之间的部署。

（3）核心网

主要由移动运营商来组织实施。

2. 面向行业应用的区域化 5G 专网解析

5G 专网按其不同用户对网络设备的使用方式，分为 3 种类型：5G 虚拟专网、5G 独立专网、5G 混合专网。

（1）5G 虚拟专网

5G 虚拟专网是指为企业专网用户和企业内公众用户，共享 5G 基站、5G 承载网、5G 核心网（控制面和用户面）的 5G 网络。

（2）5G 独立专网

5G 独立专网是指为企业专网用户和企业内公众用户分别建设独立的 5G 网络。企业专网用户有独立的无线频段、独立的基站和独立的 5G 核心网（独立的控制面和用户面），所有网络设备都在园区里，通过园区网络互连。

（3）5G 混合专网

5G 混合专网是指为企业专网用户和企业内公众用户，共享 5G 基站和 5G 核心网控制面的 5G 网络。企业专网用户有独立的、部署在企业园区里的 5G MEC 服务器（包括独立的用户面），5G MEC 服务器在园区里面和企业云互连。

笔 记

3. 5G 边缘计算在 OT 网络的部署

传统的工业互联网 OT 网络是有线网络，设备和边缘控制器之间一般采用简单的、实时的现场总线构建网络，边缘控制器和边缘网关之间一般采用工业以太网构建车间级网络。5G 边缘计算在 OT 网络中的部署一般采用 5G 混合专网模式，为工业互联网应用提供了移动和低延迟通信能力。5G 边缘计算在 OT 网络中，主要有"低延迟无线通信"和"无线通信+边缘计算"两种部署方式。

4. 5G 边缘计算网络架构与规划

边缘计算网络分为 3 个逻辑网段：边缘计算接入网络 ECA、边缘计算内部网络 ECN、边缘计算互联网络 ECI。以边缘计算系统为中心，将工业互联网相关网络划分为 ECA、ECN 和 ECI 3 部分主要涉及的 3 个实体：前端设备、边缘设备和运中心。工业互联网边缘

笔记

计算架构是指这 3 个实体是通过怎样的软硬件方式有效组织起来协同运转的，包括硬件架构和软件架构。

工业互联网边缘计算网络是以园区网络（OT 网络）为核心，结合运营商 5G 网络和承载网络组成的复杂网络。依据工业互联网边缘计算网络架构和工业互联网场景对 5G 边缘计算的网络需求，工业互联网 5G 边缘计算网络规划需要重点关注以下规划要点：

1）工业互联网网络架构模型规划要点。包括：5G ECA 对 OT 网的协议和低延迟支持，5G ECA 最短路径规划，ECN 集成通信安全，ECI 灵活和低延迟网络。

2）工业互联网场景对 5G 边缘计算的网络需求。包括：支持业务通过固网或移动网的多接入需求，支持工业互联网的可靠连接性需求，支持云边协同/跨域边云协同，满足运营商网络和园区网融合的互联互通互操作以及安全互信需求，满足工业互联网确定性时延/低时延、高带宽、高并发网络需求，支持现场异构接入。

5. 5G 边缘计算端侧传输部署

工业互联网 5G 边缘计算端侧传输设备包括交换机、5G 工业智能网关、5G 边缘计算网关等，目前企业中最常用的是 5G 工业智能网关。通过 5G 工业智能网关，可以采集工业现场的电表、水表、气表、PLC、网络摄像头、工业相机、AR/VR 等设备的业务数据，通过 5G 网络传输到企业内的 MEC 边缘计算平台，使数据在边缘计算平台上进行算法分析，将结果通过 5G 网络回传到 5G 工业智能网关，对工业现场设备进行实时控制和预警等功能。

宏电 5G 工业智能网关是目前工业中比较常用的 5G 工业智能网关，通过部署宏电 5G 工业智能网关，学习 5G 边缘计算端侧传输部署配置流程。

6. 5G 混合专网部署

5G 混合专网的组网特点更适用于各种局域开放园区，包括工业制造，交通物流、港口码头、高端景区、城市安防等，是当前企业主要的组网方式。通过 5G 混合专网的部署流程搭建网络拓扑，再通过 5G 工业智能网关与终端之间的传输配置实例了解 5G 混合专网的部署。

【拓展阅读】

中国"5G+工业互联网"步入规模发展新阶段，工业和
信息化部将出台更多政策工具

工业互联网是我国重点建设的新基建之一，也被业内视为"互联网的下半场"，目前工业互联网市场规模已突破万亿元。2022 年为"5G+工业互联网"512 工程收官之年，也是 5G 规模化落地的关键一年。

11月19日—21日，由工业和信息化部、湖北省人民政府共同主办的"2022中国5G+工业互联网大会"在湖北武汉召开，对"5G+工业互联网"512工程三年成果进行总结。工信部在会上正式宣布中国商飞获全国第一张企业5G专网的频率许可，我国的工业互联网标识解析体系——"5+2"国家顶级节点也已完全建成。

下一步，相关部门将继续研究出台支持工业互联网规模发展的新举措，进一步丰富政策工具箱，持续提升产业供给水平，营造"5G+工业互联网"良好发展环境。

1. 三年推进方案正式收官

自从2019年我国正式商用5G后，工业和信息化部便出台了《"5G+工业互联网"512工程推进方案》，有针对性地推进5G和工业互联网融合发展。明确到2022年，将突破一批面向工业互联网特定需求的5G关键技术，"5G+工业互联网"的产业支撑能力显著提升。

2022年是实施"5G+工业互联网"512工程的收官之年，我国"5G+工业互联网"逐步探索形成政府规划引导、地方务实推动、产业联动发展的"中国模式"，正在进入由起步探索向规模发展的新阶段。

目前31个省份均已出台相关支持政策，央地协同的政策体系基本构建，政府、产业和市场层面的资金支持力度也在持续加大。2021年工业互联网产业总规模已经达到1.08万亿元，同比增速达到18.7%。全国已形成超20个省级5G+工业互联网先导区项目，为下一个阶段建设5G全连接工厂提供了良好的基础。

值得注意的是，工业和信息化部在大会上正式宣布中国商飞获全国第一张企业5G专网的频率许可，使用5 925~6 125 MHz和24.750~25.15 GHz的工业无线专用频段，具有高速率、大连接、低时延等技术优势。

国内的5G频率是四大运营商专用的，企业没有专网，而5G专网和运营商频率可以有效分开，一个解决安全，一个解决利益冲突问题。目前国家已经开始发放5G专网的频率许可，将进一步发挥5G在工业互联网领域的技术优势，希望继续扩大在ToB领域的试点推广力度，加快5G在ToB市场的应用普及。接下来将加大攻坚力度，不断提升产业链供给水平，推动技术经营企业打造精品网络，面向工业企业低时延、高可靠、高安全需求，提出5G专网和混合专网建设服务，探索应用模式，降低综合应用成本，以工业互联网创新发展工程为引领，推动各方加强低成本、轻量化的5G工业研发和产业化，让广大企业用得起用得好。

2. "5G+工业互联网"仍有优化空间

大会发布的《2022年度中国5G+工业互联网舆情研究报告》显示，目前舆论关注"5G+工业互联网"发展存在的困难和不足，目前我国仍有大量传统产业企业处于数字化、网络化、智能化改造阶段，转型成本较高、发展方向不明等问题仍然存在，"5G+工业互联网"模式仍有诸多优化拐点。

比如，当前行业终端、模组、芯片等价格偏高，在一定程度上制约了5G工业应用的规模推广。

笔记

相关专家表示，工业 5G 芯片、模组以及网关价格已呈下降趋势，尤其是 5G 模组价格已经从 2 000 多块降到 500 块钱以下，年均下降 40%，但仍高于中小企业预期。5G RedCap 标准已在今年 6 月正式确立，通过在 5G 基础上进行带宽、功能、性能以及元器件等方面的裁剪，初步预计 RedCap 模组初始价格为 30 美金左右。同时，预计我国也将在 2023 年实现精简化 5G 芯片的研发，并在 2024 年实现规模商用，从而可以满足物联网等场景需求。不过，即使芯片模组可降到很低价格，但和场景结合方面仍需每个行业、每个工厂去探索，这面临一个解决切入路径与标准化和可复制的问题。

"关键在于还是要解决规模应用，5G 手机最初的成本也不小，但是市场形成规模后成本就下降了，手机的价格也随之下降。而现在 5G 工业应用的标准化问题没有解决，就很难成规模。另外，工厂的 5G 设计不需要像手机一样多模多屏，但现在很多设计在 5G 模组时是按照同样的标准来做，变相提高了成本。"专家表示，后续应当区分工业应用和消费应用的频率，为工业应用划定专用的频率，减少干扰，并且以此降低成本。如果大企业愿意自建 5G 专网，也可以使用专用频率。

同时，当前工业互联网在赋能不同规模企业过程中仍存在着一定的不平衡现象：少数重点大型工业企业的需求被重点关注、重点解决；但是，我国规模以上的工业中小企业数量超过 40 万户，这一类企业的数字化转型往往面临着成本高、不愿转、不会转等难题，这就需要转型方案提供商进一步改进自身技术和服务模式，助力中小企业的数字化需求。

对于目前中小企业数字化转型难题，专家特别提醒，5G 贯穿数据采集、处理决策的全过程，采用 5G 的 CEP+UPF 以 IPv6 直接上云，便不需要构建工业互联网平台。中小企业可以通过直接上云来获得数字化转型的能力，包括大数据分析和人工智能决策能力，有边缘计算配置的企业，则可以更好地连接各种各样的云。

下一步，相关部门将加大信息技术赋能千行百业力度，聚焦各行业特点，转型痛点，发展难点，丰富行业应用解决方案，降低行业应用综合成本，并打造一批高水平 5G 全连接工厂示范标杆，建设一批"5G+工业互联网"融合应用先导区。

【课后习题】

文本：习题答案

一、填空题

1. 5G 通信网络的逻辑架构依然采用_____、_____和_____3 个模块进行数据转发。

2. 通信基站的组成包括_____、_____、_____和_____4 个部分。

3. RRU 通过馈线连接天线，主要包括_____、_____、_____和_____4 个模块。

4. 5G 专网按其不同用户对网络设备的使用方式，分为_____、_____和_____ 3 种类型。

5. _____与_____的结合在企业网特别是 OT 网络中的应用，给工业互联网带来了新的通信应用能力和应用模式。

6. OT 网络架构中的设备和应用一般分为 5 层，即_____、_____、_____、_____和_____。

7. 5G 边缘计算在 OT 网络中，主要有_____和_____两种部署方式。

8. 2019 年，ECNI 发布了《运营商边缘计算网络技术白皮书》，将边缘计算网络分为_____、_____和_____ 3 个逻辑网段。

二、选择题

1. 在移动通信发展过程中，动运营商在接入网的主要成本支出主要包括（　　）。
A. 基站的租赁费　　　　　　　　　　B. 基站正常运行的电费
C. 基站正常运行的维护费　　　　　　D. 员工工资

2. 5G 网络的部署过程中，应优先部署（　　）。
A. 接入网　　　　　　B. 承载网　　　　　　C. 移动网　　　　　　D. 内部网

3. 5G 承载网前传的部署方式由（　　）决定。
A. AAU 站点与 DU 站点之间的连接方式
B. 分布单元 DU 与集中单元 CU 之间的连接方式
C. 集中单元 CU 到核心网之间的连接方式
D. AAU 站点到核心网之间的连接方式

4. 5G 承载网中传的部署方式由（　　）决定。
A. AAU 站点与 DU 站点之间的连接方式
B. 分布单元 DU 与集中单元 CU 之间的连接方式
C. 集中单元 CU 到核心网之间的连接方式
D. AAU 站点到核心网之间的连接方式

5. 5G 承载网回传的部署方式由（　　）决定。
A. AAU 站点与 DU 站点之间的连接方式
B. 分布单元 DU 与集中单元 CU 之间的连接方式
C. 集中单元 CU 到核心网之间的连接方式
D. AAU 站点到核心网之间的连接方式

6. 5G 专网中数据传输安全级别最高的是（　　）。
A. 5G 虚拟专网　　　B. 5G 独立专网　　　C. 5G 混合专网　　　D. 5G 网络

7. 5G 专网在工业互联网领域的应用，大多数企业采用（　　）模式。
A. 5G 虚拟专网　　　B. 5G 独立专网　　　C. 5G 混合专网　　　D. 5G 网络

8. 对安全、性能、自管理要求苛刻的行业客户多采用（　　）模式组网。

A. 5G 虚拟专网　　　B. 5G 独立专网　　　C. 5G 混合专网　　　D. 5G 网络

9. 对网络性能和边缘计算要求不高，对成本比较敏感的中小企业多采用（　　）模式组网。

A. 5G 虚拟专网　　　B. 5G 独立专网　　　C. 5G 混合专网　　　D. 5G 网络

10. 对网络性能尤其是时延要求高，同时对本企业数据管控有较高要求的客户多采用（　　）模式组网。

A. 5G 虚拟专网　　　B. 5G 独立专网　　　C. 5G 混合专网　　　D. 5G 网络

11. 运营商为企业提供的产品和服务包括（　　）。

A. 企业宽带、专线等连接服务　　　　　B. IDC、服务器等 IT 资源

C. 移动办公、视频服务等通用业务　　　D. 深入企业 OT 的信息化解决方案

三、简答题

1. 简述 5G 技术与前几代技术相比所具有的优势。

2. 简述运营商对基站部署方式的改善发展历程。

3. 简述承载网前传的主要部署方式。

4. 简述 5G 专网与公网的区别。

5. 简述 5G 专网的 3 种类型。

6. 简述在工业互联网中，传统有线 OT 网络与采用 5G 技术构建的 OT 网络部署的区别。

7. 简述工业互联网网络架构模型的规划要点。

8. 简述工业互联网场景对 5G 边缘计算的网络需求。

【项目评价】

在完成本模块学习任务后，可根据学习达成自我评价表进行综合能力评价，评价表总分 100 分。学习达成自我评价表积分方式：认为达成学习任务者，在□中打"√"；认为未能达成学习任务者在□中打"×"。其中完全达成，可按该相分值 100% 计算；基本达成，可按该相分值 60% 计算；未能达成，不计分值，课程学习达成度评价表见表 4-6。

表 4-6　课程学习达成度评价表

学习目标	学习内容	达成情况
职业道德 （10分）	有严谨、细致、专注、负责的工作态度和精雕细琢、精益求精的工作理念	完全达成□ 基本达成□ 未能达成□

学 习 目 标	学 习 内 容	达 成 情 况
知识目标 （30分）	是否了解 5G 传输网络的构成 是否掌握 5G 行业专网的 3 种模式 是否掌握 5G 边缘计算在 OT 网络的应用模式 是否理解 5G 边缘计算网络的数据传输模式 是否掌握 5G 边缘计算网络架构	完全达成□ 基本达成□ 未能达成□
技能目标 （30分）	是否达成了理解企业项目背景、选择和规划 5G 边缘计算网络的能力 是否具备端侧传输部署的能力 是否具备部署 5G 混合专网的能力	完全达成□ 基本达成□ 未能达成□
素养目标 （30分）	是否达成了具有综合的系统分析能力和项目整体把控能力 是否具有整合和综合运用知识分析问题和解决问题的能力 是否具有较强的团队决策能力、应变能力和创新能力 是否具有尊重企业规范以及诚信、保密的素质	完全达成□ 基本达成□ 未能达成□

模块 5　项目测试

PPT: 模块 5 项目测试

　　项目在交付给使用者之前，或者说项目在验收时，非常重要的一项工作就是测试。测试可以保证项目正常、有效、可靠地运行。除对项目的最终结果需要测试以外，在项目实施的各个阶段，项目工程师针对不同模块将采用不同的测试方法和测试手段，使运行结果接近预期值。通过测试可以尽可能早地发现问题、解决问题，从而保证项目达到预定的目标。本模块针对传输网络测试、边缘与云中心服务器测试、边缘网关测试、应用集成测试、安全技术与安全测试几个方面，使用不同测试方法和测试手段对边缘计算项目实施测试。

【学习目标】

笔记

1. 知识目标

1）掌握测试的作用和分类。

2）掌握传输网络测试的指标和方法。

3）掌握云服务器测试的指标和方法，重点掌握云服务器高可用性与高并发性测试的方法并能熟练操作。

4）掌握边缘网关测试的方法。

5）理解边缘计算中常见的安全威胁和常用的安全技术，熟悉边缘计算安全测试的方法。

2. 技能目标

1）具备对项目不同模块实施正确测试的能力。

2）具备合理设计和规划测试步骤的能力。

3）具备不同场景下灵活采取合理测试方法和手段的能力。

3. 素养目标

1）具有大国工匠精益求精、严谨细致的职业素养。
2）具有整合和综合运用以及把握大局并正确做出判断的能力。
3）具有较强的团队决策能力、应变能力和创新能力。
4）具有尊重企业规范以及诚信、保密的素质。

【学习导图】

本模块学习路径及相应任务、知识点如图 5-1 所示。

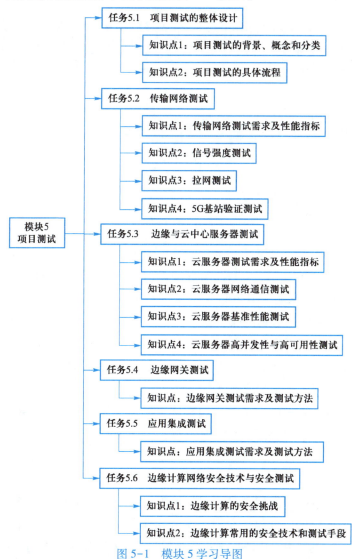

图 5-1　模块 5 学习导图

笔 记

本模块与"工业数据采集与边缘服务"职业技能等级标准内容的对应关系见表 5-1。

表 5-1　本模块与"工业数据采集与边缘服务"职业技能等级标准内容对应关系

"工业数据采集与边缘服务"职业技能等级标准			边缘计算项目测试	
工作任务	职业技能要求	等级	知识点	技能点
边缘计算项目测试分类、方法、手段以及职业素养的养成	① 了解边缘计算测试的概念、作用和分类 ② 根据边缘计算典型业务场景和业务流程选择合适的测试方法和测试命令 ③ 了解现行边缘计算测试相关技术标准、规范及相关法律法规 ④ 具备良好的沟通表达及团队合作能力	初级 中级 高级	① 掌握测试的作用和分类 ② 掌握传输网络测试的指标和方法 ③ 掌握云服务器测试的指标和方法，重点掌握云服务器高可用性与高并发性测试的方法并能熟练操作 ④ 掌握边缘网关测试的方法 ⑤ 理解边缘计算中常见的安全威胁和常用的安全技术，熟悉边缘计算安全测试的方法	① 具备对项目不同模块实施正确测试的能力 ② 具备合理设计和规划测试步骤的能力 ③ 具备不同场景下灵活采取合理测试方法和手段的能力

任务 5.1　项目测试的整体设计

PPT：任务 5.1 项目测试的整体设计

5.1.1　项目测试背景

微课 5-1 项目测试及其具体流程

工业互联网是连接工业全系统、全产业链、全价值链，支撑工业智能化发展的关键基础设施，是运营技术（Operation Technology，OT）和信息技术（Information Technology，IT）深度融合的产物，其核心是让互联网深度参与到制造业和工业生产过程中，实现工业企业及其相关要素之间的万物互联。

将边缘计算与工业互联网进行深度融合，让云计算直接在网络边缘实现计算，可以有效降低工业网络的传输负担和传输时延，处理工业环境下对实时性有严格要求的海量数据，拓展工业互联网收集和管理数据的能力。

工业互联网边缘计算中的设备和应用整体上可以分为设备层、边缘控制器层、边缘网关层、边缘云层以及云中心层（或工业互联网云平台层），如图 5-2 所示。实际部署时，根据项目需求和项目特点，项目的架构体系既可以由上述 5 层的全部结构组成，也可以由上述 5 层的部分结构组成。

比如，随着人工智能的发展，机器视觉被越来越多地应用到工业场景中，既包括在产品质量检测方面的应用，也包括在园区人员管理方面的应用。边缘计算的加入可以将机器视觉中训练后的模型由云中心层下沉到边缘云层，模型的训练通常在云中心层完成，由此可以部署基于边缘云层和视觉检测模块的"边—端"架构或者基于云中心层、边缘云层和视觉检测模块的"云—边—端"架构。

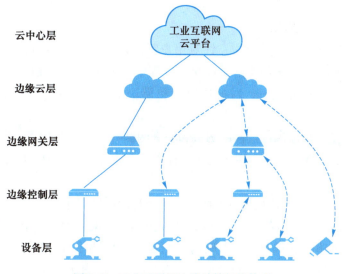

图 5-2　工业互联网边缘计算架构体系

再如，工业现场终端设备产生海量数据实时处理需求，工业网关也在传统路由转发功能的基础上延伸出对工业数据进行初步处理和存储的功能，此类工业网关又称为工业智能网关或者边缘网关。边缘网关处理后的数据会进一步上传工业互联网边缘计算中的边缘云层或者云中心层进行深度分析，由此可以部署加入了边缘网关层和数据采集设备的"边—端"架构或者"云—边—端"架构。

多种项目架构与应用场景的结合，可以基于边缘计算的优势赋能工业生产。但是工业生产的特殊性决定了相比消费互联网而言，工业互联网在实时性、稳定性、可靠性、安全性等方面有更高的技术要求。因此，需要选择合理方法进行项目测试，验证部署的边缘计算系统能够满足工业互联网在上述几个方面的技术要求，保证边缘计算在工业互联网中的应用价值，让边缘计算与工业互联网能够深度融合、赋能工业生产。

5.1.2　测试的概念和分类

测试是认识客观世界的手段之一，也是科学研究的基础方法，在各个领域都具有重要的作用，对于工业生产亦不可或缺。工程研究、产品开发、生产监督、质量控制以及性能试验等众多环节，都离不开测试技术。可以说，测试技术是推动工业发展、保障生产运行的重要技术，也是工程技术人员必须掌握的一门实践性很强的技术。

测试是指通过人工或者自动的手段，对被测试对象进行检测的活动，其目的在于检

笔记

笔记

测被测对象是否实现了用户需求，或者弄清楚实际结果与预期结果之间的差异。

从不同的角度出发，可以对测试进行不同的分类。常见的测试分类包括以下几种：

（1）单元测试和集成测试

开发人员在项目开发的过程中，针对用户需求，把项目内容划分成多个模块单元，然后逐一开发。因此，开发人员在项目开发过程中或者进行验收测试时，对每个模块单元进行的测试，即为单元测试，对模块单元和模块单元之间相互关联的测试即为集成测试。

（2）接口测试、功能测试、性能测试和安全测试

从测试人员的角度出发，往往会把项目看作一个整体，针对项目的不同测试面出发，对测试内容进行分类。

1）接口测试：对系统模块提供的所有接口进行的测试工作。

2）功能测试：根据产品特性、操作描述以及用户方案，测试一个产品的特性和可操作行为，对其所有功能进行测试，以确定它们是否满足设计的前期需求。该测试属于黑盒测试，即把产品看成一个黑色的盒子，不用关心内部逻辑结构是怎样的，只关心输入和输出的结果是否达到预期目标。

3）性能测试：通过自动化的测试工具模拟多种正常、峰值、异常的负载条件来对系统的各项性能指标进行测试。性能测试又分为基准测试、负载测试、压力测试、稳定性测试、并发测试等。

① 基准测试：给系统施加较低压力时，查看系统的运行状况并记录相关数据作为基础参考。

② 负载测试：给系统不断地增加压力或在增加一定压力的情况下持续一段时间，直到系统的某项或多项性能指标达到安全临界值。例如某种资源已经达到饱和状态时，查看系统的运行状况并记录相关数据作为基础参考。

③ 压力测试：让系统在峰值负载或超负载的情况下运行，关注系统在峰值负载或超负载的情况下的处理能力。

④ 稳定性测试：在给系统加载一定业务压力的情况下，使系统运行一段时间，以此检测系统是否能够稳定运行。

⑤ 并发测试：测试多个用户同时访问同一个应用或同一个模块，测试并记录是否存在死锁或者其他性能问题。

4）安全测试：针对系统可能存在的漏洞进行探测和发现。

值得注意的是，前面两种类型的分类方法是从项目不同角色分工角度出发采用的不同测试手段。单元测试和集成测试方法是项目开发人员从开发顺序角度出发，进行的测试方法。而接口测试、功能测试、性能测试和安全测试是测试人员从不同测试面来进行分类的。在实际企业项目测试中，往往两种分类方法的测试都会使用，两者是可以共存的。例如，可以在单元测试中采用接口测试、功能测试、性能测试和安全测试，在接口

测试时，则可以针对不同单元的不同接口来测试。因此，两种测试方法在实际应用中往往是相互交叉、相互补充的。本模块采用在单元测试和集成测试中进行功能测试和性能测试等测试方法。

5.1.3　项目测试的具体流程

通过模块 1 到模块 4 的学习，已经具备部署工业互联网边缘计算项目的能力，但作为一名工程技术人员，要保证项目能够实际应用到工业生产领域、赋能工业生产，测试是必不可少的关键环节。

基于不同角度对测试进行的分类，本模块提出如下测试流程：整体上基于单元测试和集成测试的思想，先对项目各组成部分进行独立测试，独立测试完成以后再结合应用场景对项目进行集成测试；独立测试和集成测试过程中进一步根据实际情况，从不同测试面的角度出发，选择接口测试、功能测试、性能测试、安全测试中的一种或者多种方法完成测试，具体流程如图 5-3 所示。

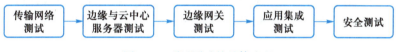

图 5-3　项目测试的具体流程

首先，传输网络不仅是边缘计算项目中连接云、边、端 3 部分的重要载体，而且是边缘计算项目中实现信息传输、资源共享、模型训练、数据处理等一切智能操作的基础，所以传输网络的部署和测试是项目顺利运行的首要保证。故本模块首先对边缘计算项目中的传输网络进行测试，测试时从传输网络的性能指标出发，对传输网络进行性能测试。

传输网络测试完成以后就可以对边缘计算项目中的其他组成部分进行测试。由图 5-2 可知，边缘计算项目的体系架构包括云平台层、边缘云层、边缘网关层、边缘控制层和设备层五大组成部分。本模块重点聚焦其中的云平台层、边缘云层、边缘网关层，分别对这 3 个组成部分进行测试。其中的云平台层和边缘云层因为核心都是服务器，所以在本模块中将其合并叙述，测试时从服务器的性能指标出发，对服务器进行性能测试。

云平台层、边缘云层、边缘网关层这 3 个组成部分测试完成以后，将结合应用场景对边缘计算项目进行集成测试，测试时以应用服务的功能测试为主，重点考察部署的应用服务是否能够承载业务需要。

最后，本模块将对边缘计算项目中常见的安全威胁和常用的安全技术进行分析，提出对边缘计算项目进行安全测试的方案。

笔 记

任务 5.2　传输网络测试

5.2.1　传输网络测试需求

作为新一代移动通信技术，5G 网络与工业互联网和边缘计算之间，都是相互促进、彼此成就的关系。在工业生产领域，一方面，5G 网络可以替代传统的现场总线、工业以太网或工业 Wi-Fi，为现场海量设备提供低时延、高带宽、安全、可靠的网络接入；另一方面，多接入边缘计算（Muti-access Edge Computing，MEC）已经成为 5G 网络架构的重要组成部分，5G MEC 中的边缘计算为工业互联网边缘计算体系架构中的边缘云层提供了新的部署模式，也为企业和运营商提供了新的商业模式与合作模式。新模式中，企业既可以租用运营商的 5G 网络，也可以委托运营商在企业园区内部署 5G 混合专网，还可以自己在企业园区内部署 5G 独立专网。5G 网络部署完成后，企业需要从 5G 网络的性能指标出发，对 5G 网络进行性能测试，为项目其他部分顺利部署提供首要保证。

5.2.2　传输网络测试方式

传输网络的测试要从最基本的网络指标入手，如网络传输速率、吞吐量、时延等。那么，计算机网络有哪些性能指标，5G 无线网络又有哪些性能指标？这些性能指标就是进行传输网络测试的基本内容。

1. 计算机网络性能指标

计算机网络有 8 个重要的性能指标：速率、带宽、吞吐量、时延、时延带宽积、往返时间、利用率和丢包率。

（1）速率

速率是指连接在计算机网络上的主机或路由器在信道上传送数据的速率，也称为比特率或数据率，单位为 bit/s。

（2）带宽

带宽是指单位时间内从网络中的某一端到另外一端所能通过的最大数据量，即信道上传送数据的能力。

（3）吞吐量

吞吐量是指单位时间内从网络中的某一端到另外一端所通过的实际数据量，当前网络的吞吐量/网络带宽=网络负载。

（4）时延

时延是指数据从网络中的某一端传送到另一端所花费的时间，包括 4 种类型：处理时延，排队时延、发送时延、传播时延。

1）处理时延：主机或路由器收到数据以后进行处理所花费的时间，通常为微秒级或更少。

2）排队时延：数据在主机或路由器中排队等待发送所花费的时间，通常为毫秒级到微秒级。

3）发送时延：又称为传输时延，是指主机或路由器发送数据所花费的时间，即从发送第一个比特开始，到最后一个比特发送完毕所花费的时间。

4）传播时延：信号在信道中传播所花费的时间。

（5）时延带宽积

时延带宽积是指信道上所能承载的最大数据量，时延带宽积=传播时延×带宽。

（6）往返时间

往返时间是指从发送方发送数据开始到发送方收到接收方确认为止所需要的时间。

（7）利用率

利用率包括信道利用率和网络利用率。

1）信道利用率=有数据通过时间/（有+无）数据通过时间。

2）网络利用率=信道利用率加权平均值。

（8）丢包率

丢包率是指在一定的时间范围内，传输过程中丢失的分组数量与总分组数量的比例。

2. 无线网络性能指标

在上述计算机网络性能指标的基础上，无线网络还有 4 个重要的性能指标：辐射功率、信号强度、覆盖率、移动性。

（1）辐射功率

辐射功率全称为有效全向辐射功率（Effective Isotropic Radiated Power，EIRP），是指天线发射出去的信号强度，即射频发射功率+天线增益−线路损耗。

（2）信号强度

无线网络信号强度有 4 个重要的衡量指标：接收信号强度指示（Received Signal Strength Indicator，RSSI）、参考信号接收功率（Reference Signal Receiving Power，RSRP）、参考信号接收质量（Reference Signal Receiving Quality，RSRQ）、信号与干扰加噪声比（Signal to Interference plus Noise Ratio，SINR）。

1）RSSI：EIRP 经过一段传输路径损耗和障碍物衰减以后达到无线网络覆盖范围内某处的实际信号强度。该值通常为负值，越接近零说明信号强度越高。该值若持续过低，说明收到的信号强度太弱，可能导致解调失败；该值若持续过高，说明收到的信号强度太强，相互之间的干扰也可能影响解调结果。

笔记

2）RSRP：由于 RSSI 表示的是某处接收到的所有信号的强度，包括导频信号（Reference Signal，RS）、数据信号、邻区干扰信号、噪声信号，所以还有另外一个参数专门用来表示某处接收到的 RS 的强度，即 RSRP，该值越高越好。

3）RSRQ：RSRQ＝RSRP/RSSI×N，其中 N 表示载波带宽中携带的资源块的个数，该值越高越好。

4）SINR：某处接收到的有用信号的强度与接收到的干扰信号（噪声和干扰）的强度的比值，可以简单地理解为信噪比，该值越高越好。

上述 4 个重要的衡量指标在 4G 网络中通过小区特定参考信号（Cell-Specific Reference Signal，CRS）进行衡量。5G 网络中没有 CRS，所以 5G 网络的 RSSI、RSRP、RSRQ、SINR 基于其他物理信号进行定义，最常用的两种物理信号是：同步信号和 PBCH 块（Synchronization Signal and PBCH block，SSB）和信道状态信息参考信号（Channel State Information Reference Signal，CSI-RS）。基于上述两种最常用的物理信号，5G 网络的 RSSI、RSRP、RSRQ、SINR 又分为 SS RSSI、SS RSRP、SS RSRQ、SS SINR、CSI RSSI、CSI RSRP、CSI RSRQ 以及 CSI SINR。其中，RSRP 和 SINR 的配合使用是衡量 4G 网络的信号强度的常用方式，SS RSRP 和 SS SINR 的配合使用是衡量 5G 网络的信号强度的常用方式。

（3）覆盖率

覆盖率是指无线网络的覆盖范围，范围内的测试点需要满足一定的要求。

（4）移动性

移动性是指无线网络对用户终端（User Equipment，UE）物理位置不断变化的支持能力。

3. 无线网络选点原则

无线网络选点原则是指基于某种指标要求将无线网络覆盖范围内的各点依次划分为极好点、好点、中点、差点以及极差点，其中的极好点通常用于测试无线网络覆盖范围内的单用户峰值速率。

（1）4G 网络选点原则

根据中国移动某测试报告，4G 网络的选点原则可通过 RSRP 与 SINR 进行定义。

1）极好点：RSRP>-85 dBm；SINR>25。

2）好点：RSRP：-95～-85 dBm；SINR：16～25。

3）中点：RSRP：-105～-95 dBm；SINR：11～15。

4）差点：RSRP：-115～-105 dBm；SINR：3～10。

5）极差点：RSRP<-115 dB；SINR<3。

（2）5G 网络选点原则

根据中国移动某测试报告，5G 网络的选点原则可以在 4G 网络选点原则的基础上进一步通过 SS RSRP 与 SS SINR 进行定义。但是 5G 网络选点原则通常不像 4G 网络选点原则一样有一个统一的标准，通常还会参考不同应用场景的 5G 网络要求，即根据应用场景和业务需求进行定义。

4. 无线网络测试方法

在上述计算机网络性能指标和无线网络性能指标的基础上，对无线网络的测试通常从以下角度进行：ping 通信测试、TCP 业务测试、FTP 业务测试、信号强度测试、拉网测试、覆盖率测试、移动性测试。

（1）ping 通信测试

测试 UE 向基站发起 ping 通信测试，测试 ping 通信时延。ping 值在 50 ms 以内视为正常的网络延迟，如果偶尔出现几个稍大的延迟数值也属于正常现象，因为无线网络连接会受到信号强度、干扰噪声等因素的影响。

（2）TCP 业务测试

测试 UE 向基站发起 TCP 业务测试，包括 TCP 上行业务（测试 UE 向基站发送数据）和 TCP 下行业务（测试 UE 从基站接收数据）。有时上述业务需要在满 buffer 情况下进行，分别测试 TCP 上行业务速率和 TCP 下行业务速率。

（3）FTP 业务测试

测试 UE 向基站发起 FTP 业务测试，包括 FTP 上行业务（测试 UE 向基站上传文件）和 FTP 下行业务（测试 UE 从基站下载文件）。有时上述业务需要在满 buffer 情况下进行，分别测试 FTP 上行业务速率和 FTP 下行业务速率。

（4）信号强度测试

通过专门的测试设备，或者在测试 UE 上安装专门的测试软件，对所在位置的 RSRP 和 SINR 等指标进行测试。在 5G 网络中，则是对 SS RSRP 和 SS SINR 等指标进行测试。

笔 记

（5）拉网测试

在一定的区域内，按照所需的路线或者随机跑几条路线，进行语音的长呼测试及短呼测试，或者进行数据业务的测试。

（6）覆盖率测试

覆盖率测试的常用流程如下：

1）测试 UE 从极好点出发，向基站发起满 buffer 情况下的下行业务。

2）选择与基站天线阵列法线成 60° 的方向，以匀速径向拉远至下行业务中断点，记录此过程中信号强度、吞吐量、时延等指标，记录此过程在电子地图上的 GPS 坐标等参数。

3）测试该点的上行业务运行情况，如果不能正常运行，以匀速径向拉近至连续 3 次上行业务接入成功，记录该点的拉远距离和信号强度等指标；如果可以正常运行，以匀速径向拉远至连续 3 次上行业务接入失败，记录该点的拉远距离和信号强度等指标。

4）重复两次步骤 3。

5）更换测试路线，重复步骤 1~4。

（7）移动性测试

移动性测试的常用流程如下：

1）两台测试 UE 放置在测试车上，一台向基站发起满 buffer 情况下的下行业务，一台向基站发起满 buffer 情况下的上行业务。

2）测试车以不同速率遍历事先选择的行驶路线，测试时长 1 h 以上。

3）记录不同情况下的业务中断时间。

5.2.3　信号强度测试

下面使用测试软件 Cellular-Z 对 5G 网络的信号强度进行测试。该软件是一款专业的网络测试工具，可以对当前网络的服务小区信息、信道状态、信号强度、网速等进行测试，其在测试用户终端（UE）上的运行结果如图 5-4 所示。

图中展示了 5G 网络信号强度的 3 个重要指标：SS-RSRP、SS-RSRQ 以及 SS-SINR。其中，SS-RSRP 值为−98 dBm，SS-RSRQ 值为−15 dB。图中"数据网"和"小区类型"后面的"NR"表示测试 UE 现在接入的是 5G 网络，如果是 4G 网络则会显示"LTE"，如图 5-5 所示。

图 5-4　Cellular-Z 运行结果（5G）

图 5-5　Cellular-Z 运行结果（4G）

5.2.4　拉网测试

委托运营商在企业厂房和企业园区内进行两级拉网测试，确保 5G 网络的覆盖率和各项性能指标能够承载业务需要。图 5-6 和图 5-7 所示为拉网测试的结果。

拉网测试时以 SS RSRP 为测试指标，根据其值将各测试点用不同颜色标注出来，标注时将 SS RSRP 划分为 5 个区间：[-85,-31] 为第一区间，此区间的测试点用深绿色表示；[-95,-85) 为第二区间，此区间的测试点用浅绿色表示；[-105,-95) 为第三区间，此区间的测试点用黄色表示；[-115,-105) 为第四区间，此区间的测试点用橙色表示；[-157,-115) 为第五区间，此区间的测试点用红色表示。注意，不同测试过程中测试指标的选择、区间的划分、颜色的取用都可以有所不同。

图 5-6（a）是运营商在企业厂房内根据终端设备和边缘网关的位置选点，对 5G 网络的 SS RSRP 进行拉网测试的结果。由测试结果可知，该厂房内大部分测量点的 SS RSRP 在 [-85,-31] 范围内，均属于 SS RSRP 的"极好点"。

在此基础上，选择 SS RSRP 在 [-85,-31] 范围内的某点进行 32 bytes 数据的 ping 通信测试。由图 5-6（b）中 ping 通信测试的结果可知，该点的平均 ping 通信时延为 34.12 ms，在正常范围内。

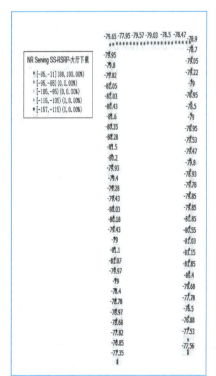

（a）厂房内 SS RSRP 拉网测试

（b）ping 通信测试

图 5-6　厂房内拉网测试结果

笔　记

图 5-7（a）和图 5-7（b）是运营商在企业园区内根据工业厂房的位置选点，对 5G 网络的 SS RSRP 进行拉网测试的结果。由测试结果可知，该园区内 1 号、2 号、3 号、4 号、8 号、10 号厂房所属测量点的 SS RSRP 在[-95,-31]范围内，属于 SS RSRP 的"极好点"或者"好点"；5 号、6 号、7 号、9 号厂房所属测量点的 SS RSRP 在[-105,-95]范围内，属于 SS RSRP 的"中点"。

在此基础上，选择 SS RSRP 在[-85,-31]范围内的某点进行 32 bytes 数据的 ping 通信测试。由图 5-7（c）中 ping 通信测试的结果可知，该点的平均 ping 通信时延为 60.36 ms，略高于正常范围。

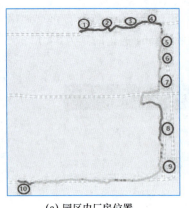

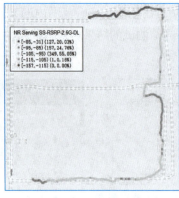

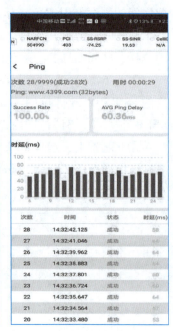

（a）园区内厂房位置　　　　　（b）园区内SS RSRP拉网测试　　　　　（c）ping通信测试

图 5-7　园区内拉网测试结果

5.2.5　5G 基站验证测试

5G 基站是 5G 网络的核心设备，提供无线覆盖功能，实现有线通信网络与无线终端之间的无线信号传输。基站的架构、形态直接影响 5G 网络的部署方式，5G 基站的重要性也决定了需要对其进行定期的测试和维护。图 5-8 所示为工作人员正在对基站进行维修。

对 5G 基站进行验证测试，该过程需要网络优化工程师根据不同基站设备商的测试软件配置授权进行操作，通常企业提出需求，由运营商完成并出具报告。报告中既包括很多专业指标的测试结果，也包括拉网测试、ping 通信测试、FTP 业务测试等常用测试方法的测试结果。图 5-9 至图 5-11 所示为报告中的部分内容（敏感信息和道路信息均已隐藏）。

图 5-8　5G 基站的维修

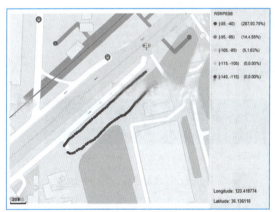 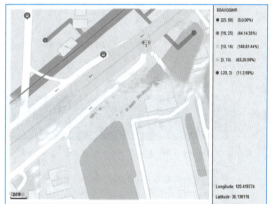

　　(a) 主干道路SS RSRP拉网测试　　　　　　　　　(b) 主干道路SS SINR拉网测试

图 5-9　主干道路拉网测试结果

　　如图 5-9 所示，拉网测试时，将 SS RSRP 划分为[-85,-40)、[-95,-85)、[-105,-95)、[-115,-105)、[-140,-115) 5 个区间，将 SS SINR 划分为[25,50)、[16,25)、[10,16)、[3,10)、[-20,3) 5 个区间，依次用深绿色、浅绿色、深黄色、浅黄色、红色进行表示。根据图中 SS RSRP 拉网测试和 SS SINR 拉网测试的结果可知，大部分测量点的 SS RSRP 在[-85,-40)范围内、SS SINR 在[10,25)范围内。

　　首先选择 SS RSRP 在[-85,-40)范围内、SS SINR 在[25,50)范围内的点，进行 32 bytes 数据和 128 bytes 数据的 ping 通信测试，图 5-10 所示为两次测试结果。可以看出，在此情况下，32 bytes 数据的 ping 通信时延为 10.68 ms，128 bytes 数据的 ping 通信时延为 25.55 ms。

笔 记

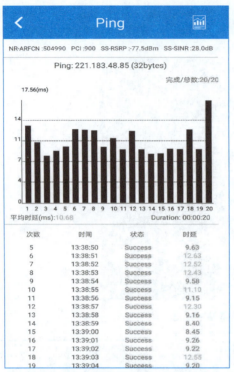

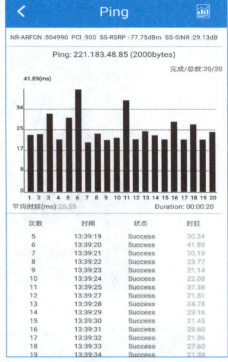

(a) 32 bytes数据的ping通信测试   (b) 128 bytes数据的ping通信测试

图 5-10   ping 通信测试结果

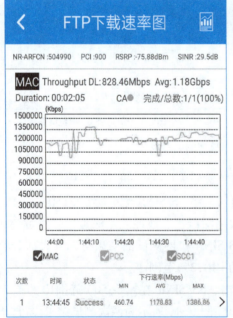

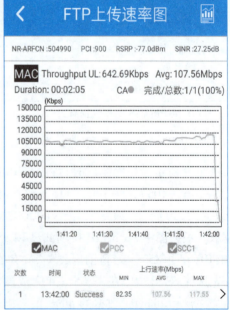

(a) FTP下行业务测试   (b) FTP上行业务测试

图 5-11   FTP 业务测试结果

继续选择 SS RSRP 在[-85,-40)范围内、SS SINR 在[25,50)范围内的点，进行 FTP 下行业务测试和 FTP 上行业务测试。如图 5-11 所示，经过测试，FTP 下行业务速率为 1.18 Gbit/s，FTP 上行业务速率为 107.56 Mbit/s。

任务 5.3　边缘与云中心服务器测试

PPT：任务 5.3 边缘与云中心 服务器测试

5.3.1　边缘与云中心服务器测试需求

大中型企业在部署边缘计算项目时，从安全和控制的角度出发，常常在公司总部搭建云中心服务平台，在各分公司与当地工厂搭建边缘云服务平台，即大中型企业边缘计算项目中的云平台通常包括云中心与边缘云两级部署方式，提供对边缘网关或者智能设备的控制与管理，与边缘网关或者智能设备之间进行资源、服务、应用的全面协同。因此，边缘与云中心服务器的配置和管理是整个边缘计算项目的核心任务，边缘与云中心服务器的测试更是保证企业业务稳定运行的关键环节。

5.3.2　边缘与云中心服务器测试方式

以云服务器为例，基于虚拟化技术的发展，云服务器上的物理资源虚拟化成逻辑资源池或者资源共享池以后，由资源池负责资源的统一管理和对外服务。在此模式下，基于资源池创建的虚拟机取代实体物理机成为新的网络节点，依托网络环境进行信息传输和资源共享，并与项目其他部分协同作业，共同助力边缘计算对工业互联网的赋能价值。

笔记

传输网络不仅是整个边缘计算项目的基础架构，而且是云服务器虚拟化后各节点协同作业的重要依托，所以在完成传输网络测试以后，对云服务器或者各虚拟节点接入网络后的实际情况也应进行测试，为云服务器或者各虚拟节点上的业务运行提供首要保证。

网络测试完成以后，在云服务器或者各虚拟节点上部署一到两个简单的应用服务用以测试。测试过程中，首先在应用服务正常运行状态下对云服务器或者各虚拟节点的基准性能进行测试，然后模拟多种并发情况和故障情况，对云服务器或者各虚拟节点的高并发性与高可用性进行测试。

1. 云服务器网络通信测试方法

任务 5.2 中已经对计算机网络常用的 8 种性能指标和无线网络常用的 4 种性能指标进行了叙述，在此基础上对云服务器接入网络后的实际情况进行测试。首先需要在云服务

笔 记

器中部署作为服务端的服务节点和作为客户端的测试节点，然后借助 iperf、netperf、qperf 等网络测试工具在服务端和客户端之间进行数据传输测试，采用 TCP 传输和 UDP 传输两种不同的传输方式，测试 TCP 传输时的吞吐量和 UDP 传输时的丢包率等具体指标。

2. 云服务器基准性能测试方法

云服务器基准性能测试包括对计算、存储、网络等模块的测试。其中，对网络模块的测试前面已经进行过，对存储模块的测试应当结合云存储的配置完整进行，不是本任务的重点内容。因此，本任务的重点内容在于对云服务器计算模块的测试，就系统配置而言，一般从 CPU 和内存两个方面展开。

基于模块 3 的学习可知，Linux 是云服务器操作系统的首要选择，其中有很多常用的性能分析工具，比如 top 工具和 vmstat 工具。基于这两个工具可以对 CPU 和内存中的多数指标进行全面监控。

（1） top 工具

top 工具可以实时展示系统的运行状态，包括 CPU、内存、进程、进程资源使用量等重要信息。运维工程师时常会把 top 工具比作“加强版的 Windows 任务管理器”，该工具非常适合作为接手服务器后执行的第一条命令。

top 工具的运行结果如图 5-12 所示。

```
[root@master ~]# top
top - 12:13:31 up  1:44,  3 users,  load average: 0.05, 0.17, 0.16
Tasks: 148 total,   1 running, 147 sleeping,   0 stopped,   0 zombie
%Cpu(s):  1.5 us,  0.5 sy,  0.0 ni, 97.8 id,  0.0 wa,  0.0 hi,  0.2 si,  0.0 st
KiB Mem :  2031908 total,   125832 free,   726604 used,  1179472 buff/cache
KiB Swap:        0 total,        0 free,        0 used.   979444 avail Mem

  PID USER      PR  NI    VIRT    RES    SHR S  %CPU %MEM     TIME+ COMMAND
20511 root      20   0 1098172 302740  43100 S   2.7 14.9   1:02.44 kube-apiserver
20599 root      20   0 1459196  78876  35500 S   1.3  3.9   0:31.76 kubelet
 2569 root      20   0  814356  85052  24912 S   0.7  4.2   0:20.62 dockerd
20470 root      20   0  816440  75896  28756 S   0.3  3.7   0:14.57 kube-controller
20524 root      20   0  747608  32588  16168 S   0.3  1.6   0:04.11 kube-scheduler
20526 root      20   0 10.121g  45452  14364 S   0.3  2.2   0:17.37 etcd
21230 root      20   0  747392  22856  14904 S   0.3  1.1   0:02.36 coredns
    1 root      20   0   46008   6384   3884 S   0.0  0.3   0:01.80 systemd
    2 root      20   0       0      0      0 S   0.0  0.0   0:00.00 kthreadd
    3 root      20   0       0      0      0 S   0.0  0.0   0:00.10 ksoftirqd/0
    5 root       0 -20       0      0      0 S   0.0  0.0   0:00.00 kworker/0:0H
    7 root      rt   0       0      0      0 S   0.0  0.0   0:00.03 migration/0
    8 root      20   0       0      0      0 S   0.0  0.0   0:00.00 rcu_bh
    9 root      20   0       0      0      0 S   0.0  0.0   0:00.82 rcu_sched
   10 root      rt   0       0      0      0 S   0.0  0.0   0:00.01 watchdog/0
   11 root      rt   0       0      0      0 S   0.0  0.0   0:00.01 watchdog/1
```

图 5-12 top 工具运行结果

输出结果中各项说明如下。

1） load average 显示了系统在之前 1 min、5 min 以及 15 min 内的平均负载。

2） Tasks 显示了系统在当前时刻的进程情况：running 表示运行和将要被调度运行的进程数；sleeping 表示睡眠的进程数；stopped 表示停止的进程数；zombie 表示僵尸进程数。

3）%Cpu(s)显示了系统在当前时刻的 CPU 占用比：us 表示用户态的 CPU 占用比；sy

表示内核态的 CPU 占用比；ni 表示低优先级用户态的 CPU 占用比；id 表示空闲状态的 CPU 占用比；wa 表示等待 I/O 的 CPU 占用比；hi 表示处理硬中断的 CPU 占用比；si 表示处理软中断的 CPU 占用比；st 表示用于虚拟化的 CPU 占用比。

4）KiB Mem 显示了系统在当前时刻的物理内存使用量：total 表示总物理内存的大小；free 表示空闲状态的物理内存的大小；used 表示使用状态的物理内存的大小；buff/cache 表示用于缓存的物理内存的大小。

5）KiB Swap 显示了系统在当前时刻的交换分区使用量：total 表示总交换分区的大小；free 表示空闲状态的交换分区的大小；used 表示使用状态的交换分区的大小；avail Mem 表示在不进行交换的前提下，系统可以给新进程使用的内存总量。

6）接下来是系统在当前时刻的进程详情：PID 表示进程 id；USER 表示哪个用户启动了进程；PR 表示进程的优先级；NI 表示进程的 nice 值；VIRT 表示进程使用的虚拟内存的总量；RES 表示进程使用的、未被换出的物理内存的总量；SHR 表示进程使用的共享内存的总量；S 表示进程状态（R＝运行，S＝睡眠，D＝不可中断的睡眠状态，T＝跟踪/停止，Z＝僵尸进程）;%CPU 表示进程的 CPU 占用比;%MEM 表示进程的物理内存占用比；TIME+表示进程运行的时间总计；COMMAND 表示进程的相关命令。

（2）vmstat 工具

vmstat 工具可以整体报告系统的运行状态，包括 CPU、内存、I/O、进程等重要信息，也可以报告系统的磁盘状态或者磁盘分区。

vmstat 工具的运行结果如图 5-13 所示。

图 5-13　vmstat 工具运行结果

输出结果中各项说明如下。

1）procs 显示了系统在输出时刻的进程情况：r 表示运行和将要被调度运行的进程数；b 表示等待 I/O 的进程数。

2）memory 显示了系统在输出时刻的物理内存使用量：swpd 表示使用的交换分区的大小；free 表示空闲状态的物理内存的大小；buff 表示用于 buff 缓存的物理内存的大小；cache 表示用于 cache 缓存的物理内存的大小。

3）swap 显示了系统在输出时刻的交换情况：si 表示每秒由磁盘换入到交换分区的大小；so 表示每秒由交换分区换出到磁盘的大小。

4）io 显示了系统在输出时刻的 I/O 情况：bi 表示每秒块设备接收的块数量；bo 表示每秒块设备发送的块数量。

5）system 显示了系统在输出时刻的内核情况：in 表示每秒的中断数，包括时钟中断数；cs 表示每秒的上下文切换数。

笔 记

6）cpu 显示了系统在输出时刻的 CPU 占用比：us 表示用户态的 CPU 占用比；sy 表示内核态的 CPU 占用比；id 表示空闲状态的 CPU 占用比；wa 表示等待 IO 的 CPU 占用比；st 表示用于虚拟化的 CPU 占用比。

（3）CPU 和内存的常用指标说明

基于 top 命令和 vmstat 命令可以对 CPU 和内存中多数指标进行全面监控，如图 5-12 和图 5-13 所示。对于 CPU 而言，"表示用户态的 CPU 占用比"的 us 指标和"表示内核态的 CPU 占用比"的 sy 指标是衡量云服务器 CPU 性能是否达到瓶颈的常用指标，参考值为 80%，即 us+sy>80% 说明云服务器可能处于 CPU 瓶颈；对于内存而言，"表示每秒由磁盘换入到交换分区的大小"的 si 指标和"表示每秒由交换分区换出到磁盘的大小"的 so 指标是衡量云服务器内存性能是否达到瓶颈的常用指标，si 和 so 长期不为 0 说明云服务器可能处于内存瓶颈。

3. 云服务器高并发性与高可用性测试方法

高并发性是指通过设计让云服务器能够在同一时刻处理大量请求；高可用性则是指通过设计让云服务器能够尽量缩短因日常维护操作（计划）和突发系统崩溃（非计划）导致的停机时间。随着云计算技术的发展，云服务器高并发性与高可用性设计都离不开一个重要概念——集群。

基于模块 3 的学习可知，Kubernetes 是云服务器系统配置的首要选择。Kubernetes 作为一个容器集群管理系统，对集群节点在高并发性与高可用性等方面有天然的支持能力，尤其是按照模块 3 中所述对 Kubernetes 的 Master 节点进行了负载均衡和容灾备份以后。在此基础上进行云服务器高并发性与高可用性测试，可以从集群的负载均衡能力、稳定运行能力、高并发性测试、高可用性测试等多个方面展开。

（1）负载均衡能力

负载均衡要求集群在多个操作单元上进行负载的均摊和平衡，即多个操作单元协同完成整体任务。

（2）稳定运行能力

稳定性测试属于负载测试的一种，让集群在加载一定业务压力的情况下持续运行 $N \times 24\,h$，检测并记录是系统是否能够稳定运行。

对于互联网应用和大型企业应用而言，多数要求 $7 \times 24\,h$ 不间断运行。

（3）高并发性测试

衡量系统高并发性的常用指标有以下几个：

1）每秒查询（Queries Per Second，QPS）与每秒事务（Transactions Per Second，TPS）。QPS 是系统每秒能够响应的查询次数，TPS 则是系统每秒能够响应的事务次数。QPS 与 TPS 基本类似，其不同点在于，对于一个页面的一次访问只会形成一个 TPS，但是一次访问既可能产生对系统的一次请求也可能产生对系统的多次请求。如果是对系统的一次请求，则一个 TPS 对应一个 QPS；如果是对系统的多次请求，则一个 TPS 对应多个 QPS。

2）响应时间（Response Time，RT）。RT 是一个请求从产生开始到收到响应为止所花费的总体时间，即从客户端发起请求开始，到客户端收到服务端响应为止所花费的总体时间。

3）并发数。并发数是指系统能够同时处理的请求数量，也反映了系统的负载能力。

4）吞吐量。吞吐量是系统每秒能够处理的请求数量，是一个衡量系统抗压能力的综合指标，可以通过前面的 QPS、QTS、RT、并发数等指标进行衡量。

（4）高可用性测试

衡量系统高可用性的常用指标有以下几个：

1）恢复时间目标（Recovery Time Object，RTO）。RTO 是指故障或者灾难发生以后，从系统宕机导致业务停顿开始，到系统恢复并且业务恢复为止所花费的时间。

业界一般基于系统在全年的宕机时间，用"几个九"的标准来进一步衡量系统的 RTO 指标，见表 5-2。

表 5-2　RTO 指标的"几个九"标准

可用性级别	系统可用性	每年宕机时间
不可用	90%	36.5 d
基本可用	99%	87.6 h
较高可用	99.9%	8.76 h
高可用	99.99%	52.56 min
极高可用	99.999%	5.26 min

其中，宕机时间/年=（1-系统可用性%）×365 天。

2）恢复点目标（Recovery Point Object，RPO）。RPO 是指故障或者灾难发生以后，系统和业务必须恢复到的时间点的要求。它是衡量此过程中数据丢失的重要指标，可以简单描述为能够容忍的最大数据丢失量。

衡量系统的 RPO 指标不仅要考虑云服务器的容灾备份与高可用性，而且要考虑云存储的容灾备份与高可用性，是一项综合任务。

4. 实验环境

基于云服务器的网络通信测试方法、基准性能测试方法、高并发性与高可用性测试方法，完成云服务器的测试实验。

首先基于模块 3 的学习和虚拟化技术，完成实验环境的准备工作，包括 Kubernetes 集群的准备工作和测试集群的准备工作。

（1）Kubernetes 集群的准备工作

部署的 Kubernetes 集群有如下特点：

笔 记

笔记

1）包括 3 个 Master 节点和两个 Node 节点。

2）各节点依次完成 CentOS 7 64 位操作系统的安装，Docker 容器引擎的安装（以 18.09.0 版本为例），以及 Kubernetes 集群架构的安装（以 1.20.0 版本为例）。

3）3 个 Master 节点包括一个主节点和两个备节点。主节点的节点名称为 master，节点 IP 地址为 192.168.200.7；备节点的节点名称为 backup1 和 backup2，节点 IP 地址为 192.168.200.8 和 192.168.200.9。基于 HAProxy 和 KeepAlived 实现 3 个 Master 节点的负载均衡和容灾备份，虚拟 IP 地址设置为 192.168.200.10。

4）两个 Node 节点的节点名称为 node1 和 node2，节点 IP 地址为 192.168.200.11 和 192.168.200.12。

节点具体配置见表 5-3。

表 5-3　Kubernetes 集群节点配置

节点名称	节点 IP 地址	节点作用	节点配置
master	192.168.200.7	主 Master 节点	CentOS 7 64 位 Docker 18.09.0 Kubernetes 1.20.0 HAProxy + KeepAlived
backup1	192.168.200.8	备 Master 节点	
backup2	192.168.200.9	备 Master 节点	
	192.168.200.10	Master 节点的虚拟 IP 地址	
node1	192.168.200.11	Node 节点	CentOS 7 64 位 Docker 18.09.0 Kubernetes 1.20.0
node2	192.168.200.12	Node 节点	

（2）测试集群的准备工作

部署的测试集群有如下特点：

1）包括 3 个测试节点，节点 IP 地址为 192.168.200.21 至 192.168.200.23，有需要可根据实际情况拓展增加。

2）各节点依次完成 CentOS 7 64 位操作系统的安装。

节点具体配置见表 5-4。

表 5-4　测试集群节点配置

节 点 名 称	节 点 IP 地 址	节 点 作 用	节 点 配 置
test	192.168.200.21	测试节点	CentOS 7 64 位
test2	192.168.200.22	测试节点 2	
test3	192.168.200.23	测试节点 3	

（3）远程连接

使用 Xshell 工具和 Xftp 工具进行各节点的远程连接，如图 5-14 和图 5-15 所示。

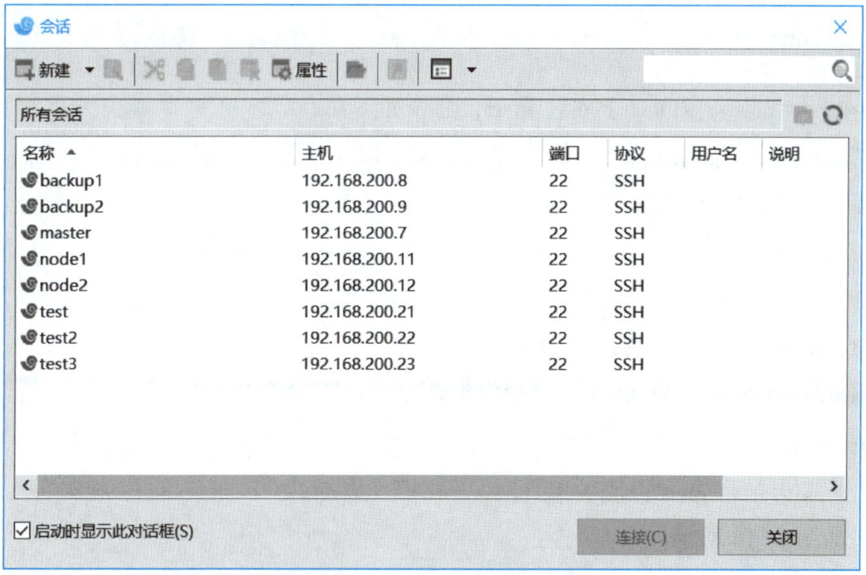

图 5-14　Xshell 远程连接

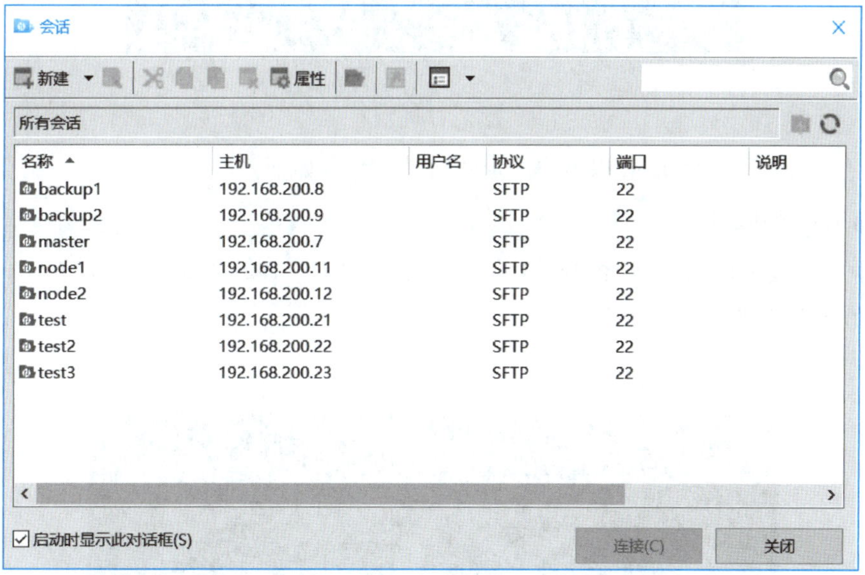

图 5-15　Xftp 远程连接

5.3.3　云服务器网络通信测试

借助 iperf 网络测试工具在节点 master 和 test 之间进行数据传输测试，采用 TCP 传输和 UDP 传输等两种不同的传输方式，测试 TCP 传输时的吞吐量和 UDP 传输时的丢包率等具体指标。

微课 5-2
云服务器网
络通信测试

1. iperf 的安装与启动

1）在节点 master 和 test 上安装 iperf，命令如下：

```
# wget https://downloads.es.net/pub/iperf/iperf-3.0.6.tar.gz
# tar xzvf iperf-3.0.6.tar.gz
# cd iperf-3.0.6 && ./configure && make && make install && cd ~
# iperf3 -version
```

其中，iperf3 表示使用的是 iperf 发行版本 3。

2）在节点 master 上将 iperf 以服务端形式启动，命令如下：

```
# iperf3 -s
```

其中，-s 表示将 iperf 以服务端（Server）形式启动。

结果如图 5-16 所示。

```
[root@master ~]# iperf3 -s
-----------------------------------------------------------
Server listening on 5201
-----------------------------------------------------------
```

图 5-16　iperf 服务端启动结果

3）在节点 test 上将 iperf 以客户端形式启动，命令如下：

```
# iperf3 -c 192.168.200.7
```

其中，-c 表示将 iperf 以客户端（Client）形式启动，192.168.200.7 为节点 master 的 IP 地址，即服务端的 IP 地址。

结果如图 5-17 所示。

```
[root@test ~]# iperf3 -c 192.168.200.7
Connecting to host 192.168.200.7, port 5201
[  4] local 192.168.200.21 port 43180 connected to 192.168.200.7 port 5201
[ ID] Interval           Transfer     Bandwidth       Retr  Cwnd
[  4]   0.00-1.00   sec   735 MBytes  6.16 Gbits/sec    0   1.69 MBytes
[  4]   1.00-2.00   sec   902 MBytes  7.57 Gbits/sec   23   1.32 MBytes
[  4]   2.00-3.00   sec   802 MBytes  6.73 Gbits/sec    0   1.56 MBytes
[  4]   3.00-4.00   sec   885 MBytes  7.42 Gbits/sec    0   1.70 MBytes
[  4]   4.00-5.00   sec   929 MBytes  7.79 Gbits/sec    0   1.78 MBytes
[  4]   5.00-6.00   sec   819 MBytes  6.87 Gbits/sec   13   1.51 MBytes
[  4]   6.00-7.00   sec   858 MBytes  7.19 Gbits/sec    0   1.65 MBytes
[  4]   7.00-8.00   sec   931 MBytes  7.81 Gbits/sec    0   1.78 MBytes
[  4]   8.00-9.00   sec   832 MBytes  6.98 Gbits/sec   14   1.51 MBytes
[  4]   9.00-10.00  sec   889 MBytes  7.45 Gbits/sec    0   1.69 MBytes
- - - - - - - - - - - - - - - - - - - - - - - - -
[ ID] Interval           Transfer     Bandwidth       Retr
[  4]   0.00-10.00  sec  8.38 GBytes  7.20 Gbits/sec   50             sender
[  4]   0.00-10.00  sec  8.38 GBytes  7.20 Gbits/sec                  receiver

iperf Done.
[root@test ~]#
```

图 5-17　iperf 客户端启动结果

2. 基于 iperf 的通信测试

（1）iperf 常用参数说明

图 5-17 所示结果表示在节点 test 上将 iperf 以客户端形式启动，启动过程即为一次 TCP 通信测试的过程。从图 5-17 中可以看出，分隔线以上每 1 s 输出一次传输状态，Transfer 列表示 1 s 内传输的数据量大小，Bandwidth 列表示 1 s 内的带宽速率，Retr 列表示 1 s 内的重传次数，Cwnd 列表示 1 s 内的拥塞窗口；分隔线以下输出整体传输状态，包括客户端总共发送的数据量、客户端带宽速率、服务端总共接收的数据量、服务端带宽速率、数据重传次数等，其中的带宽速率即为客户端和服务端之间 TCP 通信时的 TCP 吞吐量，由此可以分析客户端和服务端之间 TCP 通信时的通信性能。

微课 5-3
iperf 常用
参数的使用

在上述命令的基础上，可以通过 iperf 命令的常用参数得到更多测试结果，各参数说明如下。

① -t：指定测试时间，默认为 10 s。假设要改为 20 s，命令为"iperf3 -c 192.168.200.7 -t 20"。

② -i：指定测试间隔，默认为 1 s。假设要改为 2 s，命令为"iperf3 -c 192.168.200.7 -i 2"。

③ -n：指定要发送的数据大小，以字节为单位。假设要发送 5 GB 字节的随机数据，命令为"iperf3 -c 192.168.200.7 -n 5 000 000 000"。

④ -F：指定要发送的文件名称。假设要发送文件名称为 iperf-3.0.6.tar.gz 的安装包，命令为"iperf3 -c 192.168.200.7 -F iperf-3.0.6.tar.gz"。

⑤ -P：指定并行的线程数目，不指定则默认为 1。假设要在客户端和服务端之间建立双线程通信，命令为"iperf3 -c 192.168.200.7 -P 2"。

✏ 笔记

⑥ -f：指定输出结果中带宽速率的显示单位，共有 4 种选项 k、m、K、M，分别表示以 Kbits/s、Mbits/s、Kbytes/s、MBytes/s 显示，默认以 Mbits/s 显示。假设要更改为以 MBytes/s 显示，命令为"iperf3 -c 192.168.200.7 -f M"。

⑦ -b：指定能使用的带宽速率，TCP 模式下默认无限制，UDP 模式下默认为 1 Mbits/s。假设要更改为 100 Mbits/s，命令为"iperf3 -c 192.168.200.7 -b 100M"。

⑧ -u：指定使用 UDP 模式通信，不指定的话默认使用 TCP 模式通信。

基于上述参数在客户端和服务端之间进行进一步测试。

（2）TCP 通信测试

1）指定测试间隔为 2 s，指定测试时间为 20 s，指定要发送文件名称为 iperf-3.0.6.tar.gz 的安装包，命令如下：

```
# iperf3 -c 192.168.200.7 -F iperf-3.0.6.tar.gz -i 2 -t 20
```

结果如图 5-18 所示。

笔 记

图 5-18 TCP 通信测试（文件传输测试）

2）指定测试间隔为 2 s，指定输出结果中带宽速率的显示单位为 MBytes/s，指定要发送 5 GB 字节的随机数据，命令如下：

iperf3 -c 192.168.200.7 -n 5 000 000 000 -i 2 -f M

结果如图 5-19 所示。

图 5-19 TCP 通信测试（数据传输测试）

3）在图 5-19 的基础上进一步指定双线程通信，命令如下：

iperf3 -c 192.168.200.7 -n 5 000 000 000 -i 2 -f M -P 2

结果如图 5-20 所示。

图 5-20 TCP 通信测试（双线程数据传输测试）

（3）UDP 通信测试

指定使用 UDP 模式通信，指定 UDP 模式下能使用的带宽速率为 100 Mbits/s，命令如下：

```
# iperf3 -c 192.168.200.7 -u -b 100M -i 2 -f M
```

结果如图 5-21 所示。

```
[root@test ~]# iperf3 -c 192.168.200.7 -u -b 100M -i 2 -f M
Connecting to host 192.168.200.7, port 5201
[  4] local 192.168.200.21 port 54647 connected to 192.168.200.7 port 5201
[ ID] Interval           Transfer     Bandwidth       Total Datagrams
[  4]   0.00-2.00   sec  23.9 MBytes  11.9 MBytes/sec  3053
[  4]   2.00-4.00   sec  25.0 MBytes  12.5 MBytes/sec  3200
[  4]   4.00-6.00   sec  25.1 MBytes  12.5 MBytes/sec  3213
[  4]   6.00-8.00   sec  24.9 MBytes  12.5 MBytes/sec  3189
[  4]   8.00-10.00  sec  25.0 MBytes  12.5 MBytes/sec  3198
- - - - - - - - - - - - - - - - - - - - - - - - -
[ ID] Interval           Transfer     Bandwidth       Jitter    Lost/Total Datagrams
[  4]   0.00-10.00  sec   124 MBytes  12.4 MBytes/sec  0.105 ms  31/15853 (0.2%)
[  4] Sent 15853 datagrams

iperf Done.
[root@test ~]#
```

图 5-21　UDP 通信测试

图中的 Jitter 表示抖动时间，或者叫作传输时延；Lost/Total Datagrams 列表示总共丢失的数据量大小和总共传输的数据量大小；0.2%表示丢包率。

5.3.4　云服务器基准性能测试

在节点 master、backup1、backup2、node1 和 node2 组成的 Kubernetes 集群中部署一个简单的 hello-nginx 服务，在该服务正常运行状态下对各节点基准性能进行测试。

微课 5-4
云服务器基
准性能测试

1. 服务部署

在节点 master、backup1 和 backup2 中任选一个，完成下述操作：

（1）创建 hello-nginx 镜像

1）创建 Dockerfile 文件，内容如下：

```
FROM nginx
RUN echo '<h1>Hello</h1>' > /usr/share/nginx/html/index.html
```

2）基于 Dockerfile 文件创建 hello-nginx 镜像，命令如下：

```
# docker build -t docker-hub-name/hello-nginx . --load
```

其中，docker-hub-name 为使用者在 Docker Hub 公有仓库中的账户名，也可以基于模块 3 的学习完成 Harbor 私有仓库的搭建，将 docker-hub-name 替换为 Harbor 私有仓库的 IP 地址或者域名地址。本模块暂且不对 Harbor 私有仓库进行测试。

（2）将 hello-nginx 镜像上传到 Docker Hub 公有仓库

1）登录 Docker Hub 公有仓库，命令如下：

```
# docker login
```

2）将 hello-nginx 镜像上传到 Docker Hub 公有仓库，命令如下：

```
# docker push docker-hub-name/hello-nginx
```

（3）部署 hello-nginx 服务

1）创建 hello-nginx.yaml 文件，内容如下：

```
apiVersion：apps/v1
kind：Deployment
metadata：
  labels：
    app：hello-nginx
  name：hello-nginx
spec：
  replicas：4
  selector：
    matchLabels：
      app：hello-nginx
  template：
    metadata：
      labels：
        app：hello-nginx
    spec：
      containers：
      - image：docker-hub-name/hello-nginx
        name：hello-nginx
        imagePullPolicy：IfNotPresent
---
apiVersion：v1
kind：Service
metadata：
  name：service-nginx
spec：
  type：NodePort
  ports：
  - name：http
```

```
              port：80
              protocol：TCP
              targetPort：80
              nodePort：32 697
        selector：
           app：hello-nginx
```

2）基于 hello-nginx. yaml 文件部署 hello-nginx 服务，命令如下：

```
# kubectl apply -f hello-nginx. yaml
```

（4）查看集群服务信息

1）查看集群中的 Pod 信息，命令如下：

```
# kubectl get pod -o wide
```

结果如图 5-22 所示。

```
[root@master ~]# kubectl get pod -o wide
NAME                          READY   STATUS    RESTARTS   AGE   IP           NODE
hello-nginx-7d96894dd7-btwpz  1/1     Running   0          8s    10.244.3.2   node1
hello-nginx-7d96894dd7-mplh4  1/1     Running   0          8s    10.244.3.3   node1
hello-nginx-7d96894dd7-p4pp4  1/1     Running   0          8s    10.244.4.3   node2
hello-nginx-7d96894dd7-x9dp4  1/1     Running   0          8s    10.244.4.2   node2
[root@master ~]#
```

图 5-22　查看集群 Pod 信息

由图中可知，部署的 hello-nginx 服务在集群中启动了 4 个 Pod，均衡运行在节点 node1 和 node2 上。

2）查看集群中的 Service 信息，命令如下：

```
# kubectl get svc -o wide
```

结果如图 5-23 所示。

```
[root@master ~]# kubectl get svc -o wide
NAME           TYPE        CLUSTER-IP    EXTERNAL-IP   PORT(S)        AGE   SELECTOR
kubernetes     ClusterIP   10.1.0.1      <none>        443/TCP        10m   <none>
service-nginx  NodePort    10.1.191.147  <none>        80:32697/TCP   49s   app=hello-nginx
[root@master ~]#
```

图 5-23　查看集群 Service 信息

由图中可知，部署的 hello-nginx 服务在集群中以各节点上的 32 697 端口为对外服务的端口号。

2. 集群基本功能测试与集群基准性能测试

（1）对 hello-nginx 服务的基本功能进行测试

在节点 test 上请求 hello-nginx 服务，命令如下：

```
# curl 192. 168. 200. 10：32 697
```

笔 记

笔 记

其中，192.168.200.10 为节点 master、backup1 和 backup2 基于 HAProxy 和 KeepAlived 设置的虚拟 IP 地址，32 697 为 hello-nginx 服务在各节点上对外服务的端口号。

结果如图 5-24 所示。

```
[root@test ~]# curl 192.168.200.10:32697
<h1>Hello</h1>
[root@test ~]# 
```

图 5-24 请求 hello-nginx 服务

由图中可知，部署的 hello-nginx 服务可以正常响应外部请求。

（2）对各节点的基准性能进行测试

1）在各节点上运行 top 命令，以节点 master 为例，结果如图 5-25 所示。

```
[root@master ~]# top
top - 12:13:31 up  1:44,  3 users,  load average: 0.05, 0.17, 0.16
Tasks: 148 total,   1 running, 147 sleeping,   0 stopped,   0 zombie
%Cpu(s):  1.5 us,  0.5 sy,  0.0 ni, 97.8 id,  0.0 wa,  0.0 hi,  0.2 si,  0.0 st
KiB Mem :  2031908 total,   125832 free,   726604 used,  1179472 buff/cache
KiB Swap:        0 total,        0 free,        0 used.   979444 avail Mem

  PID USER      PR  NI    VIRT    RES    SHR S  %CPU %MEM     TIME+ COMMAND
20511 root      20   0 1098172 302740  43100 S   2.7 14.9   1:02.44 kube-apiserver
20599 root      20   0 1459196  78876  35500 S   1.3  3.9   0:31.76 kubelet
 2569 root      20   0  814356  85052  24912 S   0.7  4.2   0:20.62 dockerd
20470 root      20   0  816440  75896  28756 S   0.3  3.7   0:14.57 kube-controller
20524 root      20   0  747608  32588  16168 S   0.3  1.6   0:04.11 kube-scheduler
20526 root      20   0 10.121g  45452  14364 S   0.3  2.2   0:17.37 etcd
21230 root      20   0  747392  22856  14904 S   0.3  1.1   0:02.36 coredns
    1 root      20   0   46008   6384   3884 S   0.0  0.3   0:01.80 systemd
    2 root      20   0       0      0      0 S   0.0  0.0   0:00.00 kthreadd
    3 root      20   0       0      0      0 S   0.0  0.0   0:00.10 ksoftirqd/0
    5 root       0 -20       0      0      0 S   0.0  0.0   0:00.00 kworker/0:0H
    7 root      rt   0       0      0      0 S   0.0  0.0   0:00.03 migration/0
    8 root      20   0       0      0      0 S   0.0  0.0   0:00.00 rcu_bh
    9 root      20   0       0      0      0 S   0.0  0.0   0:00.82 rcu_sched
   10 root      rt   0       0      0      0 S   0.0  0.0   0:00.01 watchdog/0
   11 root      rt   0       0      0      0 S   0.0  0.0   0:00.01 watchdog/1
```

图 5-25 使用 top 命令查看节点 master 计算性能

由图中可知，正常情况下，节点 master 上 CPU 指标中的 us + sy 为 2%。

2）在各节点上运行 vmstat 命令，以节点 master 为例，结果如图 5-26 所示。

```
[root@master ~]# vmstat
procs -----------memory---------- ---swap-- -----io---- -system-- ------cpu-----
 r  b   swpd   free   buff  cache   si   so    bi    bo   in   cs us sy id wa st
 1  0      0 125220    164 1180268    0    0    59   171  466  837  1  1 98  0  0
[root@master ~]# 
```

图 5-26 使用 vmstat 命令查看节点 master 计算性能

由图中可知，正常情况下，节点 master 上内存指标中 si 和 so 均为 0，因为 Docker 和 Kubernetes 的配置过程中本身就将 swap 交换分区关闭掉了。

5.3.5 云服务器高并发性与高可用性测试

基于前面部署的 hello-nginx 服务，在该服务正常运行状态下对集群最基础的负载均衡能力进行测试，然后模拟多种并发情况和故障情况，对集群的高并发性与高可用性进行深入测试。

1. 集群负载均衡能力测试

微课 5-5
集群负载均衡能力测试

（1）基于部署好的 hello-nginx 服务，将提供服务的对象名称展示出来

1）在节点 node1 和 node2 上查看提供服务的容器信息，命令如下：

```
# docker ps
```

2）依次进入 4 个容器内部，修改输出信息，命令如下：

```
# docker exec -it containID /bin/bash
echo "输出内容" > /usr/share/nginx/html/index. html
exit
```

其中，containID 为查询到的容器 ID。将节点 node1 上两个容器的输出内容分别更改为 contain1 node1 和 contain3 node1，将节点 node2 上两个容器的输出内容分别更改为 contain2 node2 和 contain4 node2。

（2）测试端发起测试

在节点 test 上循环请求多次 hello-nginx 服务，命令如下：

```
# for i in {1..30};do curl 192. 168. 200. 10:32 697;done
```

结果如图 5-27 所示。

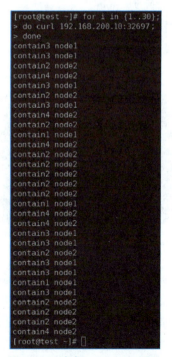

图 5-27　请求 hello-nginx 服务

笔 记

由图中可知，Kubernetes 集群会将外部请求在 Pod 间均衡分配，具有天然的负载均衡能力。

2. 集群高并发性测试

微课 5-6
集群高并发
测试

（1）在测试节点上安装 vegeta 负载测试工具，执行单个测试节点并发请求

1）在节点 test 上安装 vegata 负载测试工具，命令如下：

```
# wget https://github.com/tsenart/vegeta/releases/download/v7.0.3/vegeta-7.0.3-linux-amd64.tar.gz
# tar xzvf vegeta-7.0.3-linux-amd64.tar.gz
# mv vegeta /usr/local/bin/
# vegeta -version
```

笔 记

2）在节点 test 上执行单个测试节点的并发请求，命令如下：

```
# echo "GET http://192.168.200.10:32 697" | \
vegeta -cpus=1 attack -connections=1 000 000 -duration=1m -timeout=1h \
-rate=500 | tee reports.bin | vegeta report
```

其中各参数说明如下。

① -cpus=1 指定使用的 CPU 个数为 1。

② -connections=1 000 000 指定每个任务的最大连接数为 1 000 000。

③ -duration=1 m 指定测试时间为 1 min。

④ -timeout=1 h 指定超时时间为 1 h。

⑤ -rate=500 指定请求频率为每秒 500 次。

结果如图 5-28 所示。

```
[root@test ~]# echo "GET http://192.168.200.10:32697" | \
> vegeta -cpus=1 attack -connections=1000000 -duration=1m -timeout=1h \
> -rate=500 | tee reports.bin | vegeta report
Requests      [total, rate]          30000, 500.02
Duration      [total, attack, wait]  59.999005626s, 59.99799988s, 1.005746ms
Latencies     [mean, 50, 95, 99, max]  1.522072ms, 965.348µs, 2.959674ms, 3.416343ms, 8.246953ms
Bytes In      [total, mean]          450000, 15.00
Bytes Out     [total, mean]          0, 0.00
Success       [ratio]                100.00%
Status Codes  [code:count]           200:30000
Error Set:
[root@test ~]#
```

图 5-28　基于 vegeta 的单节点并发测试

由图中可知，节点 test 以每秒 500 次的请求频率向部署好的 hello-nginx 服务发起请求，1 min 内总共请求 30 000 次，成功率为 100%。

（2）在测试节点上安装 pdsh 并行控制工具，执行多个测试节点并发请求

1）在节点 test 上安装 pdsh 并行控制工具，命令如下：

```
# wget https://storage.googleapis.com/google-code-archive-downloads/v2/code.google.com/pdsh/pdsh-2.29.tar.bz2
# tar jxvf pdsh-2.29.tar.bz2
# cd pdsh-2.29 && ./configure --with-ssh && make && make install && cd ~
# pdsh -V
```

2）在节点 test 上生成 ssh 密钥并发送到所有测试节点中，命令如下：

```
# ssh-keygen
# cd ~/.ssh/ && ls
# ssh-copy-id root@192.168.200.21
# ssh-copy-id root@192.168.200.22
# ssh-copy-id root@192.168.200.23
```

3）在节点 test2 和 test3 上也安装 vegeta 负载测试工具，命令同前。

4）在节点 test 上执行多个测试节点的并发请求，命令如下：

```
# pdsh -w ssh:192.168.200.[21-23] "echo "GET http://192.168.200.10:32697" | \
vegeta -cpus=1 attack -connections=1000000 -duration=1m -timeout=1h \
-rate=500 | tee reports.bin | vegeta report"
```

其中各参数说明如下。

① -w ssh:192.168.200.[21-23] 表示在节点 test 上并行操作 IP 地址为 192.168.200.21/22/23 的节点 test、test2 和 test3。

② 引号中的命令为基于 vegeta 工具的并发测试命令。

结果如图 5-29 所示。

```
[root@test ~]# pdsh -w ssh:192.168.200.[21-23] "echo "GET http://192.168.200.10:32697" | \
> vegeta -cpus=1 attack -connections=1000000 -duration=1m -timeout=1h \
> -rate=500 | tee reports.bin | vegeta report"
192.168.200.22: Requests      [total, rate]            30000, 500.02
192.168.200.22: Duration      [total, attack, wait]    59.998508082s, 59.997999898s, 508.184µs
192.168.200.22: Latencies     [mean, 50, 95, 99, max]  1.01364ms, 735.323µs, 1.789629ms, 2.296673ms, 15.57566ms
192.168.200.22: Bytes In      [total, mean]            450000, 15.00
192.168.200.22: Bytes Out     [total, mean]            0, 0.00
192.168.200.22: Success       [ratio]                  100.00%
192.168.200.22: Status Codes  [code:count]             200:30000
192.168.200.22: Error Set:
192.168.200.23: Requests      [total, rate]            30000, 500.02
192.168.200.23: Duration      [total, attack, wait]    59.999005271s, 59.997999891s, 1.00538ms
192.168.200.23: Latencies     [mean, 50, 95, 99, max]  821.148µs, 769.527µs, 1.652762ms, 2.087392ms, 19.143767ms
192.168.200.23: Bytes In      [total, mean]            450000, 15.00
192.168.200.23: Bytes Out     [total, mean]            0, 0.00
192.168.200.23: Success       [ratio]                  100.00%
192.168.200.23: Status Codes  [code:count]             200:30000
192.168.200.23: Error Set:
192.168.200.21: Requests      [total, rate]            30000, 500.02
192.168.200.21: Duration      [total, attack, wait]    59.999929787s, 59.997999866s, 1.929921ms
192.168.200.21: Latencies     [mean, 50, 95, 99, max]  1.03215ms, 910.75µs, 1.755042ms, 2.191336ms, 10.022324ms
192.168.200.21: Bytes In      [total, mean]            450000, 15.00
192.168.200.21: Bytes Out     [total, mean]            0, 0.00
192.168.200.21: Success       [ratio]                  100.00%
192.168.200.21: Status Codes  [code:count]             200:30000
192.168.200.21: Error Set:
[root@test ~]#
```

图 5-29　基于 pdsh 的多节点并发测试

笔 记

由图中可知，在节点 test 上并行控制 3 个测试节点同步以每秒 500 次的请求频率向部署好的 hello-nginx 服务发起请求，1 min 内总共请求 90 000 次，成功率为 100%。

（3）拓展内容

基于 vegeta 负载测试工具和 pdsh 并行控制工具：

1）在一定并发量的基础上，修改并发请求的测试时间，由 1 min 改为 $N \times 24$ h，测试集群的稳定性。

2）增加测试节点，测试集群能够承受的并发数。

3. 集群高可用性测试

（1）模拟容器故障情况

1）选择 hello-nginx 服务中的某个容器，在对应节点上通过 docker stop 命令手动停止该容器，假设容器 ID 为 f52e52d22c7a，命令如下：

```
# docker stop f52e52d22c7a
```

2）在节点 master 上查看集群现有 Pod 情况，结果如图 5-30 所示。

```
[root@master ~]# kubectl get pod -o wide
NAME                         READY   STATUS    RESTARTS   AGE   IP           NODE
hello-nginx-7d96894dd7-btwpz  1/1    Running   0          11m   10.244.3.2   node1
hello-nginx-7d96894dd7-mplh4  1/1    Running   0          11m   10.244.3.3   node1
hello-nginx-7d96894dd7-p4pp4  1/1    Running   1          11m   10.244.4.3   node2
hello-nginx-7d96894dd7-x9dp4  1/1    Running   0          11m   10.244.4.2   node2
[root@master ~]#
```

图 5-30 查看集群 Pod 信息

笔记

将图 5-30 与前面的图 5-22 对比可知，Kubernetes 中的容器停止后会由 Pod 自动重启。图 5-30 中 RESTARTS 为 1 的 Pod 即为重启容器的 Pod。

3）在节点 test 上循环请求多次 hello-nginx 服务，命令同前。因为新启动的容器没有修改输出信息，所以新阶段应该是 3 个输出信息分别为 "contain1 node1" "contain3 node1" "contain4 node2" 的容器和一个输出信息为 "Hello" 的容器之间进行负载均衡，如图 5-31 所示。

（2）模拟 Pod 故障情况

1）选择 hello-nginx 服务中的某个 Pod，在节点 master 上通过 kubectl delete 命令手动删除该 Pod，假设 Pod 名称为 hello-nginx-7d96894dd7-x9dp4，命令如下：

```
# kubectl delete pod hello-nginx-7d96894dd7-x9dp4
```

2）在节点 master 上查看集群现有 Pod 情况，结果如图 5-32 所示。

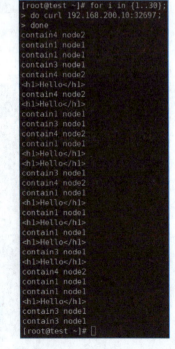

图 5-31 请求 hello-nginx 服务

将图 5-32 与前面的图 5-30 对比可知，Kubernetes 中的 Pod 删除后会由集群自动重启。图 5-32 中 NAME 为 hello-nginx-7d96894dd7-8bpw9 的 Pod 即为重启以后的 Pod。

```
[root@master ~]# kubectl get pod -o wide
NAME                         READY   STATUS    RESTARTS   AGE   IP           NODE
hello-nginx-7d96894dd7-8bpw9 1/1     Running   0          33s   10.244.3.4   node1
hello-nginx-7d96894dd7-btwpz 1/1     Running   0          13m   10.244.3.2   node1
hello-nginx-7d96894dd7-mplh4 1/1     Running   0          13m   10.244.3.3   node1
hello-nginx-7d96894dd7-p4pp4 1/1     Running   1          13m   10.244.4.3   node2
[root@master ~]#
```

图 5-32　查看集群 Pod 信息

3）在节点 test 上循环请求多次 hello-nginx 服务，命令同前。因为新启动的容器没有修改输出信息，所以新阶段应该是两个输出信息分别为"contain1 node1""contain3 node1"的容器和两个输出信息为"Hello"的容器之间进行负载均衡，如图 5-33 所示。

```
[root@test ~]# for i in {1..30};
> do curl 192.168.200.10:32697;
> done
contain1 node1
contain1 node1
<h1>Hello</h1>
contain1 node1
contain1 node1
<h1>Hello</h1>
contain1 node1
contain1 node1
<h1>Hello</h1>
<h1>Hello</h1>
contain1 node1
<h1>Hello</h1>
<h1>Hello</h1>
<h1>Hello</h1>
contain3 node1
<h1>Hello</h1>
<h1>Hello</h1>
contain1 node1
<h1>Hello</h1>
<h1>Hello</h1>
<h1>Hello</h1>
contain3 node1
contain1 node1
<h1>Hello</h1>
contain3 node1
contain3 node1
<h1>Hello</h1>
[root@test ~]#
```

图 5-33　请求 hello-nginx 服务

（3）模拟 Node 节点故障

1）将节点 node1 所在的虚拟机或者主机人为关机。

2）在节点 master 上查看集群现有 Pod 情况，结果如图 5-34 所示。

将图 5-34 与前面的图 5-32 对比可知，图 5-34 中 3 个节点 node1 上的 Pod 都在节

笔 记

点 node2 上进行了重启，但该过程默认要等 5 min 左右，实际应用中可以对此时间进行修改。

```
[root@master ~]# kubectl get pod -o wide
NAME                            READY   STATUS        RESTARTS   AGE    IP            NODE
hello-nginx-7d96894dd7-8bpw9    1/1     Terminating   0          10m    10.244.3.4    node1
hello-nginx-7d96894dd7-9pm9c    1/1     Running       0          2m22s  10.244.4.4    node2
hello-nginx-7d96894dd7-btwpz    1/1     Terminating   0          22m    10.244.3.2    node2
hello-nginx-7d96894dd7-g2zfc    1/1     Running       0          2m22s  10.244.4.6    node2
hello-nginx-7d96894dd7-mplh4    1/1     Terminating   0          22m    10.244.3.3    node1
hello-nginx-7d96894dd7-p4pp4    1/1     Running       1          22m    10.244.4.3    node2
hello-nginx-7d96894dd7-zzd5k    1/1     Running       0          2m22s  10.244.4.5    node2
[rqot@master ~]#
```

图 5-34　查看集群 Pod 信息

3）在节点 test 上循环请求多次 hello-nginx 服务，命令同前，结果应该是 4 个输出信息为"Hello"的容器之间进行负载均衡。

（4）模拟 Master 节点故障

1）将节点 master 所在的虚拟机或者主机人为关机。

2）在节点 backup1 和 backup2 上查看集群现有 Pod 情况和集群现有节点情况，结果如图 5-35 和图 5-36 所示。

```
[root@backup1 ~]# kubectl get pod -o wide
NAME                            READY   STATUS        RESTARTS   AGE    IP            NODE
hello-nginx-7d96894dd7-8bpw9    1/1     Terminating   0          12m    10.244.3.4    node1
hello-nginx-7d96894dd7-9pm9c    1/1     Running       0          4m31s  10.244.4.4    node2
hello-nginx-7d96894dd7-btwpz    1/1     Terminating   0          25m    10.244.3.2    node1
hello-nginx-7d96894dd7-g2zfc    1/1     Running       0          4m31s  10.244.4.6    node2
hello-nginx-7d96894dd7-mplh4    1/1     Terminating   0          25m    10.244.3.3    node1
hello-nginx-7d96894dd7-p4pp4    1/1     Running       1          25m    10.244.4.3    node2
hello-nginx-7d96894dd7-zzd5k    1/1     Running       0          4m31s  10.244.4.5    node2
[root@backup1 ~]#
```

图 5-35　查看集群 Pod 信息

```
[root@backup1 ~]# kubectl get node -o wide
NAME      STATUS     ROLES                   AGE    VERSION   INTERNAL-IP      EXTERNAL-IP
backup1   Ready      control-plane,master    33m    v1.20.0   192.168.200.8    <none>
backup2   Ready      control-plane,master    33m    v1.20.0   192.168.200.9    <none>
master    NotReady   control-plane,master    37m    v1.20.0   192.168.200.7    <none>
node1     NotReady   <none>                  32m    v1.20.0   192.168.200.11   <none>
node2     Ready      <none>                  32m    v1.20.0   192.168.200.12   <none>
[root@backup1 ~]#
```

图 5-36　查看集群 Node 信息

由图 5-35 和图 5-36 可知，节点 master 宕机以后，在节点 backup1 和 backup2 的接管下，Kubernetes 集群依旧可以正常工作。

3）在节点 test 上循环请求多次 hello-nginx 服务，结果同前。由此可知，节点 master 宕机以后，在节点 backup1 和 backup2 的接管下，Kubernetes 集群依旧可以在虚拟 IP 地址不变的情况下正常对外提供服务。

任务 5.4　边缘网关测试

PPT：任务 5.4 边缘网关测试

5.4.1　边缘网关测试需求

工业智能网关在边缘计算项目中作为边缘网关，不仅负责工业场景下的网络连接和协议转换，而且负责终端采集数据的实时分析，与云服务器之间进行资源、服务、应用的全面协同。对边缘网关进行测试是保证边缘正常运行的关键环节。

工业互联网产业联盟标准《工业互联网边缘计算 边缘网关技术要求及测试方法》（AII/008—2021）中对工业场景下边缘网关的技术要求及测试方法进行了详细说明，包括对边缘网关硬件的测试方法，对边缘网关网络的测试方法，对边缘网关控制转换、数据采集、数据分析、断网续传等能力的测试方法，对边缘网关二次开发、智能作业、运维管理、日志管理等能力的测试方法，对边缘网关相互之间协同运行、与云服务器协同运行、独立运行等多种运行方式的测试方法，以及对边缘网关安全功能的测试方法。

基于边缘网关在边缘计算项目中的常用角色和作用，本模块重点介绍以下 4 个方面内容：

1）边缘网关硬件的测试方法。

2）边缘网关网络的测试方法。

3）边缘网关数据采集、数据分析、断网续传、智能作业等业务能力的测试方法。

4）边缘网关相互之间协同运行、与云服务器协同运行、独立运行等运行方式的测试方法。

其中，对边缘网关断网续传能力的测试其实是从边缘网关的角度对系统高可用性的测试。

5.4.2　边缘网关测试方法

1. 对边缘网关硬件的测试方法

对边缘网关硬件的测试包括对用户侧和网络侧接口的测试，对计算存储等基础能力的测试，以及对稳定性和并发性的测试。

1）对用户侧和网络侧接口的测试。首先，在边缘网关的数据侧接入 PLC 或者其他现场设备，现场设备使用 MQTT、HTTP、OPC UA 等方式向边缘网关发送数据，查看边缘网关是否能够接收到正确的数据。然后，在边缘网关的网络侧配置转发方式，如以太网或 Wi-Fi 等方式，让边缘网关将数据转发至云服务器，查看云服务器是否能够接收到正确的

笔 记

笔记

数据。如果数据上报正确、稳定、连续，判定边缘网关中用户侧和网络侧接口通过测试，否则判定不通过。

2）对计算存储等基础能力的测试。首先，测试边缘网关中 flash 闪存能连续写入的最大数据量，记录最大值。然后，测试向边缘网关中写入 256 字节数据所需要的时间，由此计算边缘网关单条记录的写速度。接着，测试从边缘网关中读出 256 字节数据所需要的时间，由此计算边缘网关单条记录的读速度。最后，测试从边缘网关中循环读出多条记录的所需要的时间，由此计算边缘网关循环读取的读速度。如果上述测量值在业务要求的范围内，判定边缘网关计算存储等基础能力通过测试，否则判定不通过。

3）对稳定性的测试。首先，建立边缘网关与 PLC 设备或数据模拟系统的连接。然后，在 PLC 设备或数据模拟系统中配置大量且持续发送的数据。让边缘网关连续运行 7×24 h，验证边缘网关中有无数据丢失、进程挂死等现象并观察测试期间的系统负载情况。如果边缘网关能稳定运行 7×24 h 以上，期间无异常发生（数据无丢失、错乱，进程无挂死、重启，CPU 和内存均平稳），判定边缘网关稳定性通过测试，否则判定不通过。

4）对并发性的测试。首先，通过测试系统模拟出 200 个 PLC 设备，使这些设备同时与边缘网关建立连接。然后，让模拟出的 PLC 设备向边缘网关发送数据。逐量增加接入的 PLC 设备的数量，验证边缘网关中有无数据丢失、进程挂死等现象并观察测试期间的系统负载情况，记录边缘网关允许接入的最大 PLC 数量。如果在正常并发情况下无异常发生（数据无丢失、错乱，进程无挂死、重启，CPU 和内存均平稳）且边缘网关允许接入的最大 PLC 数量在业务要求的范围内，判定边缘网关并发性通过测试，否则判定不通过。

2. 对边缘网关网络的测试方法

对边缘网关网络的测试主要是对网络切换能力的测试。首先，在边缘网关上同时连接两种或两种以上的网络，如以太网或 Wi-Fi 等网络。然后，启动边缘网关，在云服务器上检测边缘网关是否能够正确接入。接着，在边缘网关上断开任意连接的网络，在云服务器上检测边缘网关是否能够正确接入。如果在断开任意一种网络的情况下，边缘网关依旧能够正确接入云服务器或者短期中断并在指定时间内恢复，判定边缘网关网络切换能力通过测试，否则判定不通过。

3. 对边缘网关业务能力的测试方法

（1）对边缘网关数据采集能力的测试方法

对边缘网关数据采集能力的测试包括对传输时延的测试和对采样频率的测试。

1）对传输时延的测试。首先，在边缘网关中对 PLC 时间进行采集。然后，将采集到的 PLC 时间转发至检测平台。检测平台收到数据的时间与所收到的 PLC 时间做差值，即为传输时延，如果传输时延在业务允许范围内，判定通过测试，否则判定不通过。

2）对采样频率的测试。首先，在边缘网关中对 PLC 周期变化的数据和 PLC 时间进行采集。然后，将采集到的 PLC 周期变化的数据和 PLC 时间转发至检测平台。检测平台中通过 PLC 周期变化的数据和 PLC 时间的双重校验计算采样频率并检测连续性，如果采样频率在业务允许范围内，判定通过测试，否则判定不通过。

（2）对边缘网关数据分析能力的测试方法

对边缘网关数据分析能力的测试包括对数据预处理的测试和对数据可视化的测试。

1）对数据预处理的测试。首先，在边缘网关中对 PLC 持续发送的数据进行采集。然后，在边缘网关中对采集到的数据进行预处理，如将工程值转换为仪表值，设定数据筛选、过滤、抽取等规则，设定简单的函数规则。检测处理后的结果和预设是否相符，如果相符，判定通过测试，否则判定不通过。

2）对数据可视化的测试。首先，在边缘网关中对 PLC 持续发送的数据进行采集。然后，在边缘网关中对采集到的数据进行简单的配置，展示其历史趋势、实时值。检测可视化的结果和预设是否相符，如果相符，判定通过测试，否则判定不通过。

（3）对边缘网关断网续传能力的测试方法

对边缘网关断网续传能力的测试包括对断网续传的测试和对边缘缓存的测试。

1）对断网续传的测试。首先，在测试平台上设置边缘网关通过 MQTT 或 HTTP 方式传输数据到云服务器的测试脚本，启动测试脚本。然后，手动断开边缘网关的网络连接，30 s 后结束测试脚本。观察网络连接恢复以后边缘网关中未上传云服务器的数据是否能够继续上传，如果能够继续上传，判定通过测试，否则判定不通过。

2）对边缘缓存的测试。类似于对断网续传的测试，观察网络连接未恢复时边缘设备中已缓存数据的完整性和连续性，如果已缓存数据完整且连续，判定通过测试，否则判定不通过。

（4）对边缘网关智能作业能力的测试方法

对边缘网关智能作业能力的测试包括对任务编排的测试和对模型部署的测试。

1）对任务编排的测试。首先，在边缘网关中对 PLC 持续发送的数据进行采集。然后，在边缘网关中设定数据处理规则，先将采集到的数据乘以 2，再筛选低于某个值的数据上报云服务器。检测执行的结果和预设是否相符，如果相符，判定通过测试，否则判定不通过。

2）对模型部署的测试。首先，在边缘网关中对 PLC 持续发送的数据进行采集。然后，在边缘网关中调用安装好的机器学习库（sklearn）提供的 top-N、K-Means、SVM、线性回归、决策树等算法处理采集到的数据。检测执行的结果和预设是否相符，如果相符，判定通过测试，否则判定不通过。

4. 对边缘网关运行方式的测试方法

边缘网关共有 3 种常见的运行方式：相互之间协同运行，与云服务器协同运行，以及独立运行。

笔记

1）对边缘网关相互之间协同运行的测试。首先，将多个边缘网关进行连接。然后，进行第一种情况下的测试，各边缘网关分别采集输入数据，通过边缘网关之间通信，使其他边缘网关获取各自的采集到的输入数据。接着，进行第二种情况下的测试，各边缘网关分别采集输入数据并对采集到的数据进行运算处理，通过边缘网关之间通信，使其他边缘网关获取各自的处理后的输入数据。最后，进行第三种情况下的测试，单一边缘网关采集输入数据并对采集到的数据进行运算处理，通过边缘网关之间通信，使其他边缘网关输出相同的处理结果。通过上述 3 种情况测试边缘网关相互之间协同运行的情况，如果转发数据正确、实时，数据无错码、乱码，不存在丢包现象，边缘网关之间可以协同输入、协同运算、协同输出，判定通过测试，否则判定不通过。

2）对边缘网关与云服务器协同运行的测试。首先，通过云服务器远程启动或者停止边缘网关，观察边缘网关是否能够正确启动或者停止。然后，通过云服务器向边缘网关下发安装应用的命令并启动该应用，观察边缘网关的执行结果。接着，通过云服务器向边缘网关下发升级应用的命令并启动该应用，观察边缘网关的执行结果。如果能从云服务器远程启动或者停止边缘网关，能对边缘网关中的应用进行安装、启停、升级，判定通过测试，否则判定不通过。

3）对边缘网关独立运行的测试。首先，通过云服务器远程启动边缘网关和边缘网关上的应用。然后，断开云服务器与边缘网关之间的连接。观察边缘网关中正在运行的应用是否继续正常运行，如果继续正常运行，判定通过测试，否则判定不通过。

任务 5.5   应用集成测试

5.5.1   应用集成测试需求

边缘计算项目部署时，除了要对项目的传输网络部分、边缘与云中心服务器部分、边缘网关部分进行单独的测试以外，还要结合具体应用与终端设备进行各模块的集成测试，或者说进行应用集成测试。

下面以企业为解决工厂首件产品质检问题而部署的基于 5G 边缘计算的 AR 质检系统为例，进行介绍。工厂在产品流水线生产过程中，当产品型号、产品规格、产品批次、产线情况甚至生产时间有变化的时候，都需要对首件产品（生产的第一件产品）进行检测。可以说，对首件产品进行检测对生产质量把控具有重大意义。

早期采用人工检测并且填报纸质单据的方法，存在检测效率低、时间滞后、易出错、易遗漏、真实性存疑等问题。除此之外，检测数据的整理、存放以及典型问题追溯都需要花费大量的时间和人力，不方便后续进行数据分析。

基于上述问题部署基于 5G 边缘计算的 AR 质检系统，系统流程如图 5-37 所示，包含 5 个部分：设备、AR/VR 眼镜、边缘云、网络、终端。

设备　　　AR/VR眼镜　　　边缘云　　　Internet　　　终端

图 5-37　基于 5G 边缘计算的 AR 质检系统

检测人员佩戴 AR 眼镜对首件产品进行检测，不仅可以从 AR 眼镜上获取工单信息，而且可以通过 AR 眼镜对检测内容进行智能识别并将重要内容以图片或者视频形式上传云服务器集中存档。当检测过程出现问题需要专家指导时，检测人员也可以通过 AR 眼镜呼叫远程专家进行"零距离"指导，专家可将指导信息、设备操作说明书、图纸、文件等内容通过 5G 网络实时同步到现场 AR 终端，极大提升工作效率。图 5-38 所示为使用 AR 技术以后的现场检测和远程指导。

图 5-38　使用 AR 技术以后的现场检测和远程指导

以上述系统为例，对上述系统中工单发布模块进行功能测试，作为应用集成测试的第一步。

5.5.2　应用集成测试案例

1. AR 终端接入

1）选用头盔式 AR 终端，如图 5-39 所示。

微课 5-8
AR 质检项目应用集成测试

笔 记

一体式头盔
保护头部安全，高强度塑料材质人体
工学设计，佩戴稳固

SOS按键
紧急情况下一键呼救

大容量电池
10 000 mAh可拆卸电池，2块电池
超长续航

语音/旋钮交互

旋钮交互
控制操作界面

语音交互
双手不方便时，
语音控制，高效便捷

通信安全
4G/5G全网通，Wi-Fi，BT，北斗+GPS全球定位
靠近高压220 V报警

操作系统
Android 9.0自研OS

双摄像头
主摄：1 300万像素，OIS光学+EIS电子
双重防抖，高分辨率拍照、录像
副摄：微光夜视低照度1080P摄像头

AR增强现实
上投式阵列光波导显示技术，
镜目距(mm) 228，可佩戴眼镜

光机防护罩
坚硬，耐磨，保护光机

图 5-39　头盔式 AR 终端

2）登录后主界面如图 5-40 所示。

图 5-40　AR 终端主界面

2. 工单发布测试

（1）在质检系统上发布工单

1）登录部署好的质检系统，登录界面如图 5-41 所示。

2）登录后进入工单管理界面，如图 5-42 所示，可以查看工单情况。

3）单击左侧导航栏中的"工作流管理"选项，进入如图 5-43 所示的工作流管理界面，可以查看工作流情况。

图 5-41   质检系统登录界面

图 5-42   工单管理界面

图 5-43   工作流管理界面

4）单击列表上方的"新增"按钮，弹出如图 5-44 所示的"新建节点"对话框，可以手动创建工作流。

图 5-44   "新建节点"对话框

5）也可以单击工作流管理界面中列表上方的"导出"按钮，将工作流导出为模板；或者单击"导入"按钮，通过模板导入工作流。工厂生产环境中，通常由现场操作人员收集标准作业程序（Standard Operating Prodacer，SOP），根据 SOP 建立工作流模板，然后通过模板导入工作流。模板样式如图 5-45 所示。

图 5-45   工作流模板

6）工作流创建完成后，回到图 5-42 所示的工单管理界面，单击中间的"发布工单"按钮，弹出如图 5-46 所示的"发布工单"对话框，选择创建完成的工作流，其他信息根据业务情况填写，填写完成后单击下方的"确定"按钮，即可完成工单发布。

图 5-46   "发布工单"对话框

（2）在 AR 终端上接收工单

在图 5-40 所示 AR 终端主界面上选择"我的工单"选项，进入后就能查看是否收到系统上发布的工单，如图 5-47 所示。

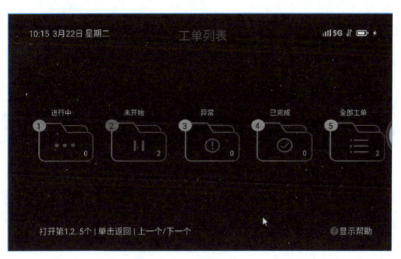

图 5-47　AR 终端工单列表

任务 5.6　边缘计算网络安全技术与安全测试

随着互联网科技的发展，网络安全现在已经是互联网领域的重要问题，由网络安全引发的事故一直呈上升趋势，诸如数据泄漏、勒索软件、黑客攻击等层出不穷，网络安全风险持续增加。

边缘计算由于具有良好的连接性、业务实时性、数据优化性以及应用智能性等特点，近些年在企业网络搭建的过程中被广泛使用。但是，边缘计算在给用户带来更广泛、更快速、更敏捷的应用和体验的同时，由于其环境本身存在实时性、复杂性、动态性、终端的资源受限等特性，导致系统安全和隐私问题变得愈发突出，也将网络攻击威胁引入了网络边缘。因此，对边缘计算企业网络项目验收前的测试内容中，非常重要的一项就是网络安全测试，特别对边缘侧的安全性测试提出了更高的要求。

5.6.1　边缘计算的安全挑战

针对边缘计算环境中潜在的攻击危险，可以将其划分为 3 个层面，分别是边缘接入（"云—边"接入，"边—端"接入）、边缘服务器（硬件、软件、数据）以及边缘管理（账号、管理/服务接口、管理人员），如图 5-48 所示。

笔 记

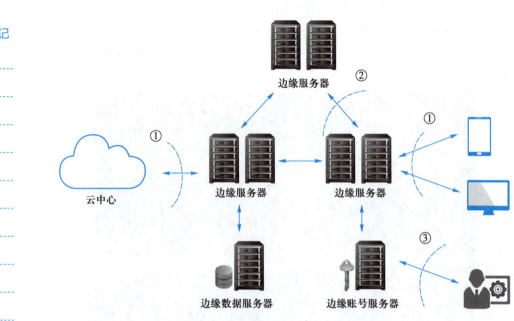

图 5-48   边缘计算潜在的攻击危险示意图

① 边缘接入：不安全的通信协议的接入；恶意的边缘节点的接入。

② 边缘服务器：边缘节点数据易被损毁，隐私数据保护不足；不安全的系统与组件；易发起的分布式拒绝服务；易蔓延的定向威胁攻击（APT）；硬件安全支持不足。

③ 边缘管理：身份、凭证和访问管理不足，账号信息易被劫持；不安全的接口和应用程序接口（API）；难监管的恶意管理员。

（1）边缘接入

1）不安全的通信协议。边缘节点的通信分为南北向，南向对接端侧异构设备，北向对接云上消息通道。南向与端侧设备的通信，目前绝大多数还是使用没有安全性保障的通信协议，比如 ZigBee、蓝牙等。而北向与云端的通信，大部分是使用消息中间件或者网络虚拟化技术，通过未经加密的传输层数据通道来转发数据。这些通信协议缺少加密、认证等措施，易于被窃听和篡改。

2）恶意的边缘节点。边缘计算具有分布式部署、多元异构和低延迟等特性，参与实体众多，信任关系复杂，从而导致很难判断一个边缘节点是否是恶意节点伪装的。

恶意边缘节点是指攻击者将自己的边缘节点伪装成合法的边缘节点，使用户难以分辨，诱导终端用户连接到恶意边缘节点，隐秘地收集用户数据。

（2）边缘服务器

1）边缘节点数据易被损毁，隐私数据保护不足。边缘节点作为边缘计算的基础设施，其地理位置靠近用户现场，缺少有效的数据备份、恢复以及审计措施，导致攻击者可能修改或删除用户在边缘节点上的数据，从而使客户的业务将遭受致命打击。

2）不安全的系统与组件。边缘计算将云上的计算任务卸载到本地执行，在安全方面就存在计算结果是否可信的问题。工业互联网边缘计算场景下，边缘节点可能从云端卸载的是不安全的定制操作系统，或调用了不安全的第三方软硬组件。通过攻击，边缘节点上的业务将会被终止或篡改。因此，要采用有效的机制来验证卸载的系统和组件的完整性和计算结果的正确性。

3）分布式拒绝服务（DDoS）攻击。DDoS 是指处于不同位置的多个攻击者同时向一个或数个目标发动攻击，或者一个攻击者控制了位于不同位置的多台机器并利用这些机器对受害者同时实施攻击的方法和手段。

边缘计算具有海量终端设备的特点，这些终端设备安全性弱，计算资源和带宽资源有限，无复杂的安全防御机制。海量的终端设备恰好为 DDoS 攻击提供了大量潜在的"肉鸡"，可以被黑客远程控制，从而攻击目标服务器。

4）易蔓延的定向威胁（APT）攻击。在边缘计算场景下，APT 攻击者寻找易受攻击的边缘节点，攻击并隐藏自己。由于边缘节点往往存在许多已知或未知的漏洞，与云中心端存在安全更新同步不及时等问题，将导致连接上该边缘节点的用户数据和程序无安全性可言。

5）硬件安全支持不足。边缘节点更倾向于使用轻量级容器技术，但容器共享底层操作系统，隔离性较差，安全威胁严重。因此，仅靠软件来实现安全隔离，很容易出现内存泄漏或篡改等问题。

（3）边缘管理

1）身份、凭证和访问管理不足，账号信息易被劫持。身份认证是验证或确定用户提供的访问凭证是否有效的过程。边缘节点与终端用户如何双向认证、边缘节点与云端如何实现统一的身份认证和高效的密钥管理、在高移动性场景下如何实现在不同边缘节点间切换时的高效认证，都是需要思考的问题。

笔记

2）不安全的接口和应用程序接口（API）。边缘节点既要向海量的现场设备提供接口和 API，又要与云中心进行交互，这种复杂的边缘计算环境、分布式的架构，引入了大量的接口和 API 管理，这样就带来了大量的安全问题。

3）难监管的恶意管理员。管理大量的现场设备，很可能存在不可信或恶意的管理员。如果管理员出于其他的目的盗取或破坏系统与用户数据，那么它将能够重放、记录、修改和删除任何网络数据包或文件系统。现场设备的存储资源有限，难以对恶意管理员进行全量审计。

5.6.2　边缘计算常用的安全技术和测试手段

为了应对边缘计算环境中潜在的攻击危险，作为项目工程师要从两个方面采取措施：一是在边缘计算项目中采用相应的安全技术手段；另一个是在项目完成以及长期应用过程中加强对项目的安全测试，保证对项目的安全防护。

1. 边缘计算常用的安全技术

针对边缘计算潜在的威胁，边缘计算常用的安全技术如图 5-49 所示。

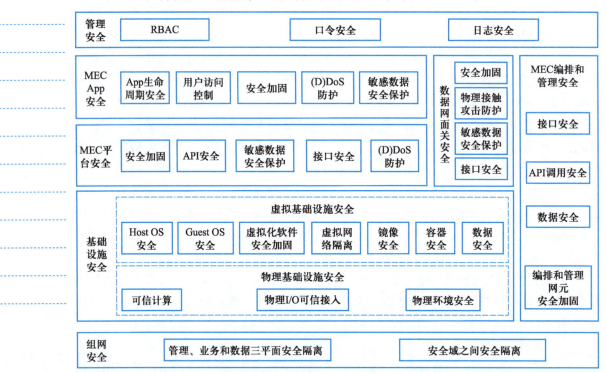

图 5-49   边缘计算常用的安全技术

（1）加强安全认证和验证

1）边缘计算节点接入与跨域认证。针对边缘计算节点海量、跨域接入、计算资源有限等特点，面向设备伪造、设备劫持等安全问题，采用边缘节点接入身份信任机制、多信任域间交叉认证、设备多物性特征提取等技术，实现海量边缘计算节点的基于边云、边边交互的接入与跨域认证。

2）边缘计算设备指纹识别。针对边缘计算设备种类多样化、设备更新迭代速度快、相同品牌或型号设备可能存在相同漏洞等特点，采用边缘计算设备主动探测、被动探测、资产智能关联等技术，形成对边缘设备 IP 地址、MAC 地址、设备类型、设备型号、设备厂商、系统类型等信息的组合设备指纹识别等能力，帮助管理员加固设备防护，加强资产管理。

（2）边缘计算虚拟化与操作系统安全防护

在边缘计算云边协同环境下，存在虚拟化与操作系统代码量大、攻击面广、面向虚拟机逃逸、镜像篡改等大量的安全风险，采用虚拟机监视器（Hypervisor）加固、操作系统隔离和安全增强等技术，实现边缘计算虚拟化与操作系统强隔离、完整性检测等能力。

（3）边缘计算恶意代码检测与防范

针对边缘计算节点安全防护机制弱、计算资源有限等安全问题，采用云边协同的自动化操作系统安全策略配置、自动化的远程代码升级和更新、自动化的入侵检测等技术，形成云边协同的操作系统代码完整性验证以及操作系统代码卸载、启动和运行时恶意代码检测与防范等能力，实现边缘计算全生命周期的恶意代码检测与防范。

（4）边缘计算漏洞挖掘

针对边缘计算设备漏洞挖掘难度大、系统漏洞影响广泛等安全问题，采用边缘设备仿真模拟执行、设备固件代码逆向、协议逆向、二进制分析等技术，形成基于模糊测试、符号执行、污点传播等技术的边缘计算设备与系统漏洞挖掘能力，实现边缘计算设备与系统漏洞的自动化发现。

（5）边缘计算敏感数据监测和数据隐私保护

针对边缘计算数据的敏感性强、重要程度高、高保密性等特点，面向数据产生、流转、存储、使用、处理、销毁等各个环节的数据安全风险，采用数据溯源、数据标签、数据水印等技术，形成对数据的追踪溯源、流动审计、访问告警等能力，实现边缘计算敏感数据的实时监测和数据隐私保护。

（6）边缘计算拓扑发现

针对边缘计算节点网络异构、设备海量、分布式部署等特点，面向边缘计算节点大规模 DDoS 攻击、跳板攻击、利用节点形成僵尸网络等安全问题，采用边缘计算在网节点拓扑实时感知、全网跨域发现、多方资源关联映射等技术，形成边缘计算的网络拓扑绘制、威胁关联分析、漏洞发现、风险预警等能力，实现边缘计算节点拓扑的全息绘制。

（7）边缘计算安全通信协议

针对边缘计算协议种类多样、协议脆弱性广泛等特点，面向协议漏洞易被利用、通信链路伪造等安全风险，采用边缘计算协议安全测试、协议安全开发、协议形式化建模与证明等技术，实现边缘计算协议的安全通信。

笔 记

2. 边缘计算安全测试

网络安全测试往往使用网络安全厂商推出的安全解决方案，使用第三方的软硬件产品配合测试，如防火墙、入侵防护系统（Intrusion Prevention System，IPS）、Web 应用防护系统（Web Application Firewall，WAF）等。网络在建设阶段以及运行阶段都需要进行各种安全测试，包括服务器性能、稳定性以及其防攻击能力测试等，为各行业网络安全建设以及后期网络安全优化和维护提供权威、可靠的数据支撑。下面简单举几个应用安全检测软件进行安全检测的情况。

（1）系统漏洞扫描

通过系统漏洞扫描工具，网络管理员可以定期对计算机系统、软件、应用程序或网络接口进行扫描，从而发现网络安全存在的潜在威胁，及时采取防御措施、规避风险。因此，系统漏洞扫描工具便成为安全工作人员必不可少的工具之一。常见的漏洞扫描工具有 OpenVAS、Nessus、Nexpose Community 等，还有一些厂商专门开发的安全工具，可以提供更优质、更可视化的扫描结果，如图 5-50 所示。

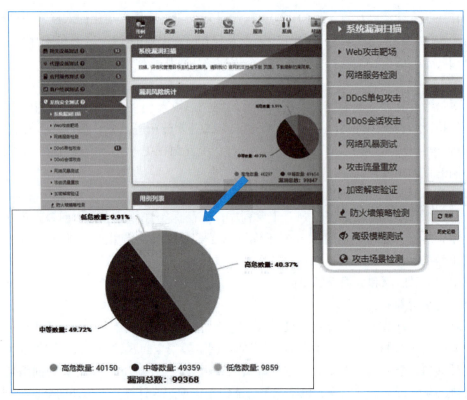

图 5-50　系统漏洞扫描示意图

（2）网络服务检测

网络管理员经常通过网络服务检测来发现网络中的攻击者，通过对网络中 IP 地址进行存活检测，并能主动发现存活 IP 地址的主机的软件版本、操作系统、开放端口等，还可以发送探测报文到受测设备，获取该受测设备信息和网络状态。

该检测方法支持 ICMP ping、ICMP 时间戳请求、ICMP 网络掩码请求、ACK ping、SYN ping、UDP 探测、IP proto 探测等。

（3）DDoS 攻击检测

DDoS 攻击是一种分布的、协同的大规模攻击方式，危害性很强。可以通过检测软件将 DDoS 流量与正常的应用流量进行混合，生成与现实流量特征一致的流量模型，检测受测设备是否能判断 DDoS 流量或和合法协议流量。

除此之外，还可以检测 IGMP 攻击、ICMP 攻击、IP 攻击、UDP 攻击、TCP 攻击、ARP 攻击等攻击类型。图 5-51 所示第三方软件进行 DDoS 攻击检测。

下面介绍一个工业互联网边云协同场景下的典型安全解决方案。

工业互联网企业面临着共性的安全问题和需求如下：

① 不同产线间没有采取网络隔离措施，缺少访问控制措施。

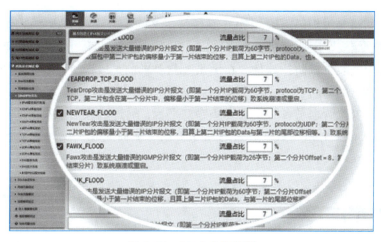

图 5-51 DDoS 攻击检测

② 电子车间网络和边缘层网络（MES 系统、边缘网关）之间由于业务需要存在通信连接，但未采取隔离措施或者访问控制规则。

③ 电子车间各主机采用较为老旧的操作系统，且未进行及时的补丁更新，未采用主机加固措施，致使部分主机受到攻击、感染；缺少对生产网络的实时安全监控，无法及时发现系统中存在的异常流量和异常行为。

基于以上情况，提出的解决方案架构如图 5-52 所示。对现场层网络拓扑进行改造，进行网络区域划分，采用 VLAN 方式对不同生产线的设备进行隔离。

笔记

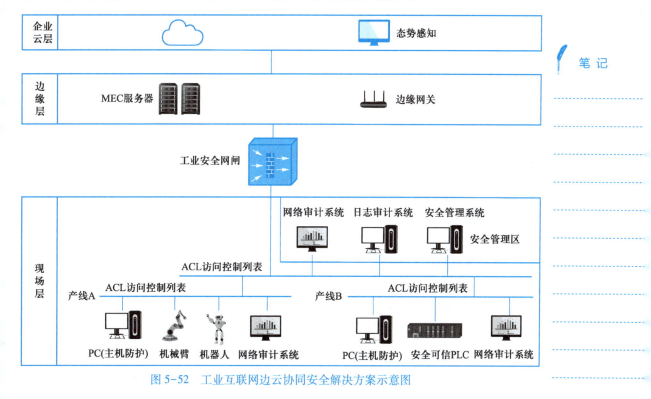

图 5-52 工业互联网边云协同安全解决方案示意图

电子车间网络和边缘层网络（MEC 系统、边缘网关）之间采用工业网闸进行隔离，防止边缘层的网络安全问题蔓延到电子车间。对电子车间的主机进行系统重装或病毒查杀，在此基础上安装主机防护软件。在满足控制要求的工段部署安全可信 PLC，替换原来不具备安全能力的普通 PLC。

最后，部署安全管理平台与安全态势感知平台，通过边缘层采集电子车间网络环境中各主机、设备的安全相关数据并进行集中分析，从而实现云端和边缘侧的边云安全协同。

【项目小结】

测试是认识客观世界的手段之一，也是科学研究的基础方法，在各个领域都具有重要的作用，对于工业生产亦不可或缺。工程研究、产品开发、生产监督、质量控制以及性能试验等众多环节，都离不开测试技术。可以说，测试技术是推动工业发展、保障生产运行的重要技术，也是工程技术人员必须掌握的一门实践性很强的技术。

笔记

测试是指通过人工或者自动的手段，对被测试对象进行检测的活动，其目的在于检测被测试对象是否实现了用户需求，或者弄清楚实际结果与预期结果之间的差异。

从不同的角度出发，可以对测试进行不同的分类，常见的测试分类包括：

① 单元测试。

② 集成测试。

③ 接口测试。

④ 功能测试，又称为黑盒测试。

⑤ 性能测试，又包括基准测试、负载测试、压力测试、稳定性测试、并发测试。

⑥ 安全测试。

基于上述内容设计工业互联网边缘计算项目的测试流程。项目中的设备和应用整体上可以分为 5 层：设备层、边缘控制器层、边缘网关层、边缘云层、云中心层（或工业互联网云平台层），由此设计的测试流程如图 5-3 所示。

1. 传输网络测试

传输网络不仅是边缘计算项目中连接云、边、端 3 部分的重要载体，而且是边缘计算项目中实现信息传输、资源共享、模型训练、数据处理等一切智能操作的基础，所以传输网络的部署和测试是项目顺利运行的首要保证。

1）计算机网络性能指标：速率、带宽、吞吐量、时延、时延带宽积、往返时间、利用率、丢包率。

2）无线网络性能指标：辐射功率、信号强度、覆盖率、移动性。

3）无线网络测试方法：信号强度测试、拉网测试、5G 基站验证测试。

2. 边缘与云中心服务器测试

边缘与云中心服务器测试是保证企业业务稳定运行的关键环节，以云服务器为例，测试内容包括以下几类。

1）云服务器网络通信测试：TCP 通信测试与 UDP 通信测试。

2）云服务器基准性能测试：CPU 性能测试与内存性能测试。

3）云服务器高并发性测试与高可用性测试：集群负载均衡能力测试、稳定性测试、并发性测试、可用性测试。

3. 边缘网关测试

边缘网关测试是保证边缘正常运行的关键环节，测试内容包括以下几类。

1）边缘网关硬件测试：用户侧和网络侧接口测试、计算存储等基础能力测试、稳定性和并发性测试。

2）边缘网关网络测试：网络切换能力测试。

3）边缘网关业务能力测试：数据采集能力测试、数据分析能力测试、断网续传能力测试、智能作业能力测试。

4）边缘网关运行方式测试：相互之间协同运行测试、与云服务器协同运行测试、独立运行测试。

4. 集成测试

结合具体应用与终端设备进行各模块的集成测试，或者说进行应用集成测试，测试应用服务的输入/输出是否达到预期目标，以保证交付后的系统能够承载业务需要。

笔 记

5. 安全测试

最后，对边缘计算项目中常见的安全威胁和常用的安全技术进行分析，提出对边缘计算项目进行安全测试的方案。

【拓展阅读】

"十四五"数字经济发展规划——加强面向特定场景的边缘计算能力

2022 年 1 月 15 日，国务院印发《"十四五"数字经济发展规划》，明确了推进云网协同和算网融合发展，加快实施"东数西算"工程，加强面向特定场景的边缘计算能力，强化算力统筹和智能调度。

1. 加快建设信息网络基础设施

建设高速泛在、天地一体、云网融合、智能敏捷、绿色低碳、安全可控的智能化综

笔记

合性数字信息基础设施。有序推进骨干网扩容，协同推进千兆光纤网络和 5G 网络基础设施建设，推动 5G 商用部署和规模应用。前瞻布局第六代移动通信（6G）网络技术储备，加大 6G 技术研发支持力度，积极参与推动 6G 国际标准化工作。积极稳妥推进空间信息基础设施演进升级，加快布局卫星通信网络等，推动卫星互联网建设。提高物联网在工业制造、农业生产、公共服务、应急管理等领域的覆盖水平，增强固移融合、宽窄结合的物联接入能力。

2. 推进云网协同和算网融合发展

加快构建算力、算法、数据、应用资源协同的全国一体化大数据中心体系。在京津冀、长三角、粤港澳大湾区、成渝地区双城经济圈、贵州、内蒙古、甘肃、宁夏等地区布局全国一体化算力网络国家枢纽节点，建设数据中心集群，结合应用、产业等发展需求优化数据中心建设布局。加快实施"东数西算"工程，推进云网协同发展，提升数据中心跨网络、跨地域数据交互能力，加强面向特定场景的边缘计算能力，强化算力统筹和智能调度。按照绿色、低碳、集约、高效的原则，持续推进绿色数字中心建设，加快推进数据中心节能改造，持续提升数据中心可再生能源利用水平。推动智能计算中心有序发展，打造智能算力、通用算法和开发平台一体化的新型智能基础设施，面向政务服务、智慧城市、智能制造、自动驾驶、语言智能等重点新兴领域，提供体系化的人工智能服务。

3. 有序推进基础设施智能升级

稳步构建智能高效的融合基础设施，提升基础设施网络化、智能化、服务化、协同化水平。高效布局人工智能基础设施，提升支撑"智能+"发展的行业赋能能力。推动农林牧渔业基础设施和生产装备智能化改造，推进机器视觉、机器学习等技术应用。建设可靠、灵活、安全的工业互联网基础设施，支撑制造资源的泛在连接、弹性供给和高效配置。加快推进能源、交通运输、水利、物流、环保等领域基础设施数字化改造。

【课后习题】

文本：习题答案

一、填空题

1. 工业互联网边缘计算中的设备和应用整体上可以分为_____、_____、_____、_____和_____5层。

2. 计算机网络的 8 个重要的性能指标包括_____、_____、_____、_____、_____、_____以及_____。

3. 在计算机网络性能指标的基础上，无线网络还有_____、_____、_____和_____4 个重要的性能指标。

4. _____ 与 _____ 的配合使用是衡量 4G 网络信号强度的常用方式。

5. _____ 与 _____ 的配合使用是衡量 5G 网络信号强度的常用方式。

6. "在一定的区域内，按照所需的路线，或者随机跑几条路线，进行语音的长呼测试、短呼测试，或者进行数据业务的测试。" 以上描述是在进行 _____ 测试。

7. 针对边缘计算环境中潜在的攻击危险，可以将其划分为 _____ 、_____ 和 _____ 3 个层面。

二、选择题

1. （　　） 又称为黑盒测试，即把系统看成一个黑色的盒子，不关心内部逻辑结构是怎样的，只关心输入和输出的结果是否达到预期目标。

A. 接口测试　　　　B. 功能测试　　　　C. 性能测试　　　　D. 安全测试

2. （　　） 需要通过自动化的测试工具模拟多种正常、峰值、异常的负载条件来对系统的各项性能指标进行测试。

A. 接口测试　　　　B. 功能测试　　　　C. 性能测试　　　　D. 安全测试

3. （　　） 需要让系统在峰值负载或者超负载的情况下运行，查看系统在峰值负载或者超负载的情况下的处理能力。

A. 基准测试　　　　　　　　B. 负载测试　　　　　　　　C. 压力测试

D. 稳定性测试　　　　　　　E. 并发测试

4. （　　） 需要让系统在加载一定压力的情况下持续运行一段时间（通常为 N×24 小时），查看系统是否能够稳定运行。

A. 基准测试　　　　　　　　B. 负载测试　　　　　　　　C. 压力测试

D. 稳定性测试　　　　　　　E. 并发测试

5. （　　） 需要让多个用户同时访问同一个系统中的同一个应用或者同一个模块，查看是否存在死锁或者其他性能问题。

A. 基准测试　　　　　　　　B. 负载测试　　　　　　　　C. 压力测试

D. 稳定性测试　　　　　　　E. 并发测试

6. （　　） 需要针对系统中可能存在的安全漏洞进行探测和发现。

A. 接口测试　　　　B. 功能测试　　　　C. 性能测试　　　　D. 安全测试

7. iperf 是一种网络测试工具，（　　） 命令表示让 iperf 以服务端形式启动。

A. iperf3 -s　　　　　　　　　　B. iperf3 -c serverIP

C. iperf3 -version　　　　　　　D. ./configure

8. iperf 默认使用 TCP 模式通信，（　　） 参数表示让 iperf 使用 UDP 模式通信。

A. -n　　　　　　　B. -F　　　　　　　C. -P　　　　　　　D. -u

9. 运维工程师时常会把（　　） 工具比作 "加强版的 Windows 任务管理器"，该工具非常适合作为接手服务器后执行的第一条命令。

A. iperf　　　　　　B. top　　　　　　C. vmstat　　　　　　D. ls

10. （   ）要求集群在多个操作单元上进行负载的均摊和平衡，将负载均衡分配到多个操作单元上。

A. 负载均衡　　　B. 稳定性　　　　C. 高并发性　　　D. 高可用性

11. （   ）是指通过设计让云服务器能够在同一时刻处理大量请求。

A. 负载均衡　　　B. 稳定性　　　　C. 高并发性　　　D. 高可用性

12. （   ）是指通过设计让云服务器能够尽量缩短因日常维护操作（计划）和突发系统崩溃（非计划）导致的停机时间。

A. 负载均衡　　　B. 稳定性　　　　C. 高并发性　　　D. 高可用性

13. QPS、TPS、RT、并发数、吞吐量等指标，是衡量系统（   ）的常用指标。

A. 负载均衡　　　B. 稳定性　　　　C. 高并发性　　　D. 高可用性

14. RTO、RPO 等指标，是衡量系统（   ）的常用指标。

A. 负载均衡　　　B. 稳定性　　　　C. 高并发性　　　D. 高可用性

15. （   ）工具是一种常用的负载测试工具，通过该工具可以让客户端对系统发送并发请求。

A. top　　　　　B. vmstat　　　　C. vegata　　　　D. pdsh

16. （   ）工具是一种常用的并行控制工具，通过该工具可以同步控制多个客户端。

A. top　　　　　B. vmstat　　　　C. vegata　　　　D. pdsh

17. 工业生产的特殊性决定了相比消费互联网而言，工业互联网在（   ）等方面有更高的技术要求。

A. 实时性　　　　B. 稳定性　　　　C. 可靠性　　　　D. 安全性

三、简答题

1. 简述测试的作用、概念和分类。
2. 简述如何对边缘网关的断网续传能力进行测试。
3. 列举几个边缘计算中常用的安全技术手段。
4. 列举几个边缘计算中常用的安全测试方法。

【项目评价】

在完成本模块学习任务后，可根据学习达成自我评价表进行综合能力评价，评价表总分 100 分。学习达成自我评价表积分方式：认为达成学习任务者，在□中打"√"；认为未能达成学习者在□中打"×"。其中完全达成，可按该相分值 100% 计算；基本达成，可按该相分值 60% 计算；未能达成，不计分值，课程学习达成度评价表见表 5-5。

表 5-5　课程学习达成度评价表

学 习 目 标	学 习 内 容	达 成 情 况
职业道德 （10 分）	职业的认同感、责任感、荣誉感和使命感	完全达成□ 基本达成□ 未能达成□
知识目标 （30 分）	是否掌握测试的作用和分类 是否掌握传输网络测试的指标和方法 是否掌握云服务器测试的指标和方法，是否重点掌握云服务器高可用性与高并发性测试的方法，是否能够熟练操作 是否掌握边缘网关测试的方法 是否理解边缘计算中常见的安全威胁和常用的安全技术，是否熟悉边缘计算安全测试的方法	完全达成□ 基本达成□ 未能达成□
技能目标 （30 分）	是否达成了具备对项目不同模块实施正确测试的能力 是否达成了具备合理设计和规划测试步骤的能力 是否达成了具备不同场景下灵活采取合理测试方法和手段的能力	完全达成□ 基本达成□ 未能达成□
素养目标 （30 分）	是否达成了具有大国工匠精益求精、严谨细致的职业素养 是否达成了具有较强的团队决策能力、应变能力和创新能力 是否达成了具有尊重企业规范以及诚信、保密的素质	完全达成□ 基本达成□ 未能达成□

模块 6　拓展项目：场站边缘解决方案

PPT：模块 6 拓展项目：场站边缘解决方案

　　本模块将分析梳理新华三技术有限公司提供的场站边缘"云、边、端一体协同"解决方案。方案从需求分析、方案总体设计、场景功能部署、方案价值分析到最后的项目详细设计，图文并茂，完整展现了云计算和边缘计算一体化项目整体设计、解决和实施方案，同时，也是对前面课程内容进行的总结和提升。

【学习目标】

 笔 记

1. 知识目标

1）掌握边缘计算整体设计流程。
2）掌握云计算和边缘计算在不同场景下的不同设计方法。
3）理解边缘资源池和边缘节点不同的设计、规划和实施。
4）重点掌握边缘平台云边统一管理方法。

2. 技能目标

1）具备理解企业项目背景、合理进行项目需求分析的能力。
2）具备理解和设计项目总体架构设计的能力。
3）具备合理设计、实现场景功能部署的能力。
4）具备理解和分析项目详细设计的能力。

3. 素养目标

1）具有良好的科技文献信息检索和技术文档阅读的能力。
2）具有整合和综合运用知识分析问题和解决问题的能力。
3）具有较强的集体意识和团队合作的能力。

4）具有触类旁通、举一反三的能力。

【学习导图】

本模块学习路径及相应任务、知识点如图 6-1 所示。

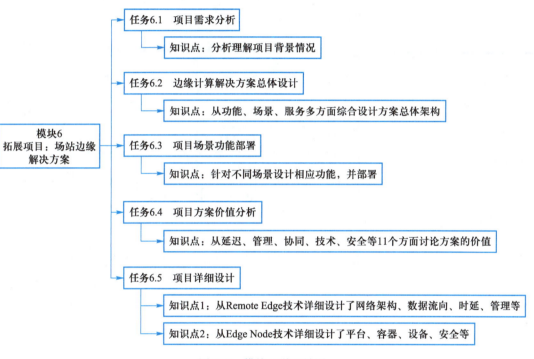

图 6-1　模块 6 学习导图

本模块与"工业数据采集与边缘服务"职业技能等级标准内容的对应关系见表 6-1。

表 6-1　本模块与"工业数据采集与边缘服务"职业技能等级标准内容对应关系

| "工业数据采集与边缘服务"职业技能等级标准 | | | 场站边缘解决方案 | |
工作任务	职业技能要求	等级	知 识 点	技 能 点
边缘计算项目总体设计能力和职业素养	① 对边缘计算项目整理方案有一定的分析和理解能力 ② 了解 1~2 个边缘计算典型业务场景和业务流程 ③ 了解现行边缘计算相关技术标准、规范及相关法律法规 ④ 具备良好的沟通表达及团队合作能力	初级 中级 高级	① 掌握边缘计算整体设计流程 ② 掌握云计算和边缘计算在不同场景下的不同设计方法 ③ 理解边缘资源池和边缘节点不同的设计、规划和实施 ④ 重点掌握边缘平台云边统一管理方法	① 具备理解企业项目背景，合理进行项目需求分析的能力 ② 具备理解和设计项目总体架构设计的能力 ③ 具备合理设计、实现场景功能部署的能力 ④ 具备理解和分析项目详细设计的能力

笔 记

任务 6.1 项目需求分析

通过前面模块的学习已经知道，边缘计算的产生是由于"低时延"的需求，云、边技术的相互协调、相互补充，使得云和边成为不可分割的有机整体，"云、边、端一体的协同"是现今已经达成共识的技术方案，如图 6-2 所示。

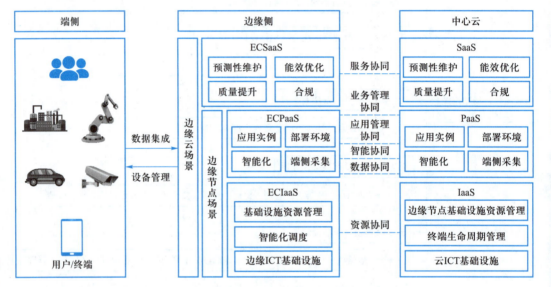

图 6-2 云、边、端协同技术框架

按照应用业务对时延的不同需求，选择不同的业务数据处理平台。对于时延要求比较苛刻的业务，如工业互联网、自动驾驶等应用，要求时延在 1~5 ms 之间，通常称为"现场边缘"。在这种场景下，计算能力主要以 AI 推理为主，部署平台需要提供图像处理（Graphics Processing Unit，GPU）能力，承载机器学习、深度学习应用。对于时延要求在 5~20 ms 的业务，如云游戏、视频直播、AR/VR 等应用，通常称为"近场边缘"，以视频服务为主。在这种场景下，计算能力要求包括 AI 推理、视频渲染编码。对于时延要求不高，在 20~100 ms 的应用，通常部署在云数据中心，计算能力包括机器学习等智能服务、虚拟化、物理机等。

针对不同场景的边缘侧，根据实际计算规模的大小，可以分为轻量化的边缘云（Light Edge）和边缘资源池/边缘超融合。对于计算规模较小的轻量化边缘云，边缘侧通过部署完整轻量化的云平台，通过与中心云多云协同，实现边缘云的分布式算力部署与业务承载；而在计算规模较大的边缘资源池与边缘超融合场景下，边缘侧具备一定的管理与运维能力，通过建立与中心云的网络与管理，在云上实现边缘同构/异构设备与资源的管理。

场站边缘解决方案是典型的边缘资源池与边缘超融合场景方案。常见的场站应用场景包括公交车场站、天然气场站、油气场站、集装箱场站、航空楼场站、高铁场站等。图 6-3 为设咖啡厅、便利店复合公交场站示意图。

图 6-3　设咖啡厅、便利店复合公交场站示意图

该公交场站是一个面积超过 6 000 m^2 的综合性场站，包括公交首末站、维修车间（用于高级保养、常规保养）、分公司集中办公地、职能监控调度中心、车辆夜间集中停放、充换电站、消费中心（咖啡厅、便利店、餐饮店）等部分。

场站规模大、综合性强，要求进行标准化建设，具有一定的可复制性，能减少使用维护成本，保证场站建设质量和管理水平的稳定提升，同时还能有效降低人力、物力资源成本，从合理布局、功能齐全、高效智能化规范管理、业务流线顺畅、绿色环保、综合开发等几方面实施打造。

本模块针对高效数字化、智能化管理手段来进行分析。公交场站最重要的一个核心功能是车辆的管理，是车路协同智能交通系统的重要组成部分，全方位实施车车、车路动态实时信息交互，并在全时空动态交通信息采集与融合的基础上开展车辆主动安全控制和收发车协同，充分实现车辆协同管理，提高车辆运行效率，从而形成的安全、高效和环保的车辆管控系统。

在真实的场站场景中，需求是非常复杂且多样的，比如有的场站需要根据实时收、发车信息以及智能交通系统中车辆需求，快速分析计算车辆的调派结果并反馈给相应车辆，如事故车辆保修、调配；有的场景需要汇总全局信息，俯瞰大局统一分析，比如交通态势分析，即道路限行控制导致车辆配发时间的变更等。

笔记

可以明显看出，作为智能交通管理系统的一部分，车管协同对于实时性的要求是非常高的，而边缘计算则可以满足这个要求。因为边缘计算服务器可以发挥近距离部署的优势，及时获取路况信息，如果是紧急事件，就直接下发给车/路设备，提醒各方及时处理。只有遇到可能影响全局的数据，才上报到云端，由云计算中心处理。

任务 6.2　边缘计算解决方案总体设计

PPT：任务 6.2 边缘计算解决方案总体设计

该项目解决方案总体架构分为云、边两级架构。云端以云管理平台为核心，通过边缘计算平台、基础云服务、边缘计算服务、IaaS 服务、PaaS 服务、DevOps 服务、大数据服务等能力的集成和协同调度，使中心云具备完整的云管理能力和云边协同能力。

边缘端以边缘资源池和边缘节点为核心，通过云边协同组件与云端完成云边协同。方案设计通过资源池和节点覆盖现场边缘和 Light Edge，通过云场景覆盖近场边缘和 Heavy Edge，重点覆盖安防、交通、电力能源和园区重点行业。

【知识拓展】

1）Heavy Edge：数据中心维度；集中式计算平台；CDN，自建 IDC。

2）Light Edge：低功耗计算平台，适用于工业控制，数据处理、传输等物联网场景。

边缘资源池主要具备的能力包括：中心统一云管，虚拟机，容器，裸金属，本地网络出口，本地安全设备纳管，K8S 工作节点托管，K8S 托管集群，云边 VPC，本地自治，公有云服务。

微课 6-1 项目方案总体设计

边缘节点主要具备的能力包括：节点设备管理和运维，容器应用云上部署，函数 serverless( )服务，边缘托管 kublet 节点，终端设备管理，终端数据采集和清洗，本地自治，云边应用高可靠，公有云服务。边缘资源池、边缘节点以及云中心主要具备的能力如图 6-4 所示。

由此，边缘资源池须具备网络自动化、统一管理、边缘出口、网络安全、KaaS、裸金属、虚拟机、超融合管理功能；边缘节点须具备容器管理、函数计算、规则引擎、智能策略、节点管理、物模型、云边网络、设备影子等功能。云边端总体系统功能设计方案如图 6-5 所示。

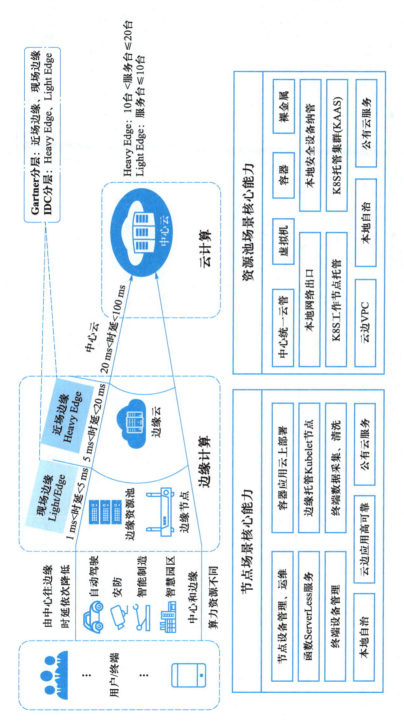

图 6-4　边缘资源池、边缘节点以及云中心主要具备的能力示意图

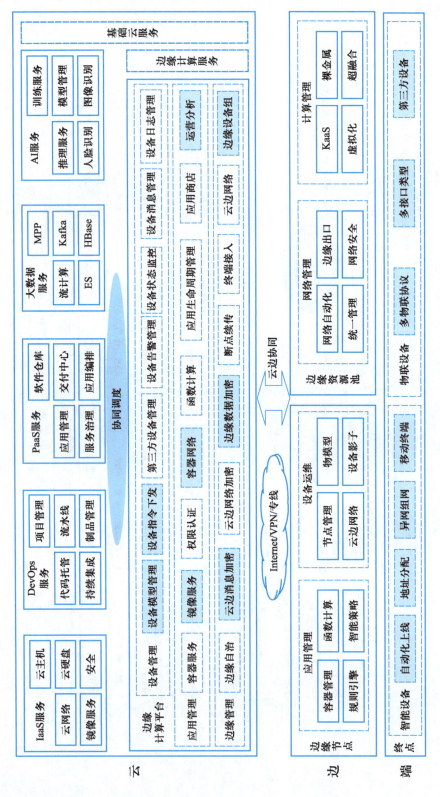

图 6-5 云边端总体系统功能设计方案示意图

任务 6.3 项目场景功能部署

PPT：任务6.3 项目场景功能 部署

本方案聚焦于两个主要场景：一个是边缘资源拉远场景，另一个是边缘节点场景，如图 6-6 所示。

图 6-6　边缘资源拉远场景和边缘节点场景示意图

微课6-2 项目场景 功能部署

在边缘资源拉远场景下，所谓拉远是从管理域角度出发，管理域一般部署在云中心，拉远则指把管理域部署在边缘侧，从而减少管理时延。中心云资源边缘拉远，提供应用部署所有的 IaaS 资源；云边基础资源服务一致，能够提供虚拟机、裸金属、容器计算能力；云数据中心架构延伸，云边业务部署操作一致；边缘本地业务出口；边缘资源池规模为 2~10 个节点。

在边缘节点场景下，单点部署、快速开局；安全可靠、离线可用；提供轻量化容器计算能力，提供函数计算能力；兼容一体机、服务器、融合网关及第三方设备、云边应用协同，中心统一应用部署和编排能力。

1）边缘资源拉远场景，聚焦于提供中心资源统一管理和边缘业务部署能力，如图 6-7 所示。

① 中心资源统一管理：

● 中心云平台作为业务运营的统一入口，提供中心和边缘运营功能。

● 中心云平台作为租户业务的统一入口，提供云服务能力以及应用管理能力。

● 物理设施管理组件提供涵盖服务器、网络、安全、存储等设备管理能力，并提供 DHCP 和 TFTP 能力实现管理节点设备自动上线及升级能力（云节点、虚拟化节点、存储节点等）。

● 多集群管理组件提供边缘容器集群（K8S）管理及监控能力。

② 边缘业务部署：

● 云边资源类型及业务逻辑一致，边缘资源池提供计算、网络、存储、安全能力，满足业务本地运行、本地出口能力。

● 边缘计算资源支持虚拟机、容器、裸金属能力。

2）对于边缘节点场景，聚焦于提供中心统一管理和边缘容器业务部署能力，如图 6-8 所示。

笔 记

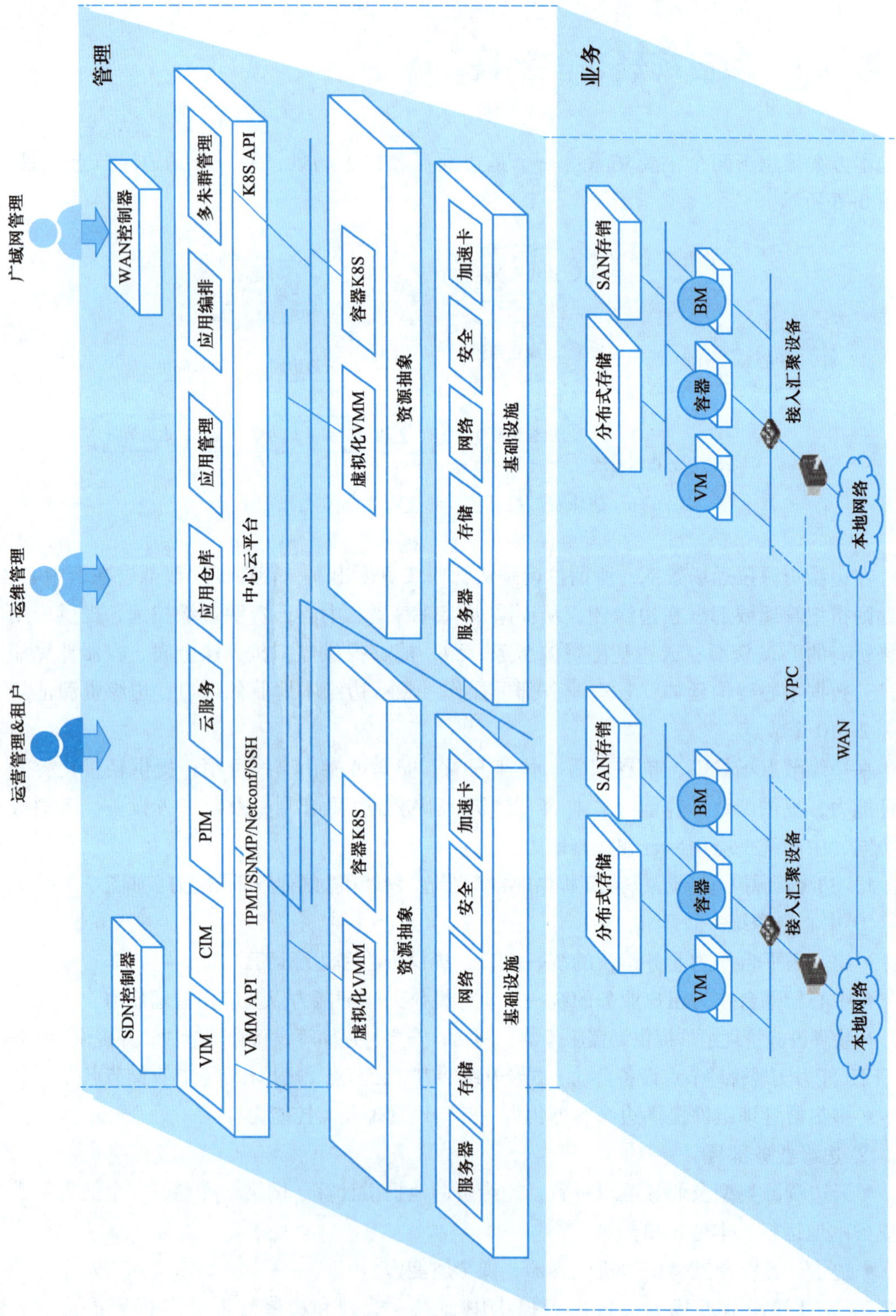

图6-7 边缘资源拉远场景中心资源统一管理和边缘业务部署能力示意图

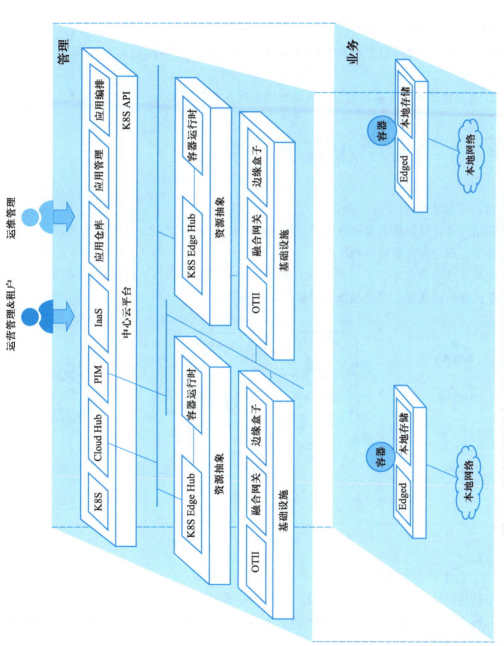

图 6-8　边缘节点场景中心统一管理和边缘容器业务部署能力示意图

① 中心统一管理：

● 中心云平台作为业务运营的统一入口，提供边缘节点场景运营功能。

● 中心云平台作为租户业务的统一入口，提供边缘节点容器业务能力以及应用管理能力。

● 蜂巢边缘平台（HES）云上组件和边缘代理 HES Agent 服务进行消息通信，实现边缘容器节点离线可用（满足 CAP 架构 A-P 需求，支持回复后自动同步保证最终一致性）。

② 边缘容器业务部署：边缘云本地提供容器业务部署能力，支持 VPN 能力。

任务 6.4　项目方案价值分析

PPT：任务 6.4
项目方案价值
分析

（1）多层级低延时

场站边缘计算把算力部署在客户现场，时延在 1~5 ms 之间，按照部署规模可以细分为边缘节点和边缘资源池两种形态。

边缘节点单节点部署，适用工业互联网、物联网等场景；边缘资源池适用总部—分支场景，如园区场景。多层级低延时架构如图 6-9 所示。

笔记

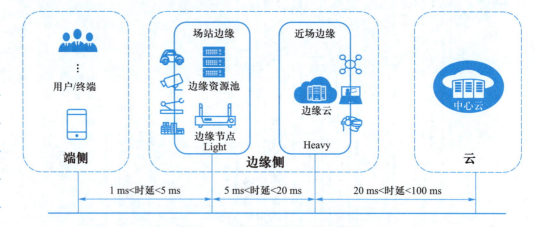

图 6-9　多层级低延时架构示意图

（2）边缘节点多样化

场站边缘计算支持多种节点类型，包括 OTII 服务器、融合网关、物联网关多种算力，通过此种多层级算力布局，匹配不同场景下对不同算力规模的需求。不同节点应用环境和算力情况如图 6-10 所示。

（3）管理资源轻量化

边缘资源池管理由中心 DC 进行集中管理。

OTII服务器　　融合网关　　物联网关

名称	E3200	名称	SR6602-I	名称	IG530
环境规格	工作环境温度：长期0℃~45℃，短期-5℃~50℃	环境规格	工作环境温度：0℃~45℃	环境规格	环境温度：0℃~45℃
	湿度：长期5%~85%，短期5%~90%，满足ETSI Class 3.1要求		存储环境温度：-40℃~70℃		环境湿度：5%~95%(无凝结)
	腐蚀气体：GB 4798-3C1		工作环境湿度：5%~95%，无冷凝		工作海拔范围：-60~5 000 m
	清洁度：GB 4798-3S2		存储环境湿度：5%~95%，无冷凝		
	电磁兼容：电信中心A级		工作海拔范围：-60~4 km		接口：4×GE交换接口 2×USB 2.0 Host接口 4×RS485数据通信接口(凤凰端子) 2×RS232数据通信接口(凤凰端子) 1×Console接口(RJ-45)
	振动：GB 4798-3M2		接口：支持FE、GE、10GE(LAN/WAN)、155M POS、622M POS、2.5G POS、155M cPOS接口、155M ATM、E1/T1等接口支持155M POS/622M POS/GE端口切换		
	地震：7烈度以上地区使用应当经过抗震性能检测				
计算	H3C UniServer E3 200 G3 支持2颗最高205W的英特尔至强可拓展Cascade Lake系列处理器，并采用NUMA Balance设计内存支持16个DDR4 DIMM插槽(RDIMM/LRDIMM)和8根英特尔傲腾数据中心级持久内存(DCPMM)，速率最大为2 933 MT/s	计算	Intel Xeon系列CPU、外置双硬盘槽位、标准PCI-E槽位拓展，可选GPU板卡增强AI算力	计算	国产4核ARM Cortex-A7，主频1.2GHz，2GB内存

图 6-10　不同节点应用环境和算力情况

1）边缘资源池资源由中心统一管理。

① AD-DC 控制器：由中心部署的 AD-DC 控制器，对边缘资源池的网络设备进行 Underlay 和 Overlay 的配置，包括自动化上线、业务自动化下发等。

② CloudOS 5.0：边缘资源池作为可用区，统一由中心部署的 CloudOS 进行计算资源、云内网络的配置和管理，实现云边跨 VPC 互访，云边同 VPC 互访等。

2）管理域轻量化。

① 控制器虚拟化部署。

② 云平台组件、数据库虚拟化部署。

3）网络架构轻量化。边缘资源池出口路由与 Leaf 设备合一，出口功能由 R-Leaf 承载。

系统架构如图 6-11 所示，可以看到管理域和网络架构的轻量化。

笔记

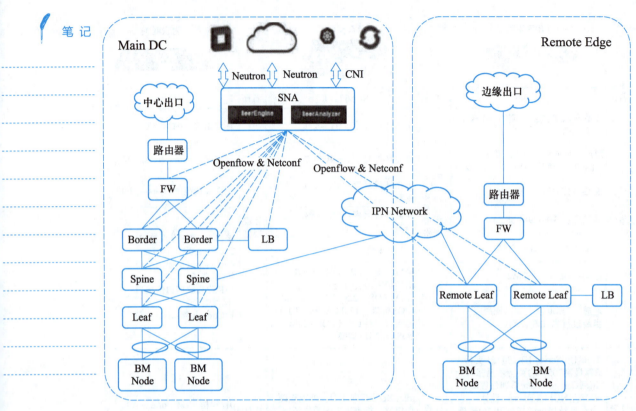

图 6-11　管理域、网络架构轻量化示意图

（4）基础架构轻量化

在边缘资源池场景下，使用超融合技术，即网络、存储、计算一体化，这样做简化了部署、一体化的管理也降低了运维成本，同时一体化的设计也满足边缘环境下对设备可靠性的要求。

超融合与边缘计算结合的优点如下（如图 6-12 所示）：

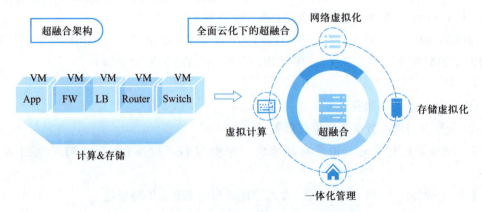

图 6-12　超融合与边缘计算结合示意图

1）超融合简化了部署，加快业务上线时间，适用边缘计算轻量化、敏捷的特性。

2）超融合降低运维难度和成本，解决边缘设备距离远，运维复杂的问题。

3）提高设备可靠性和可用性，满足边缘恶劣环境下，对设备可靠性的要求。

（5）计算资源轻量化

基于边缘资源池和边缘节点资源有限，通过轻量化的技术是实现边缘应用的部署和分发。边缘资源池和边缘节点设备，因其资源量较少且地理空间紧张，要求边缘计算资源轻量设计，即通过容器/函数计算技术降低多余开销。

1）容器化：共享宿主机资源，共享内核及内存，节省 GuestOS 损耗。

2）函数计算：进程隔离，更加轻量化。

计算资源操作系统、软件安装层次如图 6-13 所示。

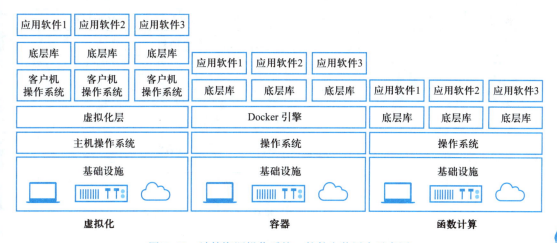

图 6-13　计算资源操作系统、软件安装层次示意图

（6）边缘平台云边全局统一管理能力

边缘平台以蜂巢边缘平台（HES）为核心，支持镜像管理、节点管理、容器管理、函数计算、日志管理、告警监控、认证 & 权限监控能力，实现对边缘设备管理和云边协同，如图 6-14 所示。

（7）云边资源协同

整体方案中，中心云与边缘云云边协同，多云网络服务；中心云与边缘资源池云边 VPC 服务，边缘出口能力。云边资源协同示意如图 6-15 所示。

1）统一云管提供多云协同能力。

① 多云网络服务：提供跨云 VPC 服务，自动创建跨云扩展 L2 网络能力，对应扩展 L2 网络 ED Pair 支持自协商或预定义范围 VXLAN ID 创建隧道。

② 跨云虚机迁移：提供跨云虚机迁移能力，保证业务高可用。

③ 支持跨云网络服务对应资源同步，包括 Subnet、安全组策略等。

笔记

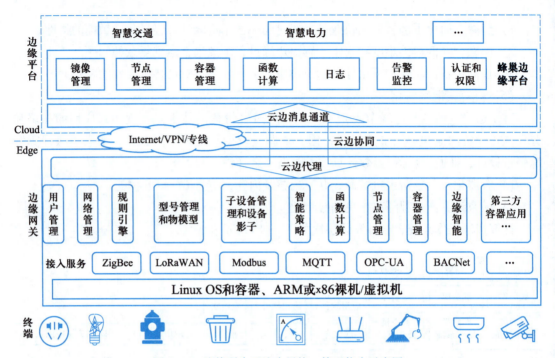

图 6-14 边缘平台云边全局统一管理能力示意图

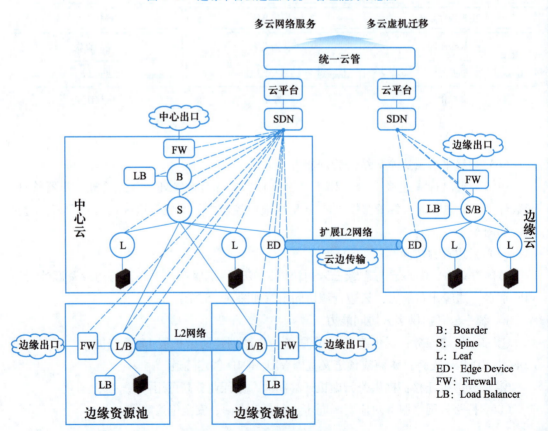

图 6-15 云边资源协同示意图

2）中心云提供云边 VPC 协同能力。

① 云边 VPC 服务：基于 Leaf 拉远方案，中心云 VPC 支持延伸至边缘资源池。

② 边缘出口能力：Leaf 拉远采用 Boarder 合设，支持本地出口能力。

③ 支持边缘资源池业务优选本地出口。

（8）云边网络通道，安全高质量（如图 6-16 所示）

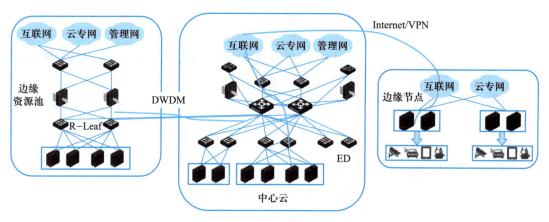

图 6-16　云边网络通道示意图

1）中心云—边缘资源池。

① 边缘组网架构：

- 单层接入架构，两台交换机。

- 业务网络 VXLAN 隔离，管理、存储网络逻辑隔离。

- 端口聚合，链路高可用及负载均衡。

② 简易开局：

- 网络、安全设备零配置 U 盘开局（带外管理配置、基础系统配置等）。

- ADDC 控制器实现 Underlay、Overlay 配置自动化。

- 边缘节点一体机预装超融合系统，导览式简易配置。

2）中心云—边缘节点。

① 节点出口：Internet/VPN/专线出口。

② 边缘组网架构：

- 依照运营商接入机房和客户接入机房而定。

- 中心云—边缘节点公网/专线/VPN 拉通。

（9）本地数据加密、数据安全，满足合规性

1）数据安全：外包数据的安全，包括数据的保密性与安全共享、完整性审计和可搜索加密。

边缘计算中不同的信任域之间的实体要进行相互验证，包括单一域内的身份认证用于解决每个实体的身份分配问题，并且具有一定的隐私保护特性；跨域身份认证用于认

笔记

笔记

证不信任域实体之间的认证极值，如图 6-17 所示。

图 6-17   数据安全满足合规性

2）私密要求：企业或用户可能出于网络连接局限性和私密性要求，选择边缘实现数据采集和处理，比如医疗应用程序在将个人健康信息传输至云端前必须将其匿名化，又如用户希望对自己的数据进行加密不公开。通过自服务加密的方式，实现业务数据可选择性的加密存储或传输能力。

（10）云原生技术在边缘计算的应用

1）边缘侧轻量化对容器技术的需求。

① 敏捷：容器技术相对于虚拟机更加敏捷和轻量。

② 标准：事实标准 K8S 有助于边缘容器编排需求演进，如图 6-18 所示。

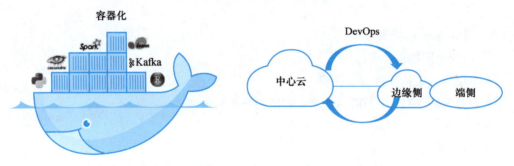

图 6-18   边缘计算中的云原生技术示意图

③ 高效：容器技术对跨服务依赖性较低，独立升级。

④ 移植：计算环境可移植性程度高。

⑤ 安全：容器之间相互隔离，底层基础架构相互隔离。

2）中心统一对边缘进行管理和运维，云上打包，边缘应用部署。

① 云边应用自动分发，提高生产效率。

② 应用快速迭代，减少资源浪费。

③ 基于边缘侧的部署，可扩展性和实时伸缩能力突出。

（11）节点本地自治，云边断网可用

云边发生断网时，边缘节点通过本地数据缓存数据库进行数据读取；云边网络恢复后，本地数据库与边缘计算平台进行消息同步，如图 6-19 所示。

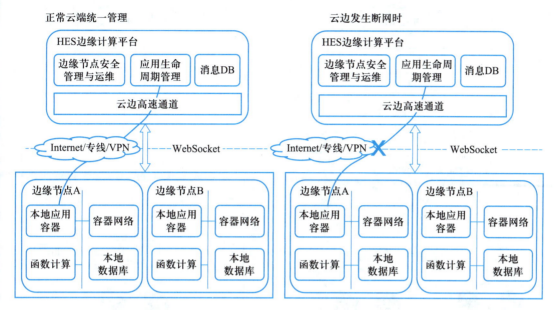

图 6-19　云边断网可用

任务 6.5　项目详细设计

PPT：任务 6.5
项目详细设计

6.5.1　Remote Edge 技术

1. 云边网络设计

1）边缘本地出口。Remote Leaf 设备采用接入 Leaf 和 Border Leaf 合设能力，同时支持计算资源接入和 Overlay 封装卸载能力。

2）云边网络统一管理。

① 部署阶段，SDN 控制器通过带内管理网，基于设备角色模板实现对中心和边缘网络、安全设备 Underlay 实现自动化配置。

② 中心 DC 云平台实现对网络资源（Network、Subnet、vRouter、vLB、vFW、EIP 等）统一管理，通过 VXLAN 实现多租户隔离。

③ 云平台并通过 SDN Neutron Plugin 同步对应配置至 SDN 控制器（网络控制器、安全控制器）完成网络、安全 Overlay 自动化配置。

如图 6-20 所示为中心云和 Remote Edge 设计。

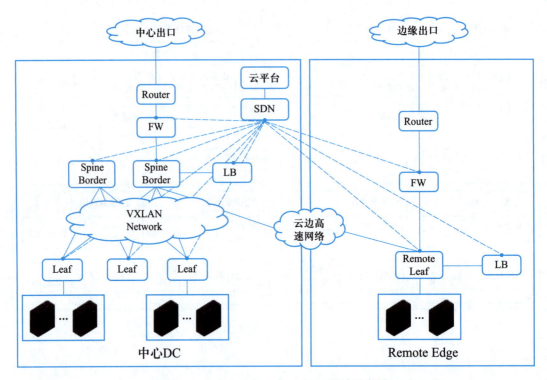

图 6-20   中心云和 Remote Edge 设计示意图

2. 网络流量模型

网络流量模型主要有 4 种，如图 6-21 所示为网络流量示意图。

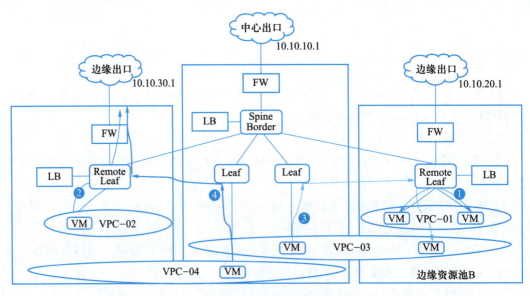

图 6-21   网络流量示意图

1）流量模型 1：本地东西向。

① VPC-01。

② VPC 内虚机都在同一个边缘资源池。

③ 本地东西向流量。

2）流量模型 2：本地南北向。

① VPC-02。

② VPC 内虚机和出口 EIP 属于同一边缘。

③ 本地南北向流量。

3）流量模型 3：云边东西向。

① VPC-03。

② VPC 内虚机分属于中心和边缘。

③ 跨资源池东西向流量。

4）流量模型 4：云边南北向。

① VPC-04。

② VPC 内虚机和出口分属于中心和边缘。

③ 跨资源池南北向流量。

3. 边缘组网拓扑

在边缘组网拓扑中设计边缘出口路由器、Leaf 交换机、管理交换机以及边界设备组的相应设置，如图 6-22 所示。下面针对这些设备分析它们的作用。

1）边缘出口路由器（MSR 系列）：

① 路由器提供外部网络互连。

② IRF 堆叠或 M-Lag 保证设备可靠性。

2）Leaf 交换机（S6800 系列）：

① 单层 Leaf 接入架构。

② 交换机 M-Lag，保证设备可靠性。

③ 共享物理设备，逻辑隔离业务、存储三平面网络。

④ 链路聚合实现流量负载分担和链路可靠性保障。

3）管理交换机（S5560 系列）：

① 堆叠保证设备可靠性。

② 接入服务器、交换机、路由器带外管理口。

4）边界设备组：

① 南北向防火墙（F5K）。

② 南北向 LB（L5K）。

③ 堆叠或 VRRP 保证设备可靠性。

笔 记

笔 记

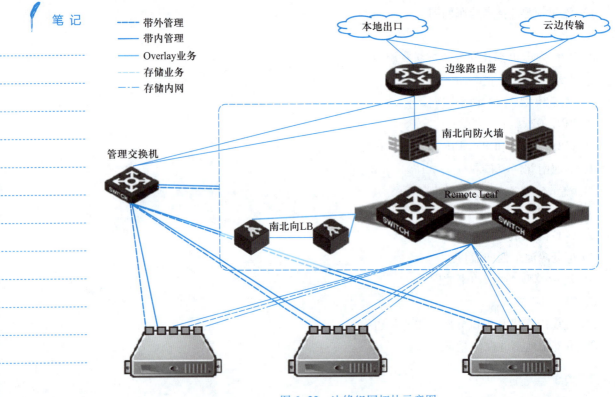

图 6-22　边缘组网拓扑示意图

4. 云边网络设计

针对云边网络分为 3 种模式来设计，如图 6-23 所示为云边网络设计示意图。

1）同网段 VM 互访。

① VM1：10.1.1.10/24。

② Remote Leaf VSI-interface：10.1.1.1/24。

③ VM2：10.1.1.11/24。

2）同网段同 Subnet 下互访，通过 Remote Leaf 上网关进行二层流量转发，分布式网关；跨网段 VM 互访。

① VM1：10.1.1.10/24。

② Remote Leaf VSI-interface 1：10.1.1.1/24。

③ Remote Leaf VSI-interface 2：10.1.2.1/24。

④ VM2：10.1.2.10/24。

3）跨网段虚机互访，通过 Remote Leaf 上三层 VNI 实现互访。

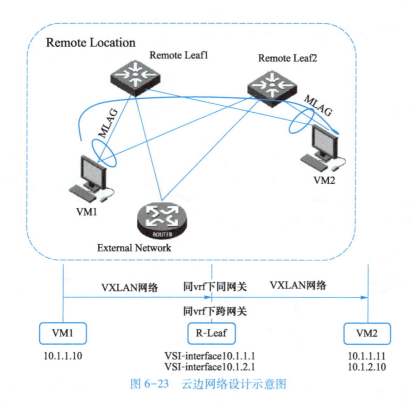

图 6-23 云边网络设计示意图

5. 数据量流向

1）云边东西向流量。云边东西向流量，数据流与同 DC 内跨 Leaf 互访数据模型相同，如图 6-24 所示。

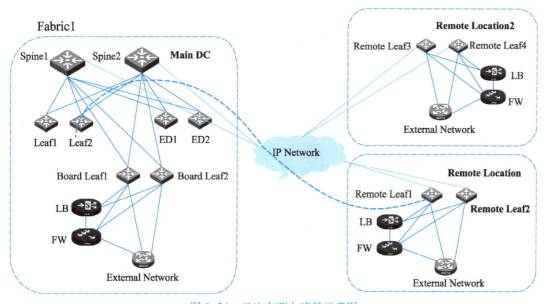

图 6-24 云边东西向流量示意图

2）云边南北向流量，如图 6-25 所示。

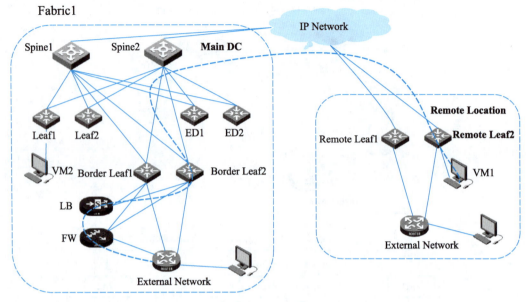

图 6-25 　云边南北向流量示意图

3）本地南北向流量。采用直出外网方式，VM1 虚机：10.1.1.10/24；VSI-interface
网关：10.1.1.1/24；BGP 路由发布地址：10.1.2.2/24；出口路由：10.1.2.1/24。

Remote Leaf 直出外网方式，通过 Remote Leaf 作为 Subnet 内虚拟机网关来转发路由，
如图 6-26 所示。

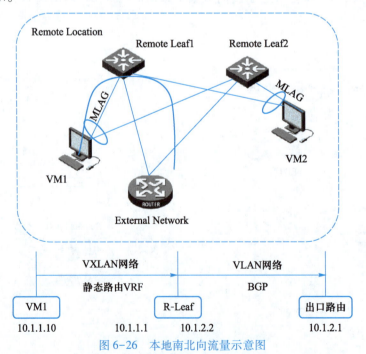

图 6-26 　本地南北向流量示意图

6. 多边缘网络配置

云平台上外部地址池通过云定义的出口和 SDN 控制器的边界设备组映射。租户申请不同外部地址池的 EIP，从而决定业务的实际物理出口，如图 6-27 所示。

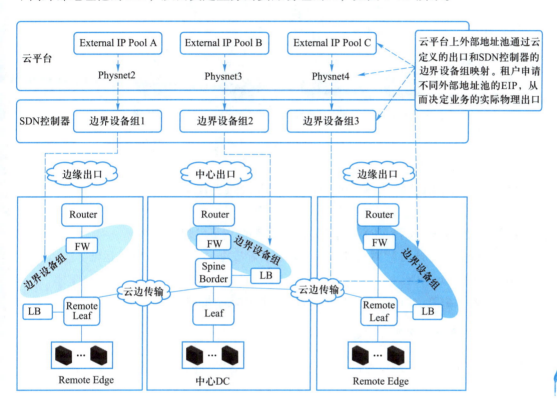

图 6-27　多边缘网络配置示意图

7. 网络传输设计

远端数据中心接入主数据中心，因其地理位置较远，采用 IP 网络连接，如图 6-28 所示。

1）规模灵活组网。

① 支持 2 000+分支组网规模。

② 支持多级组网。

2）多种线路选择。

① 支持专线、Internet、VPN 接入方式。

② 专线接入，数据安全可靠，质量高。

③ VPN 接入，成本低、安全较高，传输加密。

笔 记

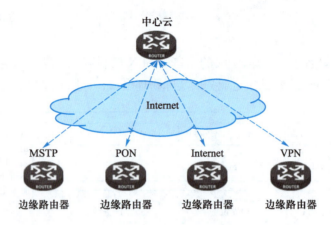

图 6-28 网络传输设计示意图

④ Internet 线路组网，保障关键应用体验，降低线路成本。

3）简易运维。

① 图形化操作，选择 VPN 设备和端口，统一配置下发建立 VPN。

② Internet 线路自动 VPN 加密，保证数据传输安全，简化复杂 VPN 运维。

③ 支持 IPSec VPN。

④ 可视化运维，全网站点、拓扑、告警、应用统一呈现。

8. 边缘资源池业务网络时延

中心 DC Spine 与边缘资源池 Remote Leaf 建立 EVPN 隧道，如图 6-29 所示。

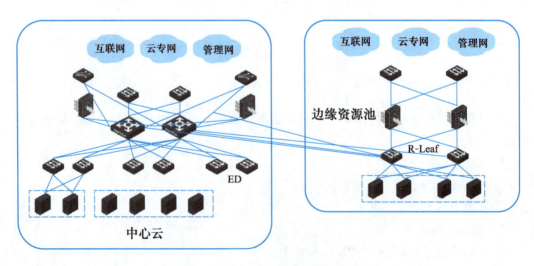

图 6-29 中心云和边缘建立隧道示意图

当发生云边时延增高时，大于 BGP 3 倍 KeepAlive 时间，即认为 BGP 邻居异常，此时 EVPN 隧道异常，云边业务中断。

9. 边缘资源池设备自动化纳管

Remote Leaf 自动化纳管流程（如图 6-30）：

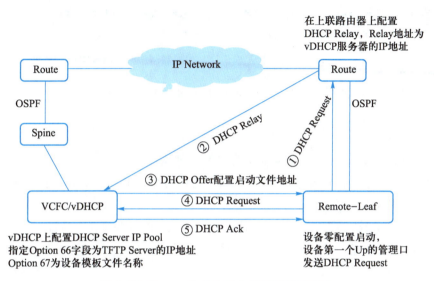

图 6-30　Remote Leaf 自动化纳管流程示意图

1）Remote Leaf 空配置启动，设备自动化进程会选择第一个 Up 的管理口发送 DHCP Discover 报文。

2）上联路由上配置 DHCP Relay 配置，收到 DHCP Client 请求将报文 Relay 到 DHCP Server。

3）DHCP Server 收到 DHCP Discover 报文，回复 Offer 报文给客户端，携带设备空配置启动文件 TFTP Server 地址（Option 66），携带空配置启动文件名称（Option 67）。

4）DHCP Client 选择一个服务端分配的地址，并发起请求。

5）DHCP Server 收到请求后开始回应 Ack 报文，IP 地址分配完成。

6）DHCP Client 收到 DHCP Server 的回应报文，设备自动化开始下载并应用启动配置文件。

10. 边缘资源池管理网时延

通过在网络设备和控制器之间增加损伤仪，执行正常的设备上线流程。当损伤仪数值超过阈值，设备无法正常上线，此时数据为控制器管理网的网络时延阈值，如图 6-31 所示。

笔 记

笔 记

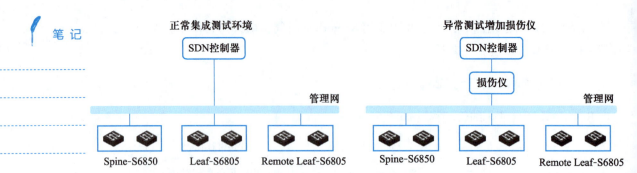

图 6-31   通过设置"损伤仪"来控制网络时延示意图

控制器以 Attempt 的 Times 乘以 Attempt 的间隔时间，定义设备异常与否。

11. 云边统一计算资源服务

如图 6-32 所示为云边统一计算资源服务系统架构图。

1）统一云边计算资源服务。Remote Edge 边缘提供虚拟机、容器、裸金属计算资源服务，满足业务边缘部署需求。

统一中心云平台资源服务入口，保持中心和边缘资源服务操作一致性。

2）资源分区管理。通过 AZ 可用区逻辑区分不同 Remote Edge 边缘资源池，用户可按需选择对应可用区部署应用。

12. 边缘虚拟机服务

基于 Remote Leaf 下的边缘虚拟机服务，延用 CloudOS 5.0 网络 Overlay，虚拟机上线 ARP 触发中心云控制器，为边缘 Remote Leaf 下发 EVPN 隧道及网络 Overlay 接入 VNI、VSI 等，实现边缘虚拟机边缘内东西向互访、南北向边缘本地直出等，如图 6-33 所示。

13. 边缘容器集群

Remote Edge 支持弹性容器集群拉远 KaaS 能力，兼容裸金属和虚拟机部署，如图 6-34 所示，满足边缘部署 NFV 网元对高性能网络需求，以及边缘部署 IT 应用对弹性扩容需求。拉远 KaaS 由上级云平台统一管理，实现应用、镜像、监控、日志管理能力。

1）中心提供边缘 Kubernetes 多集群服务入口，提供 PV、PVC、StorageClass、Service、ConfigMap、Secret 等通用 K8S 资源服务配置。

2）缘 KaaS Master 节点支持虚机部署，共享 UIS 超融合物理节点，减少 K8S 集群管理资源开销。

3）兼容裸金属、虚拟机 Worker 节点，灵活适用 NFV 场景性能需求和 IT 场景弹性需求；支持 SR-IoV/DPDK/GPU，满足 NFV、视频解析等应用性能需求。

4）共享边缘超融合共享存储，提供 iSCSI、RBD 块存储。

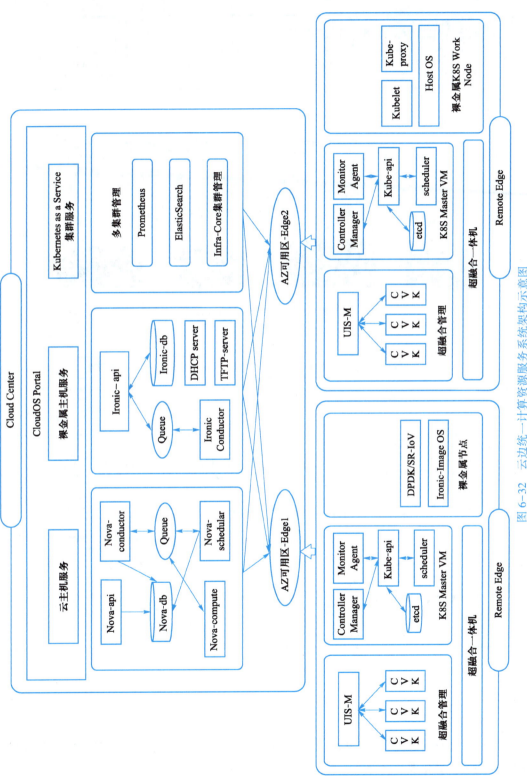

图 6-32　云边统一计算资源服务系统架构示意图

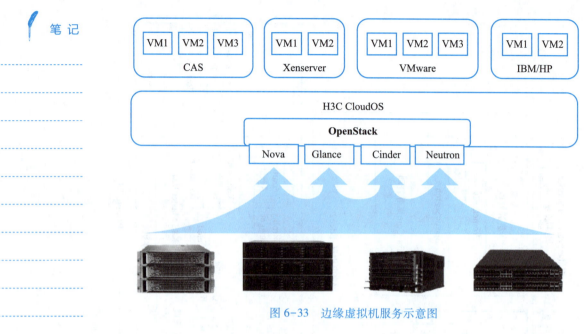

图 6-33   边缘虚拟机服务示意图

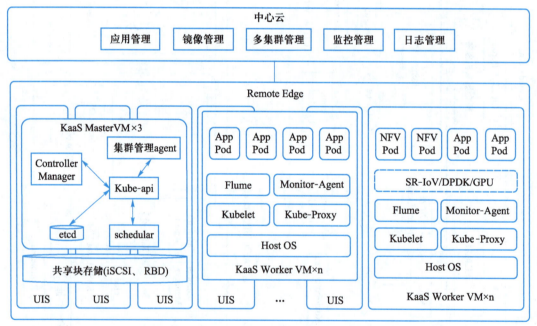

图 6-34   边缘容器集群架构图

14. 边缘裸金属服务自动上线

Remote Edge 裸金属主机服务，基于 Remote Leaf 拉远云 SDN 网络实现边缘裸金属自动上线能力，简化裸金属部署流程，如图 6-35 所示。

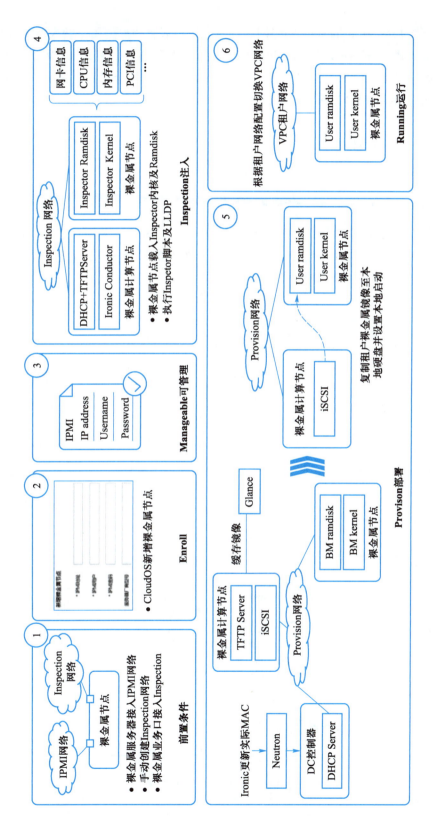

图 6-35 边缘裸金属服务部署流程

裸金属上线 IPMI 和 Inspection 两张网。首先选择要部署的裸金属，录入 IPMI 用户及密码，在裸金属载入 Inspector 及 Ramdisk（系统启动引导文件），获取 LLDP；部署的时候，从裸金属拉取缓存镜像，也叫作影子虚拟机；部署完成裸金属后，完成网络上的变更，将租户网络切换到 VPC 网络。

6.5.2   Edge Node 技术

1. 蜂巢 HES 边缘平台 OpenEdge 的基础框架设计

OpenEdge 是百度开源的边缘计算框架，主要由主程序模块和若干功能模块构成，目前官方提供本地 Hub、本地函数计算（和多种函数计算 Runtime）、远程通信模块等。图 6-36 所示为平台模块以及相应功能。

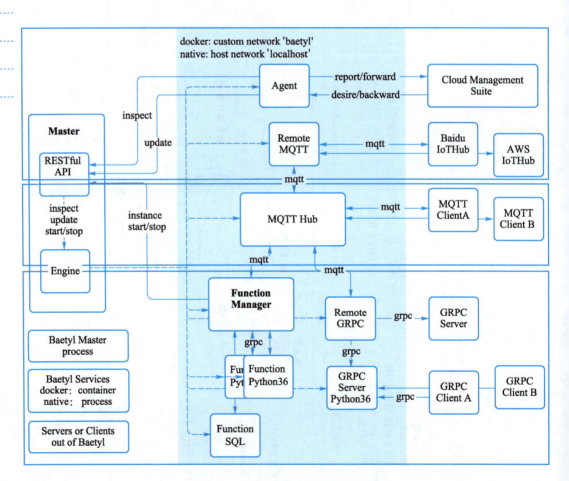

图 6-36   平台模块以及相应功能示意图

　　1）OpenEdge 主程序模块负责所有模块的管理，如启动、退出等，由模块引擎、API、云代理构成。

　　2）本地 Hub 模块提供基于 MQTT 协议的订阅和发布功能，支持 TCP、SSL（TCP+SSL）、WS（Websocket）及 WSS（Websocket+SSL）4 种接入方式、消息路由转发等功能。

　　3）本地函数计算模块提供基于 MQTT 消息机制，弹性、高可用、扩展性好、响应快的计算能力。

　　4）远程通信模块目前支持 MQTT 协议，其实质是两个 MQTT Server 的桥接（Bridge）模块。

　　5）函数计算 Python27 Runtime 模块是本地函数计算模块的具体实例化表现形式。

2. 蜂巢 HES 边缘平台容器管理

　　HES 边缘平台基于 OpenEdge 开源框架二次开发。原生 OpenEdge 没有容器管理功能，二次开发的 Engine 服务升级为 h3c-iot-edge，提供与 Docker 交互的 API 接口；h3c-nodemgr 定时上报容器的状态，并接收 h3c-agent 中转下来的平台指令，如图 6-37 所示。

3. 设备影子原理

　　物联网平台提供设备影子功能，其主要思路是在云端通过一个 JSON 文件持久化存储设备上报状态值和业务系统期望值。每个设备有且只有一个设备影子，设备可以通过 MQTT 协议获取期望值（Desired）和设置设备状态（Reported），业务系统通过 HTTPS 协议获取设备状态和设置设备期望值，如图 6-38 所示。

4. 设备状态获取及指令下发流程

　　1）应用程序请求获取设备状态，如图 6-39 所示。

　　① 设备网络不稳定，设备频繁上下线，无法正常响应应用程序的请求。

　　② 设备网络稳定，同时响应多个应用程序的请求，即使响应的结果一样，设备本身处理能力有限，也会无法负载多次请求。

　　2）应用程序下发指令给设备，变更设备状态，如图 6-40 所示。设备处于下线状态，或设备网络不稳定导致频繁上下线，应用程序发送控制指令给设备，因为设备不在线，指令就会发送失败。

笔记

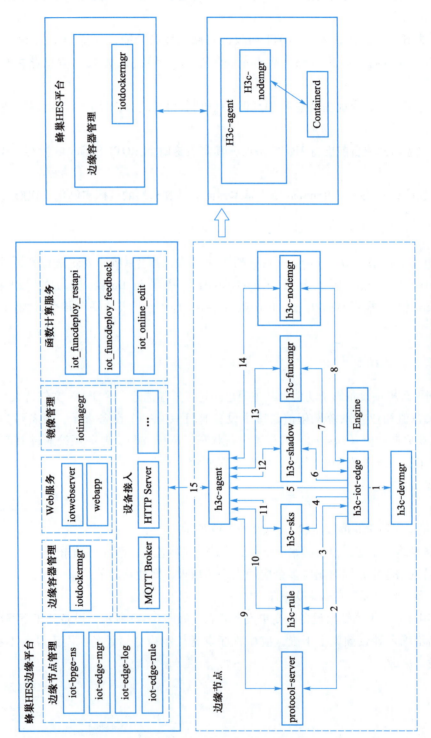

图 6-37　蜂巢 HES 边缘平台容器管理功能示意图

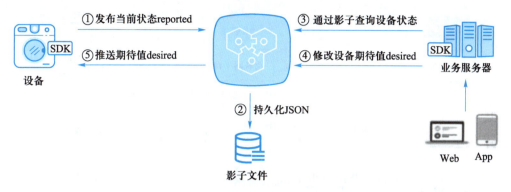

图 6-38 设备影子功能示意图

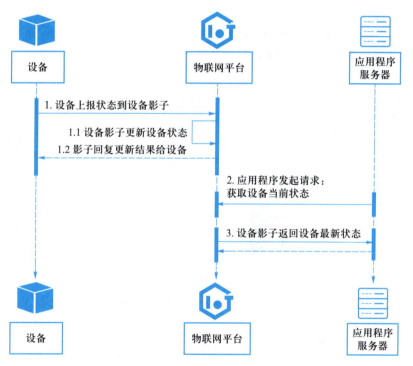

图 6-39 应用程序请求获取设备状态示意图

5. 云边消息 TLS 加密

HES 边缘计算平台与边缘节点 MQTT 协议传输加密通过 TLS 加密技术实现，MQTT+TLS 的建立过程就是创建 TCP→建立 SSL 通道→创建 MQTT 连接，如图 6-41 所示。

6. 云边 VPN 隧道

蜂巢 HES 平台与边缘节点可以通过 Openswan IPSec 加密，实现云边安全管理。云边 VPN 隧道建立过程如图 6-42 所示。

笔记

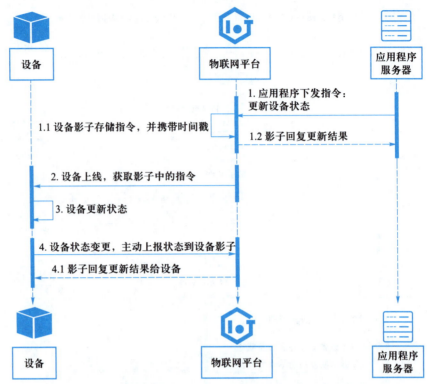

图 6-40 应用程序下发指令给设备，变更设备状态示意图

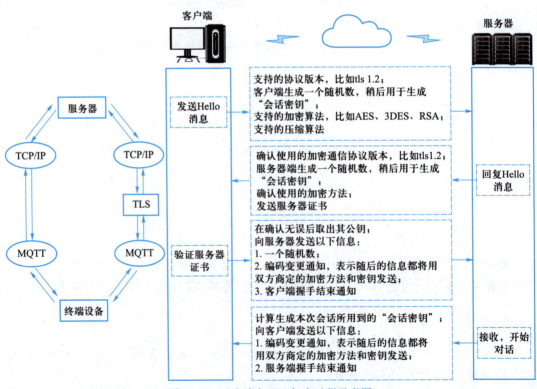

图 6-41 云边消息 TLS 加密过程示意图

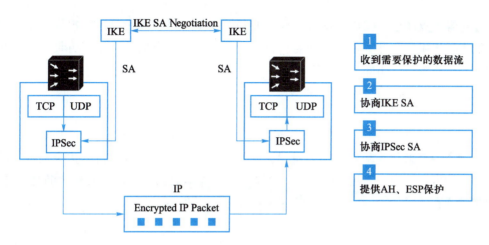

图 6-42　云边 VPN 隧道建立过程示意图

IKE 使用了两个阶段为 IPSec 进行密钥协商并建立安全联盟：

第一阶段，通信各方彼此间建立一个已通过身份认证和安全防护的隧道，即 IKE SA。Openswan 采取主模式，认证方式预共享密钥方式。

第二阶段，用在第一阶段建立的安全隧道为 IPSec 协商安全服务，建立 IPSec SA。IPSec SA 用于最终的 IP 数据安全传送。Openswah 协商模式为快速模式。

【项目小结】

1. 项目方案总体设计

本项目解决方案总体架构分为云、边两级架构。云端以云管理平台为核心，通过边缘计算平台、基础云服务、边缘计算服务、IaaS 服务、PaaS 服务、DevOps 服务、大数据服务等能力的集成和协同调度，使中心云具备完整的云管理能力和云边协同能力。

边缘端以边缘资源池和边缘节点为核心，通过云边协同组件与云端完成云边协同。方案设计通过资源池和节点覆盖现场边缘和 Light Edge，通过云场景覆盖近场边缘和 Heavy Edge，重点覆盖安防、交通、电力能源和园区重点行业。

2. 项目场景功能部署

本方案聚焦于两个主要场景：一个是边缘资源拉远场景，另一个是边缘节点场景。

在边缘资源拉远场景下，中心云资源边缘拉远，提供应用部署所有的 IaaS 资源；云边基础资源服务一致，能够提供虚拟机、裸金属、容器计算能力；云数据中心架构延伸，云边业务部署操作一致；边缘本地业务出口；边缘资源池规模为 2~10 个节点。

笔 记

笔 记

在边缘节点场景下，单点部署、快速开局；安全可靠、离线可用；提供轻量化容器计算能力，提供函数计算能力；兼容一体机、服务器、融合网关及第三方设备、云边应用协同，中心统一应用部署和编排能力。

3. 项目方案价值分析

针对本项目方案价值，从 11 个方面入手进行的分析：多层级低延时，边缘节点多样化，管理资源轻量化，基础架构轻量化，计算资源轻量化，边缘平台云边全局统一管理能力，云边资源协同，云边网络通道安全高质量，本地数据加密，数据安全满足合规性，云原生技术在边缘计算的应用，节点本地自治、云边断网可用。

4. 项目详细设计

本项目从 Remote Edge 技术和 Edge Node 技术两个方面进行的详细设计。

Remote Edge 技术中针对 14 个方面进行设计，包括：云边网络设计、网络流量模型、边缘组网拓扑、云边网络设计、数据量流向、多边缘网络配置、网络传输设计、边缘资源池业务网络时延、边缘资源池设备自动化纳管、边缘资源池管理网时延、云边统一计算资源服务、边缘虚机服务、边缘容器集群、边缘裸金属服务自动上线。

Edge Node 技术中针对 6 个方面进行设计，包括：蜂巢 HES 边缘平台 OpenEdge 的基础框架设计、蜂巢 HES 边缘平台容器管理、设备影子原理、设备状态获取及指令下发流程云边消息 TLS 加密、云边 VPN 隧道。

【拓展阅读】

边缘计算的目前应用现状和未来发展前景

目前国内边缘计算行业还处于期望膨胀期，随着国家不断加快新基建的战略部署，经济社会各领域正逐步向数字化转型升级，涌现出海量边缘数据处理诉求。预计到 2025 年，我国超 50% 的企业生成数据将在边缘数据中心处理，至少 50% 新建物联网项目在边缘使用容器进行应用程序生命周期管理，市场规模将达到万亿元级别。

1. 国内边缘计算正逐步大规模商用

5G 边缘计算（MEC）是一种新型的计算模式，连通边缘设备与数据中心，使得原始数据在采集点附近就能得到及时且高效的处理。5G 边缘计算本质是将原本集中在大型云计算平台的数据计算、存储、网络能力下沉到网络边缘，通过 5G 切片通信技术实现多个用户间的边缘数据与边缘网络的安全隔离通信，使得数据发生地能够就近获得存储、运算、网络和安全能力，而无须传输到云端。目前从国家层面到地方层面均已明确提出了边缘计算产业的布局和规划，加快边缘计算技术场景研究及规范制定，如图 6-43 所示。

国家层面
● 《"新基建"发展白皮书》
● 《边缘数据中心产业发展简析及应用场景白皮书解读》
● 《"工业互联网+安全生产"行动计划(2021—2023年)》

地方层面
● 山东省人民政府办公厅《关于山东省数字基础设施建设的指导意见》
● 《上海市推进新型基础设施建设行动方案(2020—2022年)》
● 《北京市加快新型基础设施建设行动方案(2020—2022年)》
● 《深圳市人民政府关于加快推进新型基础设施建设的实施意见(2020—2025年)》
● 《浙江省新型基础设施建设三年行动计划(2020—2022年)》

图 6-43　国家及各省市发布的边缘计算相关政策

据工信部研究数据显示，2022 年国内边缘计算市场规模达到 296 亿元，同比增长 55.39%，预测 2025 年市场规模将突破千亿元。

2. 边缘计算产业链逐步完善

边缘计算产业上游为设备供应商，整体产品朝小型化、轻量化和集成化方向发展，主要厂家包括华为、浪潮、艾默生、施耐德等；中游为边缘服务商，提供边缘网络和专业化集成运营服务等，主要厂家包括中国电信、中国移动、中国联通、华为、腾讯、阿里和百度等；下游为终端客户，涉及机场、营销、气象、航运、保险、农业、家庭消费、健康、能源、公共服务、零售等多个垂直行业。

不同的边缘服务商提供的服务侧重点也有差异，电信运营商主要提供网络接入+数据中心服务；第三方专业服务商主要提供数据中心基础+增值服务，并附带 IaaS 服务、IT 外包或者系统集成服务以及定制化数据中心服务；大型 OTT 供应商主要专注于分布式云服务；一些新兴企业更倾向于提供生态内+多元化租赁服务。

当前国内运营商主要着眼于边缘网络应用，包括视频监控、VR/云游戏、智能制造等应用场景率先落地。依托于网络超低时延、网络安全性高以及数据分析处理能力强的特性，未来边缘计算在政务、交通、金融、电力、能源开采和军工等行业上的需求也会进一步提升。

 笔记

【课后习题】

文本：习题答案

一、填空题

1. 边缘计算的产生是由于"低时延"的需求，按照应用业务对时延的不同需求，分为时延在 1～5 ms 之间和时延在 5～20 ms 的不同业务，此时对应的边缘场景通常称为_____和_____。

2. 在边缘资源拉远场景下，所谓拉远是从管理域角度出发的，管理域一般部署在_____，拉远则指把管理域部署在_____，从而减少管理时延。

3. 边缘侧轻量化对容器技术的需求包括_____、_____、_____、_____和_____。

4. 物联网平台提供设备影子功能，主体思想是在云端通过一个 JSON 文件持久化存储设备上报_____和_____。

二、选择题

1. 超融合技术与边缘计算结合的优点包括（   ）。
A. 简化了部署　　　　　　　　　　B. 降低运维难度和成本
C. 提高设备可靠性　　　　　　　　D. 提高设备可用性

2. 下列用来衡量本地数据安全性质的有（   ）。
A. 数据的保密性　　　　　　　　　B. 数据的共享安全
C. 数据完整性审计　　　　　　　　D. 数据可搜索加密

3. HES 边缘计算平台与边缘节点 MQTT 协议传输加密可以通过 TLS 加密技术实现，下面步骤中属于 MQTT+TLS 建立过程的是（   ）。
A. 创建 IP　　　　　　　　　　　B. 创建 TCP
C. 建立 SSL 通道　　　　　　　　D. 创建 MQTT 连接

三、简答题

1. 简述边缘资源拉远和边缘节点两个场景的特点和适用的情况。
2. 分析本拓展项目方案的价值都有哪些。
3. 简述超融合技术的作用。
4. 分析边缘组网拓扑结构，并简述网络设备的功能。
5. 简述边缘资源池设备自动化纳管流程。

【项目评价】

在完成本模块学习任务后，可根据学习达成自我评价表进行综合能力评价，评价表总分 100 分。学习达成自我评价表积分方式：认为达成学习任务者，在□中打"√"；认为未能达成学习任务者在□中打"×"。其中完全达成，可按该相分值 100% 计算；基本达成，可按该相分值 60% 计算；未能达成，不计分值，课程学习达成度评价表见表 6-2。

表 6-2　课程学习达成度评价表

学 习 目 标	学 习 内 容	达 成 情 况
职业道德 （10分）	凝神聚力、精益求精、追求极致的职业品质，立足本职岗位，讲规矩、守纪律	完全达成□ 基本达成□ 未能达成□
知识目标 （30分）	是否掌握边缘计算整体设计流程 是否掌握云计算和边缘计算在不同场景下的不同设计方法 是否理解边缘资源池和边缘节点不同的设计、规划和实施 是否重点掌握边缘平台云边统一管理能力	完全达成□ 基本达成□ 未能达成□
技能目标 （30分）	是否达成了具备理解企业项目背景、合理进行项目需求分析的能力 是否具备理解和设计项目总体架构设计的能力 是否具备合理设计、实现场景功能部署的能力 是否具备理解和分析项目详细设计的能力	完全达成□ 基本达成□ 未能达成□
素养目标 （30分）	是否具有良好的科技文献信息检索和技术文档阅读的能力 是否具有整合和综合运用知识分析问题和解决问题的能力 是否具有较强的集体意识和团队合作的能力 是否具有触类旁通、举一反三的能力	完全达成□ 基本达成□ 未能达成□

参考文献

[1] 雷波，陈运清. 边缘计算与算力网络——5G+AI 时代的新型算力平台与网络连接 [M]. 北京：电子工业出版社，2020.

[2] 施巍松. 边缘计算 [M]. 2 版. 北京：科学出版社，2021.

[3] 吴冬升. 从云端到边缘：边缘计算的产业链与行业应用 [M]. 北京：人民邮电出版社，2021.

[4] 雷波. 边缘计算 2.0：网络架构与技术体系 [M]. 北京：电子工业出版社，2021.

[5] 英特尔亚太研发有限公司. 边缘计算技术与应用 [M]. 北京：电子工业出版社，2021.

[6] 赵志为，闵革勇. 边缘计算：原理、技术与实践 [M]. 北京：机械工业出版社，2021.

[7] 常瑞，谢耀滨，申文博，等. 边缘计算安全 [M]. 北京：清华大学出版社，2022.

[8] 佩里·利. 物联网系统架构设计与边缘计算 [M]. 2 版. 中国移动设计院北京分院，译. 北京：机械工业出版社，2021.

[9] 拉库马·布亚，萨蒂什·纳拉亚纳·斯里拉马. 雾计算与边缘计算：原理及范式 [M]. 彭木根，孙耀华，译. 北京：机械工业出版社，2019.

[10] 张骏. 边缘计算方法与工程实践 [M]. 北京：电子工业出版社，2019.

[11] 崔广章. 深入理解边缘计算：云、边、端工作原理与源码分析 [M]. 北京：机械工业出版社，2021.

[12] 卜向红，杨爱喜，古家军. 边缘计算：5G 时代的商业变革与重构 [M]. 北京：人民邮电出版社，2019.

[13] 史皓天. 一本书读懂边缘计算 [M]. 北京：机械工业出版社，2020.

[14] 过敏意. 云计算原理与实践 [M]. 北京：机械工业出版社，2021.

[15] 王伟. 云计算原理与实践 [M]. 北京：人民邮电出版社，2022.

读者意见反馈

为收集对教材的意见建议，进一步完善教材编写并做好服务工作，读者可将对本教材的意见建议通过如下渠道反馈至我社。

咨询电话　400-810-0598

反馈邮箱　gjdzfwb@pub.hep.cn

通信地址　北京市朝阳区惠新东街 4 号富盛大厦 1 座

　　　　　　高等教育出版社总编辑办公室

邮政编码　100029